本书获厦门理工学院学术专著出版基金资助

智慧高校学生管理研究

连晶晶 ◎著

中国纺织出版社有限公司

内 容 提 要

本书基于大数据的视角，分析了智慧高校学生管理战略定位、智慧高校学生管理平台的建设、智慧高校学生管理平台的技术标准、智慧高校学生管理的治理与开放、智慧高校学生管理平台的系统、智慧高校学生管理的评价机制、智慧高校学生管理的发展趋势，旨在帮助更多人进一步加深对大数据促进高校学生智慧化管理的了解。本书对智慧高校学生管理相关研究学者和从业者有一定的借鉴意义。

图书在版编目（CIP）数据

智慧高校学生管理研究 / 连晶晶著 . -- 北京：中国纺织出版社有限公司，2023.3
ISBN 978-7-5229-0467-2

Ⅰ.①智… Ⅱ.①连… Ⅲ.①信息技术－应用－高等学校－学生－学校管理－研究 Ⅳ.① G645.5-39

中国国家版本馆 CIP 数据核字（2023）第 056228 号

责任编辑：赵晓红　　责任校对：高　涵　　责任印制：储志伟

中国纺织出版社有限公司出版发行
地址：北京市朝阳区百子湾东里 A407 号楼　邮政编码：100124
销售电话：010—67004422　传真：010—87155801
http：//www.c-textilep.com
中国纺织出版社天猫旗舰店
官方微博 http://weibo.com/2119887771
天津千鹤文化传播有限公司印刷　各地新华书店经销
2023 年 3 月第 1 版第 1 次印刷
开本：710×1000　1/16　印张：14.75
字数：235 千字　定价：99.90 元

凡购本书，如有缺页、倒页、脱页，由本社图书营销中心调换

序

习近平总书记在党的二十大报告中殷切寄语："青年强，则国家强。"培养什么人，如何培养人，为谁培养人，事关民族兴衰和国家前途。大学生是国家的未来，民族的希望，大学阶段又是青年世界观、人生观、价值观形成的一个关键时期，因此，加强和改进大学生思想政治教育，是新时代一项重大而紧迫的战略任务。

随着数字技术与教育融合的加速，智慧校园成为实现现代教育信息化的全新形式之一。党的二十大报告指出，教育、科技、人才是全面建设社会主义现代化国家的基础性、战略性支撑。用现代信息技术赋能高质量人才培养，对于建设教育强国具有重大意义。当前，"智慧校园"建设工程创造的新平台新手段已经全面、深度融入学生日常学习和生活，成为大学生教育管理的重要渠道和载体，为高校学生管理提供了新的思路和方法。大批高校围绕着以学生为本的教育教学理念，打造学生管理平台系统，营造思政生态云端系统环境，建设现代化智慧校园、创新教育管理模式，在高水平信息技术支撑高质量人才培养方面实现了重大突破。

连晶晶老师从事一线辅导员工作15年，长期致力于以信息化促进思想政治教育高质量发展，用心地工作，用心地总结。因为是做人的工作，要讲究工作方法，更要讲究共心共情。连老师的可贵之处，就在于她充满了对学生健康成长成才、对大学生思想政治教育事业的责任。春雨润物，立德树人，结合学生工作新形态，将思想政治工作与解决实际问题结合起来，积极探索信息化时代高校思想政治教育的创新路径，在大学生教育管理实务方面积累了宝贵经验，倾心倾力倾情做青年学生的引路人，为加快推进教育现代化贡献了自己的力量。

本书直面智慧校园背景下我国高校学生管理面临的新挑战，全面系统地阐释了应对新问题的新理念、新思路、新举措。读了这本书，进一步加深了我对大数据促进高校学生智慧化管理的认识，更欣慰于其将大学生思政教育工作同高校教学、科研结合起来，为大学生思政工作赋予了更深层次的丰富内涵和更广阔的外延。希望更多辅导员阅读本书后在工作中能有所得。

厦门理工学院马克思主义学院教授　洪认清

2023 年 1 月

前　言

高校内部管理对学生的成长和成功起着重要作用，管理得当，学生才能得到健康快乐的教育，茁壮成长，成为祖国的栋梁，同时能为学校的科研、创新和发展提供稳定的平台。如果管理不好，负面影响是相当严重的。社会要进步，时代要发展，但如何发展，是每个中国人都应该思考的话题。大学生不断学习、不断创新，他们走在时代的前列，是国家的命脉。国家要富强，人民生活要幸福安康，关键在于大学生的发展。因此，管理好大学生对社会的发展和时代的进步有着举足轻重的作用。

高校内部学生管理工作直接为教学和科研服务，起着组织和决策作用，学生管理工作的好坏直接影响到学校管理的水平和效率。大学生是即将步入社会的一个群体，如果他们能够得到良好的教育，将为社会注入新鲜血液，为社会的发展作出巨大的贡献。学生能否接受良好的教育，与高校的办学方式密切相关。因此，高校学生管理对培养优秀毕业生具有重要作用。

如今，国家高度重视学生的管理工作，对于祖国的未来抱有殷切期望。我们已经处于信息时代，智慧化管理已成为具有时代意义的重要命题。党的二十大强调"实施科教兴国战略，强化现代化建设人才支撑"，这为智慧高校的建设与发展提供了良好的环境，为之赋予了长久而充足的动力和支持。

本书通过七章的内容阐述，对智慧高校的学生管理进行分析研究：

第一章为智慧高校学生管理战略定位，主要阐述了智慧高校教育的内涵及其特征、智慧高校学生管理的内涵及其特征、智慧高校学生管理的类型、智慧高校学生管理的意义等内容，旨在进一步了解高校基于大数据技术下的学生管理。

第二章为智慧高校学生管理平台的建设，通过对信息的采集、信息的存储、信息的处理、信息分析与挖掘、信息可视化等内容的阐述，进一步了解智慧高校学生管理平台的内涵特点及其建设结构。

第三章为智慧高校学生管理平台的技术标准，通过分析国外智慧高校学生管理标准、国内智慧高校学生管理标准，了解国内外高校对学生管理平台技术标准的不同，以便更好地为探索高校三全育人新格局提供依据。

第四章为智慧高校学生管理的治理与开放，通过阐述智慧高校学生管理的治理、智慧高校学生管理治理的问题启示、智慧高校学生管理风险管理和法律政策、建立开放的学生管理平台、提供数据分析支持的学生服务等内容，了解我国高校学生管理中存在的问题及其治理和平台开放。

第五章为智慧高校学生管理平台的系统，主要从智慧党建、共青团信息、学生学业与学涯规划、学生职业生涯与顶岗实习、学生心理健康、学生体育卫生、学生综合素质评价、学生安全教育及日常考勤、学生参与管理、管理机构和管理队伍等几个方面阐述管理平台的系统特点及其构建。

第六章为智慧高校学生管理的评价机制，在分析评价系统功能的基础上，分别从思想道德评价模块、学习评价模块、文体活动评价模块、实践实验活动评价模块、创新创业评价模块、师生互评模块来阐述各自的评价机制。

第七章为智慧高校学生管理的发展趋势，包括立体化思政生态云端系统、高效赋能的学生管理工作、多元内聚的数据采集、丰富开放的应用场景、蓬勃发展的大数据产业生态，以及高校学生管理的新机遇和挑战等内容，旨在进一步强化对智慧高校学生管理的认知和理解。

鉴于笔者水平有限，书中难免存在一些疏漏，敬请各位同行及专家学者予以斧正。

连晶晶
2023 年 1 月

目 录

第一章 智慧高校学生管理战略定位 ... 1
- 第一节 智慧高校教育的内涵及其特征 ... 1
- 第二节 智慧高校学生管理的内涵及其特征 ... 14
- 第三节 智慧高校学生管理的类型 ... 21
- 第四节 智慧高校学生管理的意义 ... 34

第二章 智慧高校学生管理平台的建设 ... 39
- 第一节 信息的采集 ... 39
- 第二节 信息的存储 ... 50
- 第三节 信息的处理 ... 58
- 第四节 信息分析与挖掘 ... 65
- 第五节 信息可视化 ... 69

第三章 智慧高校学生管理平台的技术标准 ... 75
- 第一节 国外智慧高校学生管理标准 ... 75
- 第二节 国内智慧高校学生管理标准 ... 84

第四章 智慧高校学生管理的治理与开放 ... 93
- 第一节 智慧高校学生管理的治理 ... 93
- 第二节 智慧高校学生管理治理的问题启示 ... 101
- 第三节 智慧高校学生管理风险管理和法律政策 ... 106
- 第四节 建立开放的学生管理平台 ... 123

第五节 提供数据分析支持的学生服务 …… 125

第五章 智慧高校学生管理平台的系统 …… 129
第一节 智慧党建管理系统 …… 129
第二节 共青团信息管理系统 …… 131
第三节 学生学业与学涯规划管理系统 …… 135
第四节 学生职业生涯与顶岗实习管理系统 …… 139
第五节 学生心理健康管理系统 …… 141
第六节 学生体育卫生管理系统 …… 147
第七节 学生综合素质评价系统 …… 149
第八节 学生安全教育及日常考勤管理系统 …… 158
第九节 学生参与管理的管理系统 …… 162
第十节 管理机构和管理队伍的管理系统 …… 166

第六章 智慧高校学生管理的评价机制 …… 171
第一节 评价系统的功能 …… 171
第二节 思想道德评价模块 …… 173
第三节 学习评价模块 …… 181
第四节 文体活动评价模块 …… 190
第五节 实践实验活动评价模块 …… 196
第六节 创新创业评价模块 …… 198
第七节 师生互评模块 …… 203

第七章 智慧高校学生管理的发展趋势 …… 209
第一节 立体化思政生态云端系统 …… 209
第二节 高效赋能的学生管理工作 …… 212
第三节 多元内聚的数据采集 …… 213
第四节 丰富开放的应用场景 …… 214
第五节 蓬勃发展的大数据产业生态 …… 216
第六节 高校学生管理的新机遇和挑战 …… 216

参考文献 …… 225

第一章　智慧高校学生管理战略定位

第一节　智慧高校教育的内涵及其特征

一、高校智慧教育的产生与发展

随着教育信息化的不断发展，各大院校越发注重"智慧校园"的建设。其中"智慧"一词，主要源于2008年IBM所提出的"智慧地球"[1]这一概念。"智慧地球"概念的提出，不论是在国内还是在国外，都产生了巨大反响，致使渗透信息化的各个领域从而催生出了很多新概念，高校的智慧教育便是其中之一。

关于智慧的内涵，首先，它是一种基于信息技术视域下的新型管理模式和新理念，极大地促进了人与人之间、人造系统与自然之间交互方式的变革，其主要目的是帮助社会乃至世界解决问题。其次，智慧的体现，需要人们具备良好的系统性思维，只有这样才能最大程度地做出系统性的智慧行为，从而收获最好的效果，而这也是自我变革且具有洞见能力的具体表现。最后，"智慧"一词不仅涵盖了其传统含义，更具有明显的信息化时代特征，即数字

---

[1] 李玲：《高校学生管理工作创新研究》，长春，吉林人民出版社，2020。

化、数据化、智能化、网络化等。

智慧是教育永恒的追求，智慧教育的发展是新时代下高校教育最基本的变革走向。享誉海内外的著名科学家钱学森先生对自己一生的道德、学问和事业做出了总结，并提出了"大成智慧学"[1]。该学说与以往的智慧学说或思维学说不同，它是以马克思主义为指导，利用现代信息网络搜集古今中外的相关知识、经验和智慧，形成以人为主的"人—机"结合的"大成智慧"。其教育宗旨就是为我国建设创新型国家培育出更多顶尖的创新型高素质人才，这对高校的教育改革与发展有着极强的现实指导意义。

近年来，随着互联网、大数据、云计算等现代信息技术在我国教育领域的持续推广和应用，高校的智慧教育被赋予了新的内涵和特征。对此，越来越多的学者纷纷从信息化角度出发，对智慧教育作出深入剖析。所以从目前看，教育技术领域的研究者对智慧教育的阐述仍不能完全统一。有人认为，高校智慧教育是指通过利用互联网、云计算等为代表的新兴信息技术，统筹规划、协调发展高校教育系统的各项教学与管理工作，从而构建出网络化、数字化、智能化的现代教育与管理体系。也有人认为，高校智慧教育是教育信息化发展的更高阶段，是教育教学与管理智能化的体现，与传统的教育信息化特征相比，它同样表现出集成化、自由化、体验化的特征。而笔者更倾向于第一种说法，认为高校智慧教育应积极构建网络化、数字化、智能化的现代教育与管理体系。

按照时间发展的脉络看，我国的智慧高校建设历程大致经历了如下的历史阶段。

早在20世纪90年代，国家就推出了一系列政策措施促进教育信息化工作。1999年1月13日，教育部制定的《面向21世纪教育振兴行动计划》，首次提出"实施现代远程教育工程"，形成开放式教育网络，构建终身学习体系。同年6月，国务院颁布的《关于深化教育改革全面推进素质教育的决定》，再次明确了关于教育信息化推进工作的要求。

进入21世纪，教育信息化工作要求进一步与时俱进。为贯彻落实《国家中长期教育改革和发展规划纲要（2010—2020年）》，加快推进教育信息化，2011

---

[1] 尹新，杨平展：《融合与创新——高校教育信息化探索与实践》，长沙，湖南科学技术出版社，2018。

年8月，教育部成立"信息化领导小组"，下设"教育信息化推进办公室"作为领导小组的办事机构，全面负责推进教育信息化的各项任务工作。同年，教育部颁发《教育信息化十年发展规划（2011—2020年）》，提出学院信息化能力建设与提升行动，并强调学院信息化能力建设是国家教育信息化的主阵地。

2016年教育部印发《教育信息化"十三五"规划》，明确提升教育治理体系和治理能力现代化水平，形成与教育现代化发展目标相适应的教育信息化体系。

2018年教育部印发《教育部2018年工作要点》中强调着力提升质量，扎实推进教育内涵式发展，并指出提升高校人才培养能力和提升高等学校科学研究和社会服务水平同时，提出深入推进教育信息化，启动《教育信息化2.0行动计划》。同年4月教育部印发《教育信息化2.0行动计划》，指出在2022年基本实现"三全两高一大"的发展目标。

在《2018年国务院政府工作报告》中强调要"大力推动高质量发展"，2018年也由此被称为高质量发展元年，高等教育发展也进入以质量为核心的内涵式发展关键阶段。如何推动教育与信息技术深度融合，实现高等教育内涵发展、质量提升、改革攻坚成为现阶段重点任务之一。因此，在未来几年内，宏观政策将成为高质量文化导向的智慧校园建设最大推动力。

2018年作为高质量发展元年，标准作为质量发展建设的重要内容，1月教育部发布《普通高等学校本科专业类教学质量国家标准》，教育部职成司针对《高等职业学校专业教学标准》进行了修订。6月国家市场监督管理总局公布了国家标准文件《智慧校园总体框架（GB/T 36342—2018）》。高校如何实现教育高质量发展，教育部部长陈宝生在《坚持以本为本推进四个回归建设中国特色、世界水平的一流本科教育》和教育部高教司司长吴岩在《建设高等教育智库联盟推动 高等教育改革实践》中都强调大学要自觉地建立学生中心、产出导向、持续改进的自省、自律、自查、自纠的质量文化。2018年10月教育部督导局局长何秀超在《建好用好高等教育评估"指挥棒"》中指出将高校内部质量保证体系建设、制度制定执行效果、质量文化建设作为评估的重要内容。

2019年4月，《教育部、财政部关于实施中国特色高水平高职学校和专业建设计划的意见》（教职成〔2019〕5号）指出，要提升信息化水平，加快智慧校园建设，促进信息技术和智能技术深度融入教育教学和管理服务全过程，改进教学、优化管理、提升绩效。消除信息孤岛，保证信息安全，综合运用大数据、人工智能等手段推进学校管理方式变革，提升管理效能和水平。以"信息技术+"升级传统专业，及时发展数字经济催生的新兴专业。如今，我国高校教育信息化与数字化转型迅速，实现内涵式发展，这意味着我国未来的高校教育与学生管理等多种工作都将进入崭新的时代。

二、国内部分智慧高校建设优秀案例

（一）北京大学

北京大学通过信息化顶层设计明确学校信息化战略，支撑学校发展战略尽快实现，从定位上强调信息化从服务支撑到引领业务发展，并以中长期规划有序推进。

2012年北京大学就发布了《北京大学信息化发展规划（2012—2020）》，提出了信息化发展蓝图，并且一直在跟进新技术的发展和匹配学校的发展战略进行持续演进。

学校依托信息技术，从培养具有高水平研究型人才的基本点出发，全面考虑学生在学习过程中的基本规律，把本科教育和研究生教育作为一个连贯的整体来组织教学和教学管理，研发了本—硕—博一体化的面向教学管理全过程的现代化教学支撑平台，涉及教务处、研究生院、注册中心、各院系、教师、学生等100多个管理用户和4万多个师生用户，基本涵盖了从入学到毕业、从学生到老师、从本土学生到国际学生的全部教学管理过程，尤其涵盖了本科生、硕士生及博士生从理论教学到实践教学、从一级选课到二级选课、从课上教学到课下教学、从院系管理到学校管理、从统计分析到教学评估等各个环节。

（二）浙江大学

浙江大学在建设智慧高校时，提出"两个充分，三化三提高"：充分利用教学、科研的先发优势，充分利用信息及通信技术，从物联化，集成化，智能化出发，提高教学科研水平，提高学院自身各项管理工作的效率、效果和效益，提高学院影响力，实现教育服务社会职能，让智慧校园成为智慧城市的有机的一部分。具体来讲，浙江大学智慧校园具有以下六个典型特点：

1. 透彻的感知

物与物的感知、物与人的感知及系统间的实时感知。

2. 更实时的控制

适时关闭闲置电器、对安全隐患实时报警、实时控制校内交通。

3. 高速的互联

智能物联网、3G移动网及三网融合。

4. 面向服务的运算

云计算、数据挖掘、专家系统。

5. 更便捷的服务

随时随地上网、面向手机的信息服务、智能自动化的服务流程。

6. 更科学的决策

优化资源利用、实现量化评估、辅助制定决策。

（三）上海交通大学

上海交通大学在智慧校园的建设过程中以服务广大师生教学和生活为主要出发点，旨在为广大师生提供一个便捷的知识获取、课程教学、校园社交以及校务治理等综合应用服务平台，从而最终实现"无处不在的移动学习、融合创新的网络教学、透明高效的校务治理、丰富多彩的校园文化、方便周到的校园生活"的智慧校园建设愿景，让上海交通大学智慧校园触手可及。

三、智慧高校教育的内涵分析

（一）生态学视域下的智慧高校教育

从生态学的角度看，智慧高校教育是以互联网、云计算、无线通信等现代化信息技术为依托，从而打造出来的智能化、物联化、可视化的教育管理生态系统。它是数字教育发展的更高阶段，其目的是进一步提升现有数字教育系统的智慧化水平，以便更好地实现信息技术与高校教育管理工作（包括管理、评价、服务等）的深度融合。

现如今，人们已经全面进入了信息化时代，信息技术不仅成为高校落实智慧教育目标的重要辅助工具，而且它的普及和应用还对高校的教育改革与管理提供更具可视化和可操作性的实施生态环境。对于智慧高校教育而言，信息技术的合理渗透与应用，能推动整个高校教育系统的协调性运转和持续性进化，从而进一步带动我国教育的现代化发展。

智慧高校教育并不是隔空建楼，而是以现有的数字教育系统为基础进行升级改造，使其更完善。在这数十年的教育信息化发展进程中，我国的教育事业有了巨大进步，信息化的教育基础设施、数字化的教育资源、管理信息化水平以及师生信息技术综合素养等，均有较为明显的提升。然而，目前我国的数字化教育仍存在一些瓶颈和问题亟待突破，如信息系统的管理与维护、数据资源的共享、信息技术与教学的整合等。但新一代信息技术的发展与变革，为我国从数字化教育逐渐向智慧教育发展提供了非常重要的机遇。

从本质来看，教育其实就是"培养人"。尤其是在充满信息化的今天，智慧高校教育更应该要"面向未来"，科学、合理、有效、创新地运用信息技术，培育出更多社会未来发展与进步所需要的创新型人才。而这类人才必须要具备以下生存技能如图1-1所示，智慧高校教育的开展也应围绕这些技能对学生加以培养。

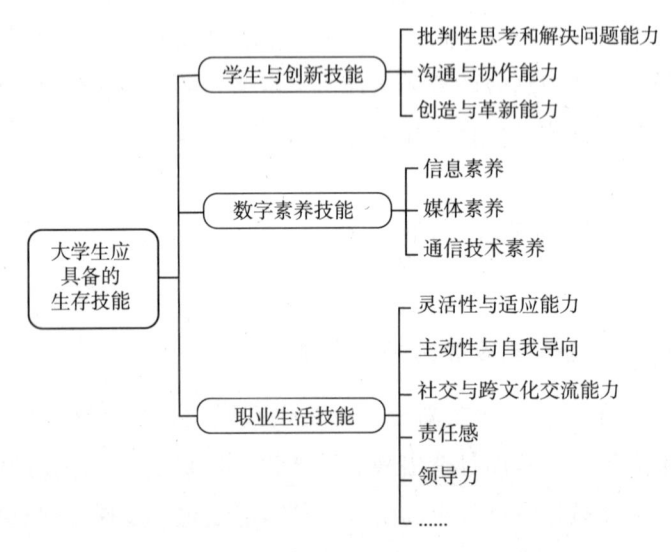

```
                              ┌─ 批判性思考和解决问题能力
                  ┌─ 学生与创新技能 ─┼─ 沟通与协作能力
                  │               └─ 创造与革新能力
                  │
                  │               ┌─ 信息素养
大学生应具备的生存技能 ─┼─ 数字素养技能 ──┼─ 媒体素养
                  │               └─ 通信技术素养
                  │
                  │               ┌─ 灵活性与适应能力
                  │               ├─ 主动性与自我导向
                  └─ 职业生活技能 ──┼─ 社交与跨文化交流能力
                                  ├─ 责任感
                                  ├─ 领导力
                                  └─ ……
```

图1-1　大学生应具备的21世纪生存技能

（二）智慧教育与相关概念辨析

基于信息化的视角下，智慧教育与目前比较盛行的数字教育、教育信息化、教育现代化等概念既有联系又有区别，其具体辨析如下：

1.智慧教育与数字教育

所谓数字教育，其实就是指以信息化环境为背景，以各种数字技术为基础的一种新型教育形态。而智慧教育则是对数字教育的进一步发展，是数字教育的更高发展阶段。它们并不是非此即彼、相互替代的关系。相反，智慧教育更像是一种增强型的数字教育，能将物联网、云计算、大数据等多种先进的现代化信息技术进行更为有效地整合。

与传统的数字教育相比，智慧教育在发展目标、学习资源、管理模式、建设模式、评价思想等方面存在诸多不同（见表1-1），智慧教育从整体上更能够呈现出智能化、个性化、融合化、泛在化等特点和发展趋势。

表1-1 智慧教育与数字教育对比分析表

项目	智慧教育	数字教育
发展目标	以培养智慧型、创新型的高素质人才为目标	以提高教育质量和教学效率为目标
技术作用	信息技术推动教育的变革，并为教育管理战略的实施提供良好的生态环境	信息技术是工具和媒介，旨在高效率传递知识
核心技术	以云计算、大数据、定位技术、移动通信、物联网等为核心技术	以计算机、多媒体、互联网等为核心技术
建设模式	应用驱动，以高校教育管理的应用为依据，建设相应的配套环境、资源和师资队伍	以建设为导向，建网、建库、建队伍
学习资源	动态生成、开放建设，资源结构持续进化、微课、电子教材、可进化的内容库	静态固化，资源结构相对封闭、网络课程、专题网站、数字图书
学习方式	主要学习方式为云学习、无缝学习、泛在学习	主要学习方式为多媒体学习和网络学习
教学方式	以学生为中心，大规模在线开放式教学、深度互动式教学、智能教学（包括智能备课、智能批阅等）	以教师为中心，多媒体辅助性教学、网络教学、远程教学

续表

项目	智慧教育	数字教育
科研方式	跨地域、大规模地协同科研，并且科研数据也会及时分享与深度挖掘	围绕有限的资源，小范围地协同科研
管理方式	信息注重归一化管理，高度标准化，智能管控	信息管理比较分散，标准各异，人管、电控
评价思想	以数据为导向评价，是立足于大数据库的科学评价	以经验为导向评价

2. 智慧教育与教育信息化

教育信息化，是指按照国家和教育部门的统一规划与组织，在教育领域的各个方面（包括管理、服务、教学等）全面深入应用信息技术，进一步促进教育的改革与发展，以此来加速教育现代化过程的实现。国内著名教育技术专家祝智庭教授认为，智慧教育既是教育信息化的新境界，同时也是素质教育基于信息时代、知识时代、数字时代背景下的深化与提升[1]。

目前，智慧教育已经成为推进我国教育信息化过程中的一大重要发展战略和长期任务。一方面，教育信息化在政策、制度、队伍、机制等各方面的全面发展与完善，能很好地为智慧教育提供良好的发展环境；另一方面，智慧教育的长久、持续发展，能很好地展现出推进教育信息化的优势，有利于进一步巩固教育信息化战略在我国教育体系中的重要地位。

3. 智慧教育与教育现代化

所谓教育现代化，其实就是指人们用现代化先进的教育思想和科学技术进行武装的过程，逐步提高教育观念、教育内容、教育方法、校园教育与管理设备等多方面的水平，使其更加先进，从而培育出更多新型劳动者和高素质的优秀人才。顾明远教授[2]指出，教育现代化包含教育思想、制度、内容、设备手段、方法、管理等的现代化，主要表现为教育的民主性、信息化、个性化、创造性、多样性、差异性、开放性、法制性等诸多特点。

---

[1] 尹新，杨平展：《融合与创新——高校教育信息化探索与实践》，长沙，湖南科学技术出版社，2018。

[2] 沈佳，许晓静：《基于多视角下的高校学生管理工作探究》，北京，现代出版社，2022。

智慧教育则是为了适应社会发展需求的更高级的教育形态，主要表现为公平性、创新性、开放性、个性化等多个教育现代化的核心特点，它既是信息社会背景下教育发展的新境界，也是教育现代化一直追求的重要目标。智慧教育的"智慧"，不仅体现在了教育环境的智慧化上，还体现在了教与学、管理、科研、服务、评价等多方面的智慧化上，所以，智慧教育也是信息化时代所推动的一场教育变革。

四、智慧高校教育的特征

与传统的信息化教育相比，基于智慧教育视角下的高校新型教育形态所呈现出的特征是不同的，包括教育特征和技术特征，具体分析如下。

（一）教育特征

从生态学的角度来看，智慧教育是以信息技术为基础和动力的和谐教育信息生态，其教育特征主要可以表现为以下五点：

1.信息技术与学科（专业）教学深度融合

信息技术与高校教育的"深度融合"，体现在了技术与管理、教学、科研、社会服务、校园生活等方面的融合。其中，信息技术与学科（专业）教学的深度融合可以算得上是智慧高校教育的首要价值追求。课堂是高校开展教育改革的重要主阵地，而学科（专业）教学又是高校教育系统的核心业务。所以，若我们将信息技术与课程整合视为高校教育教学改革的"物理性"反应，那么信息技术与学科（专业）教学的深度融合，则是建立在上述基础的"化学性"反应。

在智慧教育背景下，计算机、智能手机、电子书包等多种移动终端渐渐成为学校教学和管理的常用载具，并且在各级学校的推广与应用越来越普及。移动终端在课堂教学的引入，让课堂组织变得更加灵活、多样，使其不再局限于"排排坐"的固定形式，同时它还能让各种学科（专业）教学的专用软件（如几何画板、图形计算器）变得更加丰富，从而更好地实现高效率学科（专业）知识传授与学生能力培养。智慧教育的开展，需要广大师生自身必须具备较强的信息技术综合能力，合理、有效地去应用信息技术，以此来促进课程教与学活动的设计、实施与评价。

总之，信息技术与学科（专业）教学的深度融合，师生都必须从关注技术逐渐转变为关注教学活动本身，这才是学校成功开展智慧教育的重要标志和特征表现。

2. 全球教育资源无缝整合共享

开展智慧教育的目标，并不是一般意义上的国家公民，而是要培养出能够适应21世纪发展、有创新思维和全球视野的世界公民。近年来，受到世界各个知名大学的影响，OER（open educational resource）运动和MOOCs（massive open online courses）运动席卷全球，越来越多的优质教育资源迅速传递到世界的各个角落。而智慧教育始终秉承着"开放共享"的良好理念，通过自建、引进、交换等多种手段来实现全球优质教育资源的无缝整合与共享，致力于让世界各地的学生和社会公众都能随意获得更适合自己的各类教育资源（包括视频课程、课件、教学软件等）。

总之，全球优质教育资源的无缝整合与共享，是教育资源突破地域限制的智慧化体现，能进一步缩小世界教育的鸿沟，有利于促进欠发达国家和地区教育质量的提升。

3. 无处不在的开放、按需学习

智慧教育环境并不是一个独立的教育空间，而是利用网络（包括云计算、互联网、移动通信等信息技术）将学校、图书馆、社区、家庭等社会各个场所连接起来的教育生态系统，以保证学生能够随时随地地学习。

智慧教育下的学习更注重"泛在学习"。所谓泛在学习，是指点到点的、平面化的学习互联，并不是围绕某一个个体（如传统教学中的教师）的学习。泛在学习的内涵有三个，包括学习资源、学习服务以及学习伙伴，这些要素都是无处不在的，并且最终形成一个信息技术充分融入"学习"的和谐教育信息生态系统。

4. 绿色高效的教育管理

"绿色教育"不仅是智慧教育的指导理念，同时是智慧教育的重要特征体现，它注重教育事业的可持续发展。而信息技术的普及和广泛应用，为我国高校实现智慧化教育与管理、绿色教育可持续发展提供了很好的技术条件。

例如，云计算技术通过对基础设施、研发平台、应用软件等三种计算资源的有机整合，能很好地实现对管理信息的统一采集、集中存储以及对管理业务流程的统一运行与监控，从而有效减少学校教育管理在人力、财力、物力等方面的浪费。物联网技术通过借助二维码、全球定位等现代科学技术，将各种教育设备与网络连接起来，能很好地实现智能化识别、定位、跟踪、管理等，有利于进一步提高管理效率和质量。大数据技术则通过全面采集各种教育数据，并对其进行科学分析和数据挖掘处理，为学校教育与管理决策提供更多实时性的数据支持，以保证我国教育事业的可持续、均衡发展。此外，办公自动化在学校内的普及与应用，可以实现学校管理业务的"减负"，使管理流程更加精简，从而真正提高学校管理系统的运行效率。

5. 以大数据为基础的科学分析与评价

智慧教育需要更有"智慧"的教育管理评价方式，始终"靠数据说话"。物联网、大数据等新一代信息技术的发展与应用，为学校教育评价提供了很好的技术条件，可以保证各种教育管理、教学过程等数据的全面采集、存储分析和可视化呈现，使整个评价过程由"经验主义"转变为"数据主义"。2013年，我国教育部开始推行"全国学生终身一人一号"[1]，每个学生都有能跟随自己一生的学籍号，这为学生信息的统一采集和管理带来了极大的便利。学校不仅可以针对学生在校期间完成的学业成就等作出科学评价，后续还可以通过持续跟踪学生的学籍号，了解他们毕业后的学习与发展情况，从而为学校教育质量的评估提供更全面、准确的数据分析结果。总之，智慧教育背景下的学校教育与管理评价，更具有智慧性、科学性和可持续性等特点。

（二）技术特征

从技术的角度看，智慧教育相当于一个集约化的信息系统工程，其技术特征主要表现为以下六点：

1. 情境感知

情境感知是智慧教育最基础的一个功能特点，它通过情境感知数据来为人们提供更便捷的推送式服务。常用的情境感知技术有GPS、射频识别

---

[1] 王新峰，盛馨：《信息化思维下的高校学生管理》，长春，吉林文史出版社，2016年。

（RFID）、二维码，以及包含温度、湿度、光照等在内的各类传感器。

情境感知的对象包括外在的学习环境和人们内在的学习状态两大类，具体的感知内容有以下七点：

第一，感知教与学活动实施的物理位置信息。

第二，感知教与学活动发生、进行与结束的时间信息。

第三，感知教与学活动场所的环境信息，如温度、湿度等，以及感知学习者的专业知识背景。

第四，感知学习者的学习状态，如焦虑、烦躁、开心等。

第五，感知学习者的知识背景、知识基础、知识缺陷等。

第六，感知学习者的认知风格、学习风格等。

第七，感知学习者的学习与交往需求。

2. 无缝连接

泛在网络是学校开展智慧教育的重要基础，其中，无缝连接也是智慧教育呈现出的一个基本特点，具体表现在以下五个方面：

第一，系统集成：始终遵循一定的技术标准，跨级、跨域教育服务平台之间能够实现数据共享、系统集成。

第二，虚实融合：通过运用增强现实等技术，以实现物理环境与虚拟环境的无缝融合。

第三，多终端访问：支持任何常用终端设备无缝连接到各种教育信息系统和教育管理平台，无缝获取学习资源与管理服务。

第四，无缝切换：学习者的多个学习终端之间可以实现数据同步、无缝切换，从而保证其在学习过程也能实现无缝迁移。

第五，联接社群：为特定的学习情景建立学习社群，为学习者有效联接和利用学习社群进行沟通和交流提供支持。

3. 全向交互

"教"与"学"的活动本质是交互的，对于智慧教育系统而言，这种交互关系更是全方位的，主要包括人与人的交互、人与物的交互。智慧教育系统的全方位交互主要体现在以下三个方面：

第一，自然交互：人们通过语音、手势等更加自然的操作方式与现代媒体、教育管理系统等进行交互。

第二，深度互动：能实现师生之间、生生之间随时、随地的互动交流，促使学生进行更深层地学习。

第三，过程记录：自动记录教与学互动的全过程，为智慧教育管理与决策提供更全面的数据支持。

4. 智能管控

学校开展智慧教育的核心特征主要表现为能够对教育环境、资源、管理服务等实现智能化管理，具体体现在以下五个方面：

第一，智能控制：以一定的标准协议为基准实现信令互通，从而进一步实现对教育环境、资源、管理服务等全过程的智能控制。

第二，智能诊断：结合智能控制的数据和结果，辅助管理者快速、准确地诊断问题，从而及时、有效地解决教育管理业务实施过程中，以及教育设备使用过程中存在的问题。

第三，智能分析：对智慧教育系统内的各类数据信息进行汇集和处理，并在此基础上进行数据信息的深入挖掘与分析，从而为智慧教育系统的数据共享和业务流程升级改造提供更科学有力的决策依据。

第四，智能调节：感知教室、会议室、图书馆等物理场所的环境，根据教与学活动实施的实际需求，对声、光、电、温度、湿度等环境指标进行动态调节。

第五，智能调度：结合智能诊断与智能分析的数据结果，科学调度教育资源、调整教育机构布局、分配教育经费等。

5. 按需推送

智能教育致力于实现"人人教、人人学"的美好愿望，教育资源可以按照学生的实际需求获取使用，并按需开展教与学活动。所以，按需推送同样也是智慧教育的一大重要特征，具体表现为以下五点：

第一，按需推送资源：根据学习者的学习喜好和实际需求，个性化推送相应的学习资源或数据信息。

第二，按需推送活动：根据学习者的现有基础、学习喜好和学习目的，适应性地推送相关学习活动。

第三，按需推送服务：根据学习者当时的学习状态和需求，适时性地推送学习服务（包括解决问题、提供指导等多项服务）。

第四，按需推送工具：根据学习者的学习过程记录，适应性地推送学习者学习所需要的各类认知工具。

第五，按需推送人际资源：根据学习者的兴趣、喜好、学习内容等，适应性地推送学伴、教师、学科专家等人际资源。

6. 可视化

可视化是信息社会时代背景下数据信息处理与显示的必然发展趋势。可视化不仅是智慧教育观摩、巡视、监控的必备功能，同时是智慧教育系统的一个鲜明特点，具体表现在以下三个方面：

第一，可视化监控：通过视窗，可监看智慧教育应用系统的运行状态。

第二，可视化呈现：通过图形界面，清晰、直观、全面地将各类教育管理统计数据呈现出来。

第三，可视化操作：提供具有良好体验的操作界面，通过利用可视化的方式去操作教育设备和智慧教育应用系统。

第二节 智慧高校学生管理的内涵及其特征

一、高校学生管理的概念

高校学生管理作为高校管理系统的重要组成部分，是高校实现教育基本任务和人才培养目标的必要手段。学生管理水平的高低，将会直接影响学生的培养质量，较高的学生管理水平往往可以更好地维护高校的安定团结，形成积极向上的高校校风。那么，到底什么是"高校学生管理"呢？国内外的研究学者纷纷对这一概念给出了不同的内涵界定。

以美国为例，高校学生管理主要是对学生的事务管理，主要是对学生的一些非学术性活动或者是课外活动的组织、指导与管理。对此，人们经常将高校学生事务管理的内容分为四个方面：学生活动、教学辅助活动、生活辅助活动和学生事务工作的自身管理。其中，学生活动的概念非常广泛，学生事务管理部门不仅会协调、指导、管理学生社团和学生自发的活动，同时也会承担很多活动的组织工作，包括社交活动、体育活动、志愿者活动、文娱活动等。而教学辅助活动主要包括招生、注册、学术指导、专业定向以及就业指导等内容。生活辅助活动则更多指食宿、新生定向、奖贷学金发放、医疗服务、生活和心理咨询等内容。

而在我国，"学生管理"最开始只是一个用于教学管理的术语，主要是对学生学籍的管理，包括入学、注册、成绩考核、纪律考勤、奖励处分、升（留、降）级、休（复、退）学以及毕业文凭发放等诸多内容。到了20世纪80年代左右，我国高校普遍增设了专门的学生管理工作机构，上述所提到的部分学生管理事务渐渐被划分到该部门的职责范围内，而剩余的部分一般被称为"学籍管理"。1990年，我国第一次以"学生管理"作为文件名的关键词，2005年，教育部颁布了《普通高等学校学生管理规定》，并指出文件中所涉及的学生管理是对学生入学到毕业的在校管理，包括对学生学习、生活、行为等的规范性管理❶。

高校学生管理是一项十分复杂的系统工程，涉及在校大学生分阶段、分层次、全方位的管理，主要包括对学生思想品德的引导、学习工作的管理、生活事务的规范等多个层面。其管理内容有很多，包括学籍管理［入学、注册、成绩考核、转系（专业）、休（停、复、退）学、升（留、降）级、转学、毕业等］；课外活动（社团、文娱体育、勤工俭学、社会活动等）；校园秩序；奖励与处分等。所以，不难看出，这个时期我国的高校学生管理其实就是"管理学生"，主要是对学生行为规范和纪律的管理，这也在一定程度上反映出了这一时期内我国高校学生管理的时代特征和内涵。

随着我国高等教育的不断改革和深入发展，尤其是在进入21世纪后，我国高等教育逐渐从"精英式"教育转变为"大众化"教育，高校学生管理的范围也因此得到了进一步扩展，很多过去尚未充分关注的学生管理事务渐渐被纳入其中。例如，大学生心理咨询、勤工助学管理、毕业生就业指导等，既管

---

❶ 殷铭，王剑，王久梅：《大数据时代高校智慧党建体系构建研究》，长春，吉林出版集团股份有限公司，2022。

"人",也管"事",这使我国高校的"学生管理"内涵更为广泛。这个时期对学生的管理,既注重传统意义上对学生的约束和行为规范,还十分注重对学生指导和服务等积极功能的发挥。

关于"高校学生管理"这一术语的概念界定,目前学术界还尚未统一意见,很多学者根据学生管理工作的实践内容,给出了不同的解释。例如,胡志宏[1]认为,学生管理工作是由专门机构或者专业从事人员所开展的有目的、有组织、有计划地发展、提高学生思想、品德、心理、素质、行为等的教育、管理和服务工作,并且是直接作用于学生的。蔡国春[2]认为,高校学生管理是学校通过利用非学术性事务和课外活动来教育影响学生,以此来达到规范、指导和服务学生的目的,是丰富校园生活,且能促进学生成长、成才的组织活动。

实际上,我们在把握高校学生管理的定义时应注意以下几点,如此便能给出相对合理的概念定义:

第一,"非学术性事务""课外活动"是指除课堂教学、高校学术性事务之外的,并且作用于学生生活和发展的方法总和,是对学生开展课外教育的重要载体。

第二,从本质来看,管理是一种社会性活动,是一种组织行为,而非个体行为。学生事务管理是高校学生管理的重要组成部分,它需要有明确的目标和指导思想,相对稳定的管理组织系统,一定数量的专职人员、物质条件和资源保障。所以,学生事务管理所涉及的部门和人员较多,我们必须要协调好学生事务系统横向与纵向关系、学生事务与学术事务关系、校内与校外关系等各方关系。

第三,实施高校学生管理的主体是学校,包括专门机构、从事人员以及特定条件下由管理者授权或聘任的其他人员。学生管理的客体既有"人"(即学生),也有"事"(即与学生有关的活动和事务)。

第四,高校学生管理有利于保障和支持学生的成长成才,是学校实现教

---

[1] 刘青春:《信息时代高校学生管理模式的转变及创新》,沈阳,辽宁大学出版社,2021。
[2] 杨大鹏,马亚格,罗茗:《高校学生工作管理创新研究》,北京,北京理工大学出版社,2019。

育目标的一种重要途径。当然，这种作用是通过对学生进行规范、指导和服务才能实现的。高校学生管理与教学、课程等学术性的活动有一定区别，它更侧重为学生提供良好的成长成才环境，以此促进学生各方面的发展（包括精神、情感、道德、社会等）。

第五，高校学生管理也是学校对学生开展德育教育的一种重要手段，但它并不局限于德育教育，它还能对体育、智育等诸多方面产生影响。因此，高校学生管理工作的开展既区别于德育工作，两者之间又存在某种关联，不能完全等同。

综上所述，本书对高校学生管理给出如下界定：高校学生管理是学校秉承着促进学生健康成长、全面成才的思想理念，以国家教育方针要求为指导，遵循教育规律与学生发展规律，通过非学术性事务和课外活动来教育影响学生，以此来规范、指导、服务学生，是丰富校园生活，且能促进学生成长、成才的组织活动。

近年来，国家对高校学生管理高度重视，并为此制定多项法规，以确保学生管理的科学化与完善化。例如，《普通高等学校学生管理规定》（以下简称《规定》）于2016年12月修订通过，自2017年9月1日起施行。《规定》对学生在校的权利与义务进行十分详细的介绍。例如，学生在校的权利有：参加学校教育教学计划安排的各项活动，使用学校提供的教育教学资源；参加社会实践、志愿服务、勤工助学、文娱体育及科技文化创新等活动，获得就业创业指导和服务；申请奖学金、助学金及助学贷款；在思想品德、学业成绩等方面获得科学、公正评价，完成学校规定学业后获得相应的学历证书、学位证书；在校内组织、参加学生团体，以适当的方式参与学校管理，对学校与学生权益相关事务享有知情权、参与权、表达权和监督权；对学校给予的处理或者处分有异议，向学校、教育行政部门提出申诉，对学校、教职员工侵犯其人身权、财产权等合法权益的行为，提出申诉或者依法提起诉讼；法律、法规及学校章程规定的其他权利。学生在校的义务有：遵守宪法和法律、法规；遵守学校章程和规章制度；恪守学术道德，完成规定学业；按规定缴纳学费及有关费用，履行获得贷学金及助学金的相应义务；遵守学生行为规范，尊敬师长，养成良好的思想品德和行为习惯；法律、法规及学校章程规定的其他义务。

二、智慧高校学生管理的内涵分析

高校学生管理是学校领导和管理人员,以国家各项教育政策和方针为依据,科学、有计划地组织、指挥和协调学校内部各种因素(包括人、物、财、时间、信息等),并对这些因素进行预测、计划、实施、监督、反馈等的一门管理科学,其主要目的就是更好地实现高校对学生人才的培养目标。

高校学生管理作为学校管理的重要组成部分,其内涵广泛而深刻:首先,它需要研究大学生的身心特征、知识能力、喜好以及社会氛围给他们带来的影响,从而更准确地掌握学生的思想变化和相关的教育管理规律。其次,它需要研究管理者的思想、文化、理论和业务素质,以及管理队伍的建设等。最后,它还要对学生管理的机制、原则、方法,以及具体的管理目标、政策法规等进行研究。

高校学生管理既是一项重要的教育工作,也是一项具体的管理工作,它同时兼具教育和管理两方面的科学规律。智慧高校对学生的管理,就是为了培育出德、智、体等多方面全面发展的优秀人才,以信息技术为辅助手段。根据国家教育方针和政策找到最佳决策方案、管理体制和操作程序。由于这项工作的开展所涉及的理论知识有很多,如管理学、心理学、高等教育学、信息论、控制论等。所以,学校对学生的管理必须要广泛且灵活运用各种相关的理论知识,只有这样才能利用科学的指导思想和管理手段对学生进行有效管理。

另外,高校在对学生进行严格管理的时候,还要学会正确处理以下两种关系:

第一,学生管理与规章制度之间的关系。智慧高校学生管理的实现,必然离不开规章制度的保障。除了《普通高等学校学生管理规定》这一基本的法规性文件外,还有各高校根据自身实际情况所制定的一系列规章制度,这些都对学生管理的实践有着保障和约束作用。而学校学生管理实践工作的开展,又会反过来进一步丰富上述规章制度的内容,使其更全面、科学。

第二,学生管理与思想政治教育之间的关系。学校在强调学生管理工作重要性的同时,也不要忽视思想政治教育保证作用的发挥,任何只顾其一的做法都是片面的、不可取的。毕竟,管理也是教育的一种方法,而教育又能保证管理工作的顺利实施。所以，只有将学生管理和思想政治教育结合起来，才能让学校各项工作的开展更井然有序。

三、智慧高校学生管理的特征

（一）政治性

管理是一种有目标性的活动，所以管理工作的开展必然也有一定的方向性，而这种方向性在特定时期内表现出明显的政治性特点。目前，智慧高校学生管理必须要围绕"为中国特色社会主义培育合格的优秀人才"这一目标，为学生提供服务，这是我国高校学生管理工作的一个本质特征。

学生管理是一种为教育方针提供服务的重要手段，而教育方针又在某种程度上反映了特定社会时代的政治、经济和文化等，表现出一定的政治性特点，所以学生管理自然也会在工作开展过程中体现出政治性特征。例如，欧美等西方国家的教育和中国教育都强调"人本思想"，但欧美学校教育的"人本"更侧重个人本位思想的反映；而中国教育的"以人为本"则是一种集体本位的人本思想，可称为"民本"。因此，两者的本质还是大相径庭的。此外，西方国家的教育强调个人本位的"人文"教育，主要是为了他们的社会培育接班人；而中国的教育强调集体本位的思想政治教育，主要是为了中国特色社会主义事业培育优秀的建设者和接班人。

总之，学生管理所表现出的政治性特点，决定了相关工作者必须要具备较高的政治素养，不断提高自己的政治敏锐性，始终保证自身的政治思想与党中央思想高度一致。

（二）针对性

学生管理既然是一项管理工作，必然离不开管理学的特点，它不可避免地要吸收国内外相关的理论知识和管理工作经验。但是，大学生管理与一般管理不同，它有自己的独特性，主要表现为以下四点：

第一，从社会角色来看，大学生是其管理对象，他们是一个特殊的社会群体，并且有一定的基础知识和专业知识。

第二，从生理心理角色来看，青年是其管理对象，他们正处于充满朝气和激情、感情容易冲动的人生阶段。

第三，与军事编制中的军人青年群体不同，他们的首要任务是学习，不是战斗。

第四，管理对象是正处于接受知识教育和思想道德教育的青年群体，并且大多还是想要独立但在经济上又不能独立的"半独立"状态下的青年群体。

由此可见，上述四个特点就决定了智慧高校学生管理有一定的针对性，并且决定了智慧高校学生管理必须要涉及教育学、管理学、青年学等多方面的知识内容。例如，从青年学（包括生理学和心理学）的角度来看，大学生所处的社会时代背景与20世纪五六十年代的人群不同，他们的思想观念始终有着新时代的烙印。所以，想要管理好学生，高校就必须要更具"智慧"，研究了解他们，把握时代特征，弄清楚新时代下政治、经济、文化、科学技术等各领域的发展方向。而从教育学的角度来看，智慧高校学生管理必须要遵循大学生的身心发展规律和人才教育规律。包括大学生德育、体育、智育等应怎样融入学生管理工作当中；怎样既能尊重学生的个性化差异，又能让学校实现统一管理等，这些问题都是值得认真摸索研究的。

（三）科学性

对于大学而言，制定一套集德、智、体、日常生活管理等一体的管理制度，其本质更像是一种约束和规范，致力于对学生思想、情感、行为等加以正确引导，以实现国家对人才的培养目标。而这一目标的实现必须要有科学性，智慧高校学生管理的科学性最起码要包括符合法律法规、符合学校实际、符合大学生生理和心理特点、具有可操作性四方面的内涵如图1-2所示。

必须指出的是，作为管理制度，虽有理论指导，但它必须要具备较强的可操作性才能真正实现有效管理。若无可操作性，即便管理制度再好，它也只能是"纸上谈兵"。如果不顾及学校实际情况，一味地推行原来的管理法律、规章，其最终结果必然是"无法操作"，这不仅不利于学校的发展和学生的成长成才，也不利于国家教育方针的有效落实。因此，学校必须要依据形势变化，制定出更具有操作性、科学性的学生管理制度。

```
                    ┌── 符合法律法规 ──  要求学校的学生管理制度符合国家的
                    │                    法律法规精神的要求
                    │
                    ├── 符合学校实际 ──  包括学校的层次类型以及学校所在地
高校学生管理         │                    的人文风情
的科学性            ┤
                    ├── 符合大学生生理和心理特点 ── 既要了解大学生的实际情况,也要
                    │                               清楚学校的培养目标与要求
                    │
                    └── 具有可操作性 ──  既要理论指导,也要具有可操作性
                                         才能真正实现学校管理
```

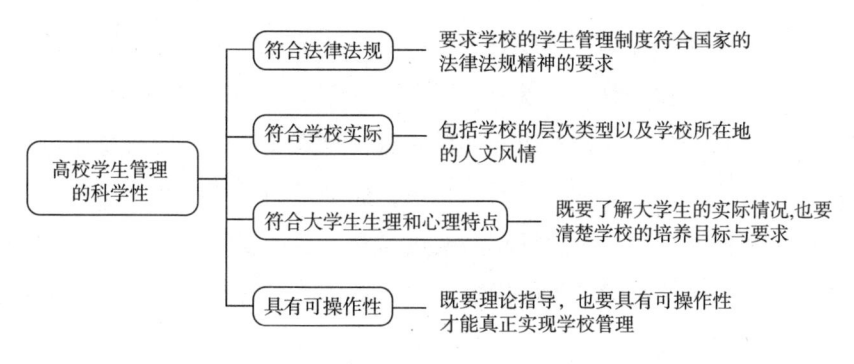

图1-2　高校学生管理的科学性

第三节　智慧高校学生管理的类型

深入分析学生的活动形式,高校学生管理的类型有很多,既包括对学生的德育、智育、体育卫生等方面的管理,也包括常务行政管理、党团组织管理、教育评价管理等内容。因此,本节内容主要从大学生活动形式的方面来阐述智慧高校学生管理的类型。

一、德育管理

为培育出更多高质量的优秀人才,学校必须要以"培育有理想、有道德、有文化、有纪律的社会主义公民"❶为根本指导思想,以"立德树人"为根本任务,不断加强对学生的德育管理,使其成为社会发展所需要的"四化"建设性人才("四化"指中国特色新型工业化、信息化、城镇化、农业现代化)。

(一)德育管理的意义

我国社会主义高等教育的目标,是为了培育出有理想、有道德、有文化、有纪律,富有"四化"奉献精神,善于独立思考和创新的德才兼备的优秀人才。这一目标,恰好能够充分反映出德育在高校教育中所处的重要地位。

---

❶ 王瑛:《高校学生管理创新模式研究》,长春,吉林大学出版社,2016。

高校德育工作的开展，主要是为了将学生培养成符合"四有"要求的新一代高质量人才，而这一任务的完成，必须要有科学的德育管理作支撑。所以，德育管理也有其自身的独特作用和地位。从某种意义上讲，德育管理与思想政治教育的关系并不是单向的"依附"关系，而是双向、可逆的，双方谁也不能离开谁而完全独立存在。德育管理能通过自身具备的组织、控制、协调、创新等功能，不断提高德育对学生的影响效果；而德育的开展，又能进一步促进和完善德育管理的内容。

（二）德育管理的内容

1. 组织好马克思主义理论教育

我国的思想建设、道德建设、民主法治观念建设、文化建设等，都离不开马克思主义的理论建设和理论指导。学校对学生的培养，是为了让他们成为建设高度的社会主义物质文明和精神文明的重要新兴力量，让他们成为"四化"建设的国之栋梁。

随着"对外开放、对内搞活"政策的不断推行，我国的经济、政治、文化和社会等各个方面都取得了极大的进步，这也让学生的思想观念和精神状态发生了很多深刻性、积极的变化。但在这一过程中，总会不可避免地出现一些消极因素，影响我们的学生队伍。对此，我们必须要不断培养学生的马克思主义理论水平，让他们能够应用马克思主义的观点、方法等，科学正确地分析国内外发展所出现的新问题、新现象，使其具备较高的辨别是非能力和政治思想觉悟，从而抵制各种消极思想对自身的侵蚀。学校领导和德育管理部门则要组织好马克思主义理论课的教育工作，始终将加强思想政治工作作为管理的一项基本任务，不断强化对马克思主义思想的认知和研究，打造课程思政育人体系，构建"大思政"育人格局。

2. 抓好共产主义思想品德教育

对大学生进行共产主义思想品德教育，是高校开展德育教育的重要内容之一。其中开设共产主义思想品德课便是一项能实现德育教育及其管理的有力措施。高校开展这一课程的任务，主要是对学生进行以共产主义为核心的人生观和道德观教育管理，有明显的针对性，其目的是让学生形成爱祖国、爱人民、爱劳动、爱社会主义的良好思想观念，进一步培养并提高学生的共产主义道德品质。

3.组织党的方针政策和形势任务教育

历史经验告诉我们，抓好党的方针政策和形式任务教育，是各级学校开展德育工作的一个重要内容。这是因为我党根据实践经验所提出的一系列方针政策，不仅大大丰富了马克思主义理论，还是建设中国特色社会主义的重要指针。学生作为未来发展的建设者，理应深刻理解并掌握我们党的方针政策和发展路线，不断提高自身的政治自觉性。而高校对学生开展德育工作，实事求是地对学生思想进行形势任务教育和管理，既可以帮助学生对党的方针政策、发展路线有进一步了解，还能让他们认清我国社会发展的大好形势和前进中存在的问题，从而促使学生不断激励和鞭策自己成长、成才。

4.加强日常思想政治工作和党团建设

在高校德育管理的过程中，加强学生日常思想政治工作的开展是一个重要环节。但是，每个学生都有各自的特点，每个时期的学生思想状况也同样各有不同，再加上这项工作的范围比较广泛，所以往往有较大的教育和管理难度。对此，如果想要在这项工作上卓有成效，我们必须要深入学生的日常生活和活动场所，及时了解学生的思想，充分调动教师、学生骨干等群体的积极性，最大限度地保证党、政、工、团等多方面的相互配合。同时，这项工作的开展还要做到"四性"，即针对性、科学性、民主性和及时性。

具体来看，针对性也就是人们常说的"一把钥匙开一把锁"，要求我们能够根据不同学生的实际情况，针对性地对其进行思想政治教育管理工作。科学性，是指在解决学生思想问题的过程中，先要弄清楚问题的性质和其产生原因，然后有目的、有区别地对学生开展德育教育和管理工作。民主性是指我们在实施德育教育管理时，不能"简单压服"，而是要以"同志式"的态度与学生沟通，通过思想疏导来解决问题。及时性则要求我们在发现问题后，要及时解决，尽可能将问题扼杀在萌芽阶段。尤其是一些可能产生严重后果的问题，更要及时采取科学有效的教育管理措施，否则很有可能带来极坏的影响。

此外，加强党、团建设也是学校对学生进行德育管理的一项重要内容。在推进"四化"建设的过程中，高校应顺应新形势，抓好党团思想建设和组织建设，为国家和社会发展输送一批又一批优秀的党团骨干。因此，我们必须要组织好党章学习小组、马克思主义理论学习小组等德育活动，分层次地培养党、团优秀人员，及时将符合入党条件的学生纳入党组织，并不断加强团员思想政治教育，这对学校德育管理也是大有裨益的。

二、体育卫生管理

体育卫生管理也是智慧高校学生管理的重要内容。体育作为增强学生身体素质的核心教育，包括体育锻炼和卫生保健两方面的内容。对大学生体育卫生的管理，既可以促进他们获得德、智、体、美、劳的全面发展，还能保证我国"四化"建设人才的健康，极其重要。

（一）体育卫生管理的意义

学校是为我国"四化"建设与发展培育各种专业优秀人才的重要基地，要求教育管理应面向现代化、面向世界、面向未来。而之所以要加强大学生体育卫生的管理，主要是为了让我们的学生能够以强健体魄去适应"三个面向"，同时这也是实现学校教育目标的一种服务手段。

在高校教育中，德育、智育、体育、美育共同构成一个教育整体，四者互相促进、相互依存。人才成长的一个重要物质基础便是要拥有一个健康的体质，所以从某种意义上讲，体育既是德育、智育的基础，也是一种有着巨大潜力的精神力量，这对学生良好道德风尚的培养、健康心理的形成与发展都能产生极大的积极影响。既然体育有如此巨大的意义，那么，学校加强对学生的体育卫生管理，自然也就是刻不容缓、意义重大的一项工作了。

高校学生体育卫生的管理，是一个多层次、多要素的活动过程。其中，它的"多层次"包括国家、地方、校系、班级、教师以及学生个体等多个层次；"多要素"包括体育教学、卫生保健、课外体育活动、学生年龄特征等多个要素。所以，高校学生体育卫生管理的主要任务，就是要遵循学校体育卫生工作规律，用尽可能少的人力、物力，用最佳的方法对这个多层次、多要素的系统进行有计划、有步骤地管理，从而保证在增强学生体质的同时，实现学校教育目标。

（二）体育卫生管理的内容

1.大学生体质信息管理

大学生体质信息管理，其实就是指学校管理部门通过各种信息渠道，及时获取学生体质的各种信息（包括身体健康情况），并将这些信息进行科学地分析、处理、控制和调整，最后再可视化输出，如此循环反复管理过程。这样一来，我们便能更全面、更便捷地了解学生体质状况，还能更快速地找到学校体育卫生工作开展与管理方面存在的问题，有利于学校体育卫生管理计划的及时调整完善。

目前，对学生体质信息管理工作的开展，必须要从以下四个方面着手：

（1）建立、健全学生体质信息管理系统。学生的体质信息源存在于学校教育、管理和生活的各个环节当中，像体育教学、作息制度执行、病历资料、学生体格检查、膳食卫生等，都能找到关于学生体质的信息资料。此外，学生毕业后在工作岗位的身体适应情况，也是了解学生体质状况的重要反馈信息。因此，高校体育卫生管理部门必须要保证学生体质信息管理工作由专人负责，并能与相关的职能部门（包括卫生保健所、学生会、生活后勤部、体育教研室等）共同组成学生体质信息网络，及时获取关于学生体质的各种反馈信息，并做好信息存储、分析、处理等工作。此外，为了避免这些信息在传递过程中失真，保证信息渠道的畅通性，我们还要明确各个部门的工作任务，并建立明确、必要的责任制度，尽可能保证信息搜集与传递的制度化、科学化和经常化。

（2）建立学生体质健康档案。高校对学生体质信息的管理，要求必须定期对学生展开健康检查，包括每个学生在校期间不同阶段的身体素质、身体机能、身体形态等的测定，并且要注意这些数据信息在学生体质健康档案的记录与保存。这不仅方便学校对大学生体育卫生的管理，还能帮助学生了解和掌握更多自己在校期间的体质变化，提高学生锻炼身体的积极性。这也为后续学生毕业分配部门和用人单位吸纳人才提供了客观的体质"量才"标准，有利于实现学生数据信息的一体化管理与应用。

（3）做好学生的体质测试和评价工作。做好学生的体质测试和评价工作，能帮助我们进一步掌握学生的体质状况，及时了解学校体育活动、卫生保健等对学生体质健康的影响，从而有利于为高校对学生体育卫生管理提供科学、可靠的数据信息。此外，学生体质的强弱、进步的幅度等，也能作为衡量高校对学生体育卫生管理成效的重要因素。

（4）做好学生体质信息的加工、处理和有效信息的再输出工作。学校的体质信息系统，需要通过一定的设备和统计方法，对采集或测试所得到的各种数据信息进行加工和处理，并且还要保证有效信息的再输出。而在这一过程中，我们要注意信息的"去粗取精、去伪存真"，还要在分析、研究这些数据信息的同时，及时发现学生体质及其管理之间客观存在的实际矛盾，然后结合学生身心发展规律找到管理工作的改进措施。这不仅可以为学校相关管理部门的决策提供科学依据，还能对体育教学、卫生保健与生活后勤等部门的工作开展提供一些指导性的科学意见。

2. 大学生体育课管理

体育课既是高校学生必修的一门课程，也是学校开展体育教学的基本组织形式。对于大学生而言，他们学习的专业方向是确定的，所以高校体育课就是为了通过"教"与"学"双边活动的开展，帮助学生增强自身体质，以促进我国人才的全面发展。需要注意的是，这里所提到的专业方向不包括体育专业的学生和少数体育尖子生。

3. 大学生课外体育活动管理

课外体育活动作为高校体育工作开展的重要组成部分，其管理内容有很多，主要包括对早操与课间操、课外体育锻炼活动、各种小型体育活动竞赛等多个方面。

4. 大学生卫生保健管理

学校开展卫生保健工作，是贯彻落实党的教育方针的一种重要手段。而做好大学生卫生保健管理，对增强学生体质健康、培养学生形成良好的生活习惯等将有极大的助益。在管理过程中，我们要面向全体学生，始终坚持"预防为主"的指导思想，将卫生保健工作及其管理深入落实到学生、教学以及日常生活的各个环节中（图1-3），确保工作落到实处。

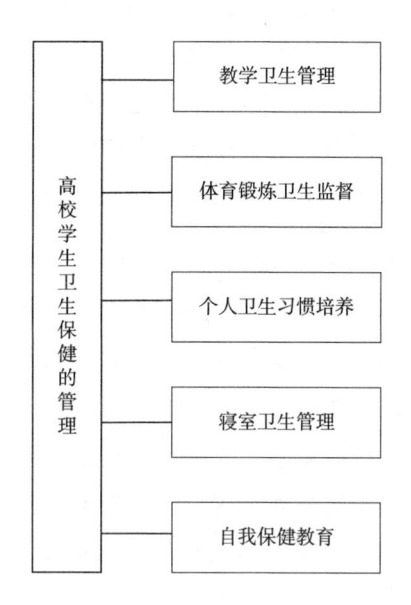

```
                ┌─── 教学卫生管理
                │
                ├─── 体育锻炼卫生监督
高校学生卫生     │
保健的管理      ├─── 个人卫生习惯培养
                │
                ├─── 寝室卫生管理
                │
                └─── 自我保健教育
```

图1-3　高校学生卫生保健的管理

三、实践活动管理

（一）大学生参加实践活动的意义

1. 有利于书本知识的实际性转化

学校教育工作的开展通常以教学的形式呈现，学生所获得的大量知识很多都是通过课堂教学来实现的。当然，这些书本知识固然重要，但对大学生而言，他们对书本知识的接触是间接的，既没有通过实践对知识加以检验，也没有直接运用知识去解决实际问题。所以，为了有效缩短学生将书本知识进行实际性转化的过程，使其更快适应现代化社会发展的需求，我们就必须要加强学校各项实践活动的开展，尽可能让学生通过各种实践活动来掌握并熟练运用所学书本知识解决实际问题。

2. 有利于学生知识面的拓宽和自学能力的提高

对于学生来说，他们从教师处所学到的书本知识，大部分都是经过系统整理的某一方面的基础或专业知识。但事实上，他们所面对的需要解决的实际问题并不像课堂练习那样，只靠某一方面的基础或专业知识就能将问题解决，往往还需要综合运用多方面的知识，甚至还可能会用到除本专业外的知识来解决。而让学生多参加各种实践活动，可以让他们更好地了解解决实际问题的复杂性，有利于提高学生的自学能力，使其学会根据需求来汲取新知识，从而拓宽自己的知识面，为学生今后不断充实和更新各种知识打下良好的基础。

3.有利于学生创造能力的培养

我国在实现"四化"建设和改革的过程中，必须要有勇于革新、富于创造的优秀人才来为之提供助力。创造，要求人们能敏锐地发现各种实际存在的问题，不墨守成规，勇敢提出新的主张、问题解决方法和方案，而这种品质和能力的培养只能在各种实践活动中经受磨炼才能逐渐形成。可见，学生创造能力的培养，必然少不了深入接触并了解实际，参加一些创造性活动，使其通过"探索—改革—创新"找到问题解决的新路子。所以，对大学生而言，在学习书本知识的同时可以通过参加各类实践活动，得到创作活动、技术革新、工艺设计等方面的初步练习，为他们今后参加"四化"建设过程中进行一系列创造性活动打下很好的基础。

4.有利于学生组织管理能力的培养锻炼

大学生是国家未来发展的重要力量，他们中有不少人除了可以从事一些专业性活动外，还能肩负一些管理类的工作。那么，他们的组织管理能力从何而来呢？当然是通过运用在校期间学到的有关管理方面的理论知识，在各种管理实践活动中初步训练自己的组织管理能力。一般来讲，在校期间曾担任过学生干部或者其他社会工作的大学生，在进入工作后，往往有较强的工作组织与管理能力和良好的思想政治工作能力。因此，如果可以有组织、有计划、有目的地引导学生参加各种实践活动进行自我管理，无疑可以培育出更多有良好组织管理能力的优秀人才。

（二）大学生实践活动管理的内容

1.本专业教学过程中对实践环节的管理

在各类专业的教学计划中，很多高校都对需要完成的教学实践活动内容作出了明确规定。因此，如果我们想要加强对大学生实践活动的管理，首要的一项工作就是将各专业教学计划中的实践环节做好、管理好。而为了能让学生真正利用所学到的理论知识去解释并解决实际问题，真正掌握与本专业有关的知识技能，我们除了要在专业教学计划内安排课程、教时等基本教学内容外，还可以安排一些实践性的教学环节，如专业实习、实验课、毕业设计等。除此之外，学校在制订教学计划时，还可以专门留出一些时间组织学生参加社会生产活动、军事训练、科学研究初步训练等，其目的主要是更好地培养理论联系实际，德、智、体、美、劳全面发展的优秀人才。

2. 校内各种课外实践活动的管理

除专业教学计划内规定的实践性活动外，学校还可以让学生在教师的指导下，培养自己的爱好和长处，使其有充分发展自己的广阔天地。这既是高校实行教育改革的重要目标之一，也是各大高校"第二课堂"生机勃勃发展的重要原因。

在这里，我们需要强调的是"第二课堂"与课外实践活动的概念并不能等同。"第二课堂"是与"第一课堂"相对而言的，通常指教学计划规定教学活动外的课外活动，如知识性的、健身性的、政治性的、服务性的等各种有意义的活动。这些活动很多都是根据每个人的特点、兴趣喜好等组织起来的，内容丰富且形式灵活多样，并且不少活动还与社会生活息息相关，所以往往有着极强的实践性。但是"第二课堂"中，如听知识讲座、组织读书兴趣小组活动、举办舞会、参加郊游等活动，并不属于直接培育某专业人才的课外实践活动。所以，从这一角度看，相比课外实践活动，"第二课堂"概念中的活动实践因素更强，覆盖范围更为广泛。

大学生在各种课外实践活动中所学到的东西，有很多不能从课堂和书本中得到，所以他们在课外实践活动中也就更容易彰显出潜藏在自身深处的才华。可见，如果说通过课堂教学，教师能发现很多优秀的专业人才，那么对人才的培养就必然离不开课外指导和实践活动的组织与管理。

3. 校外实践活动的管理

对大学生而言，他们在完成大学的学习生活以后，都是要走进社会生活，为社会建设和发展提供服务的。因此，我们应尽可能在大学阶段就让学生接触社会及其创造条件。广泛地讲，校外实践活动也可认为是课外实践活动的一种，学生需要深入社会，在社会这个大课堂中学习，并将所学知识和技能直接服务于社会,是一种层次较高的实践活动。

四、常务行政管理

(一)大学生常务行政管理的作用

1. 教育和指导作用

大学生常务行政管理具有积极的教育和指导作用,一般通过组织协调和管理制度来体现,其目的主要是引导学生明确学习目的、提高学习效率、增强学生制度观念等。尤其是对于各项行政管理政策和制度而言,它们不仅是学生行为的规范,更是一种教育管理手段。通常情况下,每项制度及其中的内容,都有较强的针对性和教育性,能对学生的思想作风、行为规范、学习工作、生活习惯等发挥显著的指导性作用。

2. 法制作用

大学生常务行政管理的开展,离不开教育和制度的双重作保障用。贯彻落实国家和教育行政部门制定的法规、条例和规定等,始终都是一个艰巨且细腻的过程。而在这个过程中,我们对学生的管理必须要保证人人平等,以"大度"的教育来疏导学生,使其自觉按照规章制度执行。但总会不可避免地出现一些无视法规制度、干扰正常教学秩序和生活秩序的学生。所以,为了确保这个过程的顺利进行或者是某个问题的及时解决,我们必须要严格执行规章制度,必要时还可以采取一些强制性的行政管理手段,以保证教学工作和学生学习秩序的正常进行。因此,在学生常务行政管理中,很多规章制度都有一定的法制作用,包括学籍管理、升(降、留)级的规定、考场规则、学校为维持正常秩序所制定的相关规定等,都不允许违反。

3. 评价和检验作用

在不同阶段,大学生的常务行政管理内容和要求也是各有不同的。而想要判断各阶段常务行政管理工作的成效,我们就必须要对学生的体质健康、学习、思想和行为,对个别学生的特殊要求、问题,以及对规章制度在实施过程中的作用等各个方面的情况和资料进行及时准确地收集、记录、统计和整理,并对这些信息进行实际性分析和客观性评价,从而以此来检验管理过程是否得体、管理的指导思想和规章制度等是否合理、管理的方式方法是否得当等。由此可见，大学生的常务行政管理具有鲜明的评价和检验作用。

4. 组织协调作用

若学校想要更好地完成大学生常务行政管理工作，必然离不开组织协调工作的开展，只有这样才能真正将这项管理任务落到实处。一方面，在管理过程中，要合理安排人员到合适的工作岗位，做到各尽其才，从而最大限度地将每个人的积极创造性发挥出来；另一方面，要保证各级管理组织机构、管理者之间能始终朝着共同的目标和任务展开工作，保证人与人、人与事、事与事之间的关系协调发展，尽可能地减少内耗，从而提高管理效率。

（二）大学生常务行政管理的内容

大学生常务行政管理工作是一项有一定程序的活动，其管理包括学生人事管理、成绩管理、日常行政事务管理等多个方面的内容。

1. 招生计划的制订

社会主义"四化"建设及其发展需要高质量、高素质的专业人才，而一个合格的人才培养流程，必然少不了对学生的广泛选拔、资格审查和招收。所以，为了保证所招收大学新生的质量，我国采取并实施了从中学生中择优录取的高考制度。但值得注意的是，虽然现有的国家招生制度能在一定程度上保证高校招收学生的质量，但有时候也不可避免地会出现"重考分、不重能力，一次考试定终身"等问题。针对这种情况，很多高校除了利用高考制度招生外，还通过用人单位委托招生、招收少量自费生等方法，完成国家计划招生任务。此外，有时还会通过组织国家或地方统一考试来招收一定数量的委托培养生和自费生。在招生过程中，这就要求高校能够始终以"多出人才、出好人才"为目的，根据社会发展对人才需求的预测结果，及时且有针对性地制订、调整和改进招生计划。

2. 学籍管理

学籍管理主要是指对学生在校期间学习情况及其毕业资格的考核与管理，包括学生注册、升（降、留）级、学生考勤、休（复、转、退）学处理、学生奖惩、学生毕业资格审查、毕业证和学位证的发放等多个方面的内容。

学籍管理有较强的政策性，它是根据国家和地方教育行政部门所颁发的各种规定来开展的。但是随着我国教育改革任务的不断深入，学生的学籍管理也要作出相应的变革，如学分制的推行，原来以学年制为核心的学生考勤、升（降、留）级、休学复学等制度都应作出改革，或找到新的管理办法。总之，学生学籍的管理必须要以促进学生积极向上为中心，采取新的管理方法去适应新情况。

3. 成绩管理

一般情况下，学生的学业成绩能够较为准确地反映出学生对专业知识和技能的掌握、运用情况，是衡量其学习质量高低的一大重要标志。那么，我们要怎样才能做好学生的成绩管理工作呢？主要从以下四个方面出发：

（1）要明确学生成绩管理目标，既要正确，也要全面。一方面，我们应对每位学生从进入校园到毕业这一段时间内，将其所学到的每门课程和参加的实践活动，都要给予相应的成绩并及时做好成绩记录，以保证每位学生的成绩清楚、正确；另一方面，当学生毕业时，我们需要全面清理、核对每位学生的成绩，凡是不符合学校毕业资格的学生，应及时作出相关处理。

（2）要抓好成绩管理的各个环节。各任课教师需要在每学期课程教学结束时，以成绩管理目标为参考依据，将每个学生的成绩上报，最后经学校教务部门汇总、审核后，对学生成绩存在的问题及时解决。该补考的补考，该降（留）级的降（留）级，只有符合学校毕业条件的才给他们颁发毕业证书、学位证书，并将相关的成绩材料送至档案室长期保存。

（3）要逐步完善学生成绩管理办法。学生成绩的管理，必须要与对应的教学制度改革相适应。例如，学分制实行以后，同一年级学生所学课程不同，学生主修专业和辅修专业不同，对其成绩的管理也应该有所区别。

（4）要使用新的管理技术手段。尤其是随着电子计算机等现代化信息技术在我国教育领域的应用，学生成绩管理的要求和表册更应该作出改进，体现出其"智慧化"，以便于进行智慧管理。

4. 奖学金、贷学金与助学金管理

长期以来，我国很多高校都对大学生实行人民助学金制度，这对工农子女上大学、对培养"四化"建设人才，都有积极的促进作用。但是随着近年来我国社会生产的不断发展，人民生活水平逐年提高，致使原本的助学金制度所发挥的作用越来越小。所以，为了更好地解决"只助学不奖学"的问题，很多高校将助学金改为奖学金和生活困难补助金，对学习成绩优异的学生实行奖学金制度，对确有经济困难的学生给予必要补助或者实行贷学金制度（所谓贷学金，是指学生在校学习期间，可通过借贷部分学习费用，待工作后逐步偿还）。

奖学金的发放，一般是给成绩优良、学习勤奋、德智体美劳全面发展的学生。而为了增加对学生发展自己专长和兴趣喜好的鼓励支持，培养学生的创新精神，有的高校还会设置一些竞赛奖、单项奖、研究成果奖等；对原本学习成绩较差，但经教育和自己的努力有明显进步的学生，还会为其颁发鼓励奖。此外，学校对奖学金的评定与管理，则要以具体的评定条件和实施细则为依据，成立评审小组，宣讲并组织学生了解学习有关评定规定和方法。各系、各专业按照年级由专人将学生的平时表现和各科成绩进行统计比较，按照规定比例择优选出奖学金各等级的初步名单，再交给学生讨论；然后集中学生的意见，重新梳理名单，并填写"学生奖学金登记表"；最终经过各系评审小组审批通过后，再上报给学校的审批小组。当名单确认后，学校要通过特定的形式宣布获奖名单，并颁发奖学金，可分两次发放，每学期初各一半，毕业班的学生在离校前一次发放完毕。至于"学生奖学金登记表"，可以放入学生本人的学籍档案中，方便后续的查询与管理。

5. 档案管理

学生档案作为学校人事档案的重要组成部分，应该系统完整、客观、实事求是地将学生德、智、体、美、劳等情况的发展记录下来，同时这也是以学生个人为基本单位而形成的材料。方便以后用人单位看了这些档案资料，对学生在校学习期间的情况有一个基本的了解。因此，学校应及时了解并记录下学生学习期间的主要表现、身体状况、能力情况和学业成绩等，并整理成个人信息材料。当学生毕业时，还要对所记录的档案材料进行实事求是地清理，最大限度地做到正确、科学，使其与学生本来的面貌相符。如果发现问题和错误，要及时解决和纠正，以确保学生档案材料能经得起时间和实践的检验。至于学生档案，则由学校人事部统一集中管理，并由专人负责。

6.生活行政管理

学生在学习和日常生活中，总会有生活行政方面的事情或问题需要解决，可见，大学生生活行政管理工作的开展将直接影响着他们的学习和生活。因此，我们需要用相对科学的方法，根据学生的生活条件和生活需求对他们进行管理，以确保学生生活行政事务"事事有人管，件件有着落"。

第四节　智慧高校学生管理的意义

中国特色社会主义现代化事业的建设与实现，必然离不开"有理想、有道德、有文化、有纪律"的各类优秀专业人才，而在人才培养的过程中，高校有着义不容辞的责任。其中，在高校开展的各项工作中，对学生进行科学有效的智慧化管理，是重要且十分必要的一个层面，意义重大。

一、高校学生管理的重要性

（一）高校学生管理是培养合格人才的重要保证

中国特色社会主义现代化事业的建设与发展，为高校对学生人才的培养提出了明确的要求，要求高校对学生的培养应体现在德、智、体、美、劳等各个方面，致力于培育出全面发展的优秀专业人才。例如，在德育方面，高校对"四化"建设人才的培养必须坚持四项基本原则，使其养成良好的共产主义道德品质；在智育方面，高校对学生的培养必须要求他们掌握学科的基础理论、专业知识和实际技能；在体育方面，高校对学生的培养则必须要使其有健全的体魄。而想要实现上述的学生培养目标，高校必须要有科学有效的教育和管理作为支撑。

从本质来看，管理与教育其实无异，它是管理者（教育者）有意识、有目的、有计划、有组织地促进被管理者（受教育者）身心发展的自觉活动，两者始终都是不可分割的。没有管理的教育，空泛无力；缺乏教育的管理，僵硬盲目。但是，与教育活动相比，管理活动作为对人成长发展的重要影响力量又有其自身独特的性质，它是通过一定的规章制度、法律条文和纪律措施，利用约束、控制等管理手段，对被管理者施加影响的，以促进人的成长、成才和发展。高校在培养学生的过程中，必须要综合采取教育和管理两方面的措施，既要在教育中实施管理，以管理促教育；也要在管理中渗透教育，以教育促管理。由此可见，高校教育和学生管理都是对培养合格人才的一大重要保障。

（二）高校学生管理是深化教育改革的重要内容

数十年来，我国高等教育事业有了很大发展，为社会主义建设事业输送了一批又一批合格、优秀的专业人才。其中，科学的学生管理在高校深化教育改革进程中发挥着重要作用，是高校教育改革发展的重要内容之一。尤其是随着我国社会主义现代化建设的不断推进发展，对各专业人才的需求越来越迫切，高校对人才的培养、教育和管理必须都要作出相应变革。因此，建立科学的适应人才培养需求的学生管理机制，就成为目前各大高校深化教育改革的一大重要内容。

另外，科学的学生管理也是高校巩固教育改革成果的重要保证。我国高校教育的改革是一个不断深化的过程，每一步都需要以前一阶段的改革步伐为基础，以强化巩固教育改革所取得的成果。而对高校阶段性的教育改革成果进行巩固，为其进一步深化改革提供良好的环境，还必须要科学的学生管理工作来做保证。例如，高校奖学金制度的改革、毕业生分配制度的改革等，都需要学校能够制定相对应的学生管理机制体制，并加以实施。

（三）高校学生管理是维护和发展安定团结的必要手段

在我国的社会主义现代化建设进程中，有一个安定团结的政治局面是其实现的一个重要前提条件。并且，我国国民经济建设的发展、民主政治建设的推进、国际社会地位的提高等，也同样需要一个安定团结的政治局面为基础。但事实上，在我国的社会政治生活中，总会不可避免地会出现一些不安定因素。我国还处在社会主义初级阶段，仍有进一步完善的空间，而我国目前正在进行的一系列体制化改革，各方面（包括政治、经济、教育等多个领域）的利益调整和局部利益的冲突不可避免。这些不安定的因素，在一定气候下很有可能通过某种比较激烈的方式表现出来，从而给我国安定团结的政治局面、社会主义制度发展，以及对社会各阶层成员思想等带来一些消极影响。

我们应该看到，高校学生并不是一支独立存在的政治力量，但却是一个非常特殊的社会群体。虽然从法律层面看，他们已是成人，但从心理层面来看，他们是"准成人"，他们的自我意识、社会参与意识等容易急剧增长，不仅思想方面有较强的可塑性，心理方面也容易出现一些情绪化的偏激行为。而这些特点的存在，就使得他们在观察、认识、分析和解决问题时容易失之片面。所以，高校必须加强对学生的严格管理，制定一定的政策、法规和行为规范等并加以实施，对学生的行为进行一定约束管理，为其成长成才营造一个积极的环境，而这也能进一步推动社会局面的稳定发展。

二、高校学生智慧化管理的意义

随着大数据、云计算等现代技术在我国教育领域的不断发展，各大院校越发注重校园的智慧化管理，旨在以用户需求为导向，帮助学校真正实现智慧化校园建设与管理。

（一）有利于促进学校业务流程的有效规范

一般情况下，学校每个部门的业务流程不尽相同，既有合理之处，也有不合理的地方。高校以建设智慧校园为目标和导向，对学生进行智慧化管理，可以在无形中进一步对学校的各项业务流程加以规范，提高学校各项工作的开展效率，从而避免过去容易因一些手工操作问题而带来的随机性大、流程不易规范等问题的出现。

（二）有利于解决学校信息化孤岛的问题

大数据、云计算等现代技术在高校学生管理中的应用，能让学校内部相对分散、独立的网络系统得到统一整合，有利于解决学校"信息化孤岛"的问题。一方面，学校各部门分别管理好自己所负责的相关数据信息，且有唯一的数据采集点，所有数据信息都能上传至网络系统，可以有效地实现数据信息共享，这样能很好地解决学生数据信息重复管理、信息不同步等问题；另一方面，当某个部门需要用到其他部门信息时，可以直接从网络系统中获取相关资料，这样就可以有效地避免多部门重复劳动的问题出现，有利于节约人力成本，也能保证数据信息的标准化存储。

（三）有利于提升管理人员的脑力价值

大数据、云计算等现代技术在高校学生管理工作中的应用，可以很好地将相关管理人员从繁杂、简单重复的数据信息输入、传输、管理、检索等工作中解脱出来。尤其是过去学校系统的信息检索、统计计算等工作，常常会花费管理人员大量的时间和精力，而智慧化管理则能将这些工作交给系统来完成，不仅可以大大降低管理人员的工作强度，提高其工作效率，使其脑力价值得到进一步提升，还可以促进师生员工的工作、学习与生活环境得到一定改善。

（四）有利于实现资源管理平台共建、共享与交互

（1）学校可以建设以校本为中心的资源库及其管理平台，包括教育管理库、学科资源库、教研论文库、教学视频库等，促进数字化教学资源的建设与档案管理，促进信息技术与学校课程资源、学生管理等的融合。

（2）学校可以进一步完善管理信息综合系统，通过各种信息化的手段来改造和优化学校的事务管理工作，包括对办公自动化管理模块、教务管理模块、云录播教学系统、视频会议系统、监控安防系统、人事管理模块、教职工绩效评价模块、学籍管理和综合素质评价模块、学校财务和后勤管理模块等各个方面的开发和完善。通过这种方式来实现多平台网络统一身份认证，实现各项信息系统的跨部门协同工作和交流，进而达到提高学校教育管理成效的目的。

（3）建设智能化、功能强大的学校公共信息与管理系统，还能进一步完善校园"一卡通"项目工程。包括以学生为核心的门禁管理系统、食堂管理系统、图书管理系统、考勤管理系统、签到管理系统等，能很好地实现"一卡通"系统与学校管理系统的无缝交互与对接。

第二章　智慧高校学生管理平台的建设

第一节　信息的采集

学生信息数据的采集是指人们按照确定的数据分析和框架内容，有目的地收集、整合相关信息的过程，它是信息分析的一个重要基础。

一、信息采集的概念及原则

（一）概念

在大数据的社会时代背景下，信息作为各类信息分析、信息处理的关键组成部分，其重要性毋庸置疑。但是，我们应该怎样获取信息，即信息采集，不仅是信息分析的基础，也是建设智慧高校学生管理平台不可或缺的重要一环。

信息采集又被称为"信息获取"或"信息收集"，是人们根据特定的目标和要求，将分散在不同时空域中的各种数据信息，通过借助特定的手段和措施，对其进行采掘和汇聚的活动过程。关于信息采集的内涵，我们不能简单地认为它是一项信息收集与获取的技术性工作，而是应该意识到这是一项对信息进行鉴别筛选、更为复杂的指导性工作。只有我们在信息采集时对收集到的各类信息去粗取精、去伪存真地鉴别筛选，才能保证信息采集的质量，从而为后续的信息加工处理、可视化呈现等打下良好的基础。

（二）原则

1. 准确性原则

准确性原则是信息采集最基本的一项原则，是由信息自身的客观性特点决定的。真实、客观、准确，是所有信息的共同特征。信息的生命力和有效性在于它能够准确、真实地反映客观事物的变化和特征，任何失去客观真实性的信息都失去了价值。数据信息收集是领导决策的重要依据，只有正确反映客观情况的信息才能保证决策的正确性。信息的不正确、失真性，必然会导致决策失误，从而造成无法挽回的损失。

2. 针对性原则

针对性原则是指信息采集要目标明确，有的放矢，突出重点，从用户实际需求出发，分专业、分层次开展针对性强的采集活动。信息的针对性反映了收集的方向，使信息收集能够达到预期的目的，从而发挥其价值。信息的收集越恰当，信息的使用率就越高，其实际价值就会越高。反之，如果信息收集不具有针对性、全面性、全面性，不仅会浪费时间、人力、财力，还会延缓信息的利用，事倍功半。

3. 实时性原则

信息采集的实时性原则是在最短的时间内，以最快的速度采集和传送信息，这是由信息的实时性决定的。当今世界已经进入信息社会，客观事物的变化速度在加快，创造和传播的速度也在加快，这使信息的流通量得到了极大增加。

数据采集的实时性是指能够及时获取所需信息的能力，一般有三层含义：

（1）指信息从产生到收集的时间间隔，间隔越短，信息收集和信息产生的同步越及时、越快。

（2）指当企业或组织为了执行某项任务而急需某种信息时，能够迅速收集信息，称为及时性。

（3）指收集一项任务所需的所有信息所花费的时间，花费的时间越少，速度越快。

4. 系统性原则

信息的系统性是指在一定的环境和条件下,为了特定的目的,具有特定内容和属性的一组信息所形成的有机整体。利用信息的这一特点,信息采集过程中应遵循的制度原则主要是指采集的信息在时间、空间和内容上要全面、完整。信息收集是系统的,不是片面的;是全面有序的,不是个别的、乱七八糟的。

5. 完整性原则

信息采集的完整性是指所采集的信息在内容上是完整的,采集的信息必须符合一定的标准要求,采集的信息才能反映事物的全貌,完整性原则是使用的基础的信息。

6. 可靠性原则

信息采集的可靠性原则是指所采集的信息应由真实的物体或环境产生,并保证数据来源的可靠性,确保所采集的信息能够反映真实情况。可靠性是信息收集的基础。

二、信息采集的程序

从浩繁的信息源中采集自己所需要的各种特定信息,是一项复杂的工作,它必须有计划、有目的、有步骤地开展。一般来说,它的基本程序如下:

(一)确定信息采集的目标和方针

无论收集什么数据,都不能盲目地去做,而是要设定正确的数据收集目标。

(1)要明确信息服务的方向。不同部门有不同的目标、政策和优先事项,以及对信息的不同需求。信息采集工作服务于企事业单位的管理和运行,或者说是一个部门为实现一定的管理目标而开展的活动。因此,它应该围绕这个目标紧密合作,如果收集到的数据不符合部门的管理和运营目标,那将毫无价值。

(2)必须明确数据收集的内容。当今社会,信息和各种信息源在我们面前流动,我们不可能收集所有的信息,只能根据目标管理需要,重点关注对本部门有用的信息。信息收集内容的正确性直接影响到决策的正确性,当然,充分的信息是主要条件之一。

在明确了信息采集的主要内容后,要根据本单位的特殊需要,分别采集信息,尤其要分清轻重缓急。如果公司的产品卖不出去,就应该着重收集市场信息。这样收集的数据可以有的放矢,发挥很大的作用。

各采集系统在采集信息时,必须根据自身的目的和任务制定一定的采集策略,并以此来指导采集工作,采集策略的制定必须以上级意图为依据研究相关情报,明确服务对象。总之,采集方针虽不能解决具体的采集业务问题,但却可以作为采集工作的指导原则,成为检验采集工作的基准。

(二)制订信息采集的计划和方案

制订数据收集计划和程序是数据信息收集的重要程序。

所谓信息采集计划,是指采集工作的完成时间、工作进度、采集数据的结构设计、采用的方法、人员的编制和组织、成本预算,以及对作品的评价等。制订计划的目的是保证数据采集分阶段、有序、有效地进行,最终实现采集计划。

而数据信息采集方案,则是指数据采集工作本身的设计,包括明确数据采集工作的目的和基本要求,明确和提出具体的工作对象、工作范围、人员等,以及涉及的工作内容和大纲等方面。总的来说,需要结合数据采集的目的和方针,制定具体的采集方案和实施方案,并提出解决预期问题的方法。只有制订了数据收集计划和方案,才能按照既定目标进行数据收集,才能避免盲目性和错误。

1. 信息采集计划和方案的形成要求

任何数据收集系统在设计数据收集计划时都应解决以下问题:

(1)重点与一般。分清轻重缓急、提供重点、考虑重点是一般信息收集的主要原则,只有解决好这个问题,才能收集到我们急需的信息,解决根本问题。抓重点,就是紧紧抓住地区、部门、科室的工作重点,收集的信息主要服务于工作重点;兼顾一般,也就是同时兼顾其他方面,但不是要求面面俱到,而是有选择地收集所需信息。

（2）当前需求和长期需求。在制订计划时，应考虑当前需求和长期需求的重要问题。作为一个信息采集系统，先要满足当前的需要，再适当地考虑未来的发展需要。在设计计划和方案以妥善处理当前需求和长期需求之间的关系时，这两者都不应被忽视。

（3）质量和数量。计划和方案的制订要根据具体情况而定，不能喜出望外，只贪数量，忽视质量，导致收集到无用的信息，而得不到有用的信息。只有把数据的质量放在第一位，提供一定的数量，才能真正解决问题。

（4）经验与开拓。制订计划和方案时，应参考以往的数据信息收集经验，但不能拘泥于此。每次制订新计划时，都要对照旧计划进行制订和更新，这样才能与原计划保持一致，才能适应社会及信息采集系统的需要。

2. 掌握信息采集计划的内容

一个信息采集系统在采集数据之前必须制订采集计划，作为采集人员必须了解和掌握数据采集计划的内容或参与计划的制订。一般来说，数据收集计划的内容应该包括以下几点：

（1）时间。制订数据收集计划时，首先要考虑的事情之一是时间安排。需要明确规定某项数据采集的最长时间，让采集人员有充分的心理准备，根据时间形成下一步动作的内容。信息的及时性是强大的，尤其是在激烈的市场竞争中，及时有效的信息将拯救企业，为企业带来丰厚的利润，而过时的信息没有商业价值。因此，任何数据采集系统在设计采集计划时都必须考虑时序要求。

（2）设计。大多数信息采集内容都包含数据，而数据又是代表事物属性的符号。所以，我们一旦掌握了相关信息，就掌握了信息内容的关键。在收集数据之前，我们需要设计数据的结构，收集哪些方面的信息，涉及哪些内容的数据，每个数据元素的分类等，应事先在数据收集计划中定义，通常是一个调查表来显示数据结构。数据结构的设计在数据信息的采集中非常重要。

（3）方法。数据信息收集计划的重要内容之一是确定数据收集所采用的方法。准备几个可能的选项并选择最佳的行动方案。数据采集方法大致可分为直接采集和间接采集。

通过直接采集获得的数据，很多是原始的、第一手的，但必须通过深入的社会体验和调查研究获得，并且对获得的数据进行处理才能使用。利用这种方法可以及时、准确地呈现新信息，发现新情况。而间接采集法省时也省力，一般是从原始数据经过二次加工后间接获取信息。使用这种方法需要确定获取信息的来源。但是，无论使用何种方法收集信息，都应基于信息采集系统的目标作为依据，再结合人员、资金等确定应该采用哪种方法来采集所需信息。

（4）人员。人员是收集信息的关键性因素，使用什么样的数据信息收集人员来执行信息采集任务对于高质量数据信息的采集至关重要。数据采集人员的组织和安排应在数据采集计划中进行规划，数据采集系统也要根据实际需要，决定每项数据采集任务投入多少人力，并进行相应的人员配备。注重强弱搭配、新老搭配，实行严格的数据采集责任制等手段，这不仅有助于数据采集工作的顺利开展，同时有利于建设科学规范的数据采集人员队伍。

（5）费用。费用预算是收集数据时的一个重要考虑因素。花在收集不同数据信息上的费用各不相同，有些数据可以以很少的成本甚至可以免费获得，而有些数据的收集则是相对复杂且昂贵的。因此，我们在设计数据采集方案时，必须根据具体的实际情况进行决策，如获取数据的难易程度、信息采集系统能提供多少经费、采集的实际成本等。

（6）考核。数据信息采集计划应明确数据采集人员的责任和义务，应设计一套合理的评价方法和规则，以监督数据采集工作的顺利进行。同时要引入奖惩分明的竞争机制，以提高工作人员的积极性，而且在考核评价时也要注意灵活性和原则性的掌握。

（三）进行信息采集的筛选

数据信息筛选分为信息收集筛选和信息处理筛选两种。在这里，更侧重数据信息收集的筛选。数据信息采集者在对大量信息采集源进行广泛搜索的基础上，从各种信息采集源中识别、选择、获取各类真实有效的信息，这就是信息采集的筛选。

数据采集筛选是信息采集工作的重要环节之一，它不仅决定着原始资料的选择，还直接影响着数据信息的使用，它包括鉴别和选择两个阶段。鉴别是指对数据采集源的鉴别，由于我们生活中的数据采集源众多，数据采集者很难判断哪个数据采集源更可靠、更准确，只有经过鉴别、取精、明确，才能少走弯路。信息采集的鉴别是一个非常复杂的工作，它需要通过分析法、核对法、调查法等多种有效的方法来鉴别并确定信息的内容、原始资料的使用价值和可靠性，以及分析信息收集方法的适当性。因此，鉴别在信息获取的实施中有着关键性的作用。

而选择则是对信息采集鉴别工作的延续。信息采集的选择应根据各数据信息采集系统的需要，以数据信息采集目的为导向，按照信息采集计划进行。这项工作的重点和关键在于一个"严"字，选择采集的信息来源应该是能够提供有价值的、新颖的、有特点的、真实准确的并且与采集对象密切相关的各类信息。

信息采集筛选工作的开展，主要是为了消除不真实、不准确的地方，增加数据信息的可信度和使用价值。

（四）实施信息采集和跟踪采集

信息采集工作的实施是以必须完成一定任务为目标，以收集所需信息为目的的过程。这个过程包括以下三点：

（1）要做好组织工作。组织工作分为内部和外部两个方面。信息采集系统的内部组织工作包括信息采集具体人员的选择、信息采集和研究方式的组织、接纳与流程的组织等工作。信息采集系统外部的组织工作主要是沟通工作的实施，因为信息采集源是由人员和机构等组成的，大部分的信息传递渠道都离不开人员和机构，所以沟通工作很重要，而这就要求信息采集人员必须具备一定的组织能力和沟通能力。

（2）要做好交易处理工作。因为在数据信息采集工作的具体实施中，我们还需要做一些具体且细致的工作，数据信息的获取就是基于这些事务处理任务完成的。当然，在处理的过程中我们要有一定的灵活性，要主动发现信息采集中的问题，及时调整采集方案，总结数据信息采集中的经验，体会其中的规律性和科学性。

（3）要做好信息的跟踪采集工作。在采集信息的过程中，我们可能经常会遇见一些意想不到的新情况、新问题，通过及时收集这些新情况、新问题，来得到一些新的、有价值的信息，这便是信息的跟踪采集工作。跟踪采集既是信息采集工作的延续，同时是信息采集工作的重要组成部分，更是我们深入开发信息资源、及时获取新信息的重要途径。这项工作要求数据信息采集人员在工作过程中要有敏锐的洞察力和过硬的信息分析能力，对于新问题和突发情况的出现，要能够及时采取有效措施，增加或调整数据信息采集方案，扩大信息采集来源，采集更多有价值的新信息。

（五）提供所采集的信息

信息资料的提供是信息采集的最后阶段，信息收集是按照信息收集计划，以目标和指令为导向，对信息收集检查后进行相关数据信息的收集，对获取的数据信息进行处理并提供给信息使用者。

信息收集完成后，获得的信息通常是调查报告、数据摘录、状态报告、统计报告、图像和数据等形式的原始信息，这些原材料必须经过进一步处理和解释，才能作为有用的信息呈现出来。另外，将收集到的信息提供给信息使用者并不意味着收集过程的结束，同时还要注意收集信息使用者的反应和评价，并将这些信息反馈回去，以此来规范和控制信息获取和传递的过程，改进数据信息采集工作，从而提高数据信息采集效率。

信息采集的过程是一个动态过程，采集到的信息经过处理呈现给信息用户后，会提出新的采集任务和目标，信息采集工作者或者工作系统又会接受新的信息采集任务并执行新的采集任务。因此，从宏观的角度看，信息采集过程是循环的，总是涉及确定信息收集目标和政策、制订信息收集计划和方案、信息采集筛选、实施信息采集和跟踪采集、提供所采集的信息等程序，但每次搜集信息的内容都会逐渐加深。

总之，信息采集要经过精心策划，按照一定的程序进行，只有这样，整个信息采集工作才能顺利进行，最终得到需要的信息。

三、智慧高校常见的数据信息采集技术

数据信息采集是所有数据信息处理的一个重要起点，是将各种数据源的数据汇集到一个大数据存储和处理平台的过程。与其他领域相比，教育领域的数据信息来源更广泛，所需的采集方式也就更多样。

（一）人工采集

人工采集是指通过人工记录的方式在传统的纸质介质（如纸质报名表、课程表等）上，将数据信息存储在计算机当中（通常是以 Excel 格式文件或单机版的数据库存储）。这种采集方式比较初级，主要适用于没有搭建过信息平台的中小型教育机构。但是即便如此，将数据人工采集到计算机中还是要比纸质载体更具有很多优势，如节省空间、安全和易于管理，特别是使用计算机软件进行原始数据分析和可视化显示，能够充分发挥出信息的使用价值，这是纸质载体无法做到的。

（二）文件采集

文件采集是指读取包含数据信息的文件（如 csv 格式、xml 格式等），从文件中提取所需的数据信息，导入数据信息管理平台的一种采集方式。文件采集通常是由编写脚本程序的技术人员完成，主要有以下两种常见的应用场景：

（1）是教育集团下属机构众多，各机构信息化平台结构各不相同，集团难以整合其下属机构的所有信息化平台。因此，制定好数据格式规范后，再要求各机构将自己的数据信息以文件的形式（主要是 csv 格式）按规定定期导出，再上传到总部的大数据平台汇集。

（2）对于需要传输或共享数据的不同组织机构，也同样可以约定数据格式，将数据导出为文件，然后发送给对方，对方收到文件后，将文件中的数据信息提取出来并保存到数据库。

文件采集的优点是简单、方便、通用性强，但时效性较差，这是因为文件的导出、传输、导入都需要一定的时间。因此，这种采集方式主要用于信息交流，在组织内部很少使用。

（三）日志采集

网站日志最初是开发者和网站管理员用来排查网站问题的，后来发现网站日志数据包含了大量的业务和用户行为信息，便成为大数据分析的重要信息源。日志采集的来源有很多，包括网站后台日志、网页会话跟踪技术、手机里的软件开发工具包等，它们采集的内容包括用户 ID、访问 IP 和来源、停留时间、页面行为等。日志采集的技术架构如图2-1所示。

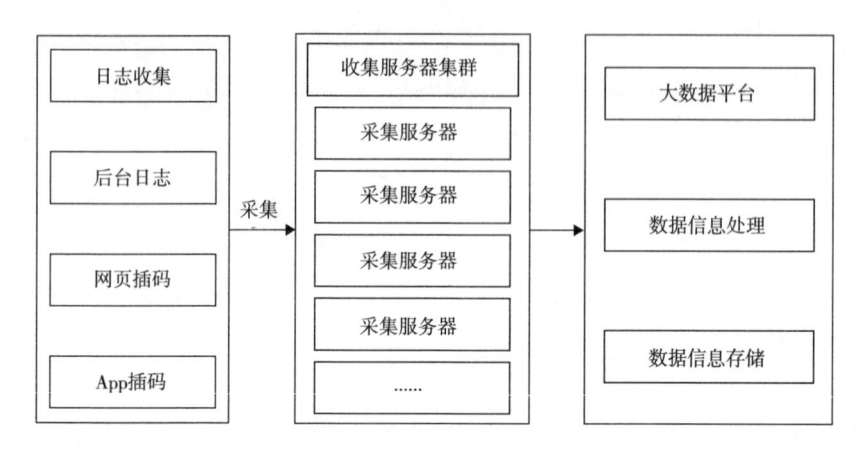

图2-1 日志采集的技术架构

日志分析作为最早的互联网大数据应用，已经相对成熟，对于有网站或移动应用的教育机构（无论是完整的在线学习平台还是一个宣传招生的网站）来说，都可以通过日志分析学生或潜在学生在网页和应用程序上的行为，以便更好地优化页面设计和产品功能。

除了搭建自己的日志采集技术平台，我们还可以直接应用现有的日志采集及分析平台，包括免费版和功能更丰富的收费版，如 Google Analysis、百度统计等。除了信息采集，这些平台还集成了信息分析和可视化工具，只需将其提供的代码插入网页和 app 中就能直接使用，这对于没有自己开设大数据平台的教育组织机构来说也是一个不错的选择。

虽然日志采集和分析目前的发展已经相对比较成熟，各种成熟的工具和平台也已经存在，但是对于高校管理而言，日志分析只是一部分，如果想要让数据信息发挥更大的使用价值，我们还要整合大量业务平台中的数据信息（如教育管理数据、学生基本信息、学习资源数据等）才能更充分地发挥其使用价值。

（四）业务数据库采集

对于已经构建教育信息化平台或以在线业务为主的教育组织机构，一般都会拥有用户中心、支付平台、学习资源管理平台、考试管理平台等多个业务平台。

相关业务信息将存储在各业务平台的数据库当中,如学生的基本信息存储在用户中心平台、支付信息存储在支付平台、考试数据存储在考试管理平台等。因此,从某种角度来看各平台的数据信息相对比较分散,呈"烟囱"状,而将各个业务数据库的数据汇集到一个大数据平台后,就可以充分发挥数据信息的整合价值。

业务数据库采集一般都会用专门的采集工具(如 Kettle、Sqoop 等),人们通过业务数据库接口将需要的数据抽取到大数据平台当中。其中以抽取方式为标准,可以分为全量抽取和增量抽取两种,全量抽取是一次性抽取历史数据信息,而增量抽取只是抽取某时间段内变化的部分数据。

常见的业务数据库抽取策略通常是先抽取历史数据的"全量",然后每天 24:00 以后抽取前一天的增量数据。之所以选择 24:00 之后提取的数据信息,一是为了满足日常对数据的统计分析需求;二是为了尽量减少对业务数据库的性能压力,因为凌晨之后用户相对较少。此外,为了进一步减小对业务数据库的性能压力,我们还可以选择从备份数据库中拉取所需数据信息,而非生产数据库。

对教育领域而言,业务数据库中数据信息的价值可能要比其他领域的信息价值更大。这是因为教育数据中的学生基本信息、教育数据、教学数据等,通常都在这个业务数据库当中,只有将来自业务数据库和网页的数据信息与来自 app 日志的行为数据结合起来,才能真正发挥数据信息对教育发展与管理的巨大价值。

(五)消息采集

消息采集也是从业务系统当中采集相关数据信息,不同的是这种采集方式使用的是 Web Service 等消息接口机制,并以消息队列为基础来传递各种数据信息。与业务数据库采集不同,消息采集可以实现实时数据采集,因此在一些数据库采集无法实现的场景(如考试结束后立即分析成绩)可以发挥很大的作用,这是数据库采集很难做到的一点。

接口采集对业务系统的压力相对较大,再加上业务系统的数据采集接口必须单独开发。因此,这种采集方式很难大规模地在校园管理中使用。建议可以配合业务数据库集合使用,对一些实时性要求高的场景采用接口采集,而数据库采集则可以用来满足日常的数据信息分析需求。

(六)物联网设备采集

物联网将互联网连接扩展到物理设备,这些设备一方面连接传感器收集数据信息,另一方面连接互联网进行信息交互和远程监控。教育领域中常用的物联网设备有智能摄像头、智能校园卡、智能白板等,它们可以对学生的课堂行为(如登录、听课、答疑等)、校园活动(如借书、刷饭卡、进出校园)等进行实时监控,并将这些采集到的数据信息传输到服务器中存储和处理。

对于利用物联网设备采集的数据信息,有两个问题需要考虑:一个问题是一些物联网设备,如摄像头采集的数据是非结构化数据(如视频、图像和音频)。因此,只有在经过相关算法处理使其转化为结构化数据以后,才能进行进一步的信息分析和应用;另一个问题则是物联网设备的采集很容易让被采集者觉得自己被监视,隐私受到侵犯,所以如何在侵犯被采集者隐私的情况下,采集到更多所需信息,是一个值得深思的问题。

第二节　信息的存储

信息存储是将经过加工整理序化后的信息按照一定的格式和顺序存储在特定的载体中的一种信息活动。其目的是帮助信息管理者和信息用户快速准确地识别、查找和检索所需信息。在智慧高校中,学生管理的信息存储方式主要是数字化,减少了纸质档案在管理工作的应用。数字化的存储方式减少了管理人员在信息统计方面的工作,同时避免了由于管理人员的疏忽而造成学生数据信息出错或遗漏的问题出现。

一、信息存储技术的发展

信息的形式很简单,主要是数据、文字、声音和图像。在远古时代,人们主要依靠大脑来记忆和储存信息,通常人脑可以存储大约 1013 条信息。但人们很早就知道,光靠大脑记忆是远远不够的。因此,起初人们使用一些实物,如用绳子系上不同形状和颜色的石头来做笔记,这可以被认为是信息存储的开始。直到现在,在纸上书写或者是打印信息仍是一种常用的记录信息的方法。后来，文字的出现、纸张的产生、印刷术的发明等，一系列先进的信息存储技术突飞猛进，信息存储技术也越来越丰富。

随着科学技术的发展，社会信息量急剧增加，信息资料的快速增长已成为当今社会的主要特征。据统计，科技文献量大约每7年翻一番，一般的信息资料量则每2~3年翻一番。由于纸张存储信息存在一些问题，如存储体积较大（藏书数百万册的图书馆将占地近数千平方米）、存取速度慢、不便维护（在维护时要避免纸张受潮、发霉、虫蛀等问题的出现）等，这让用纸张存储信息的局限性日益暴露了出来。

随着光学仪器的发展和照相技术的发展，使缩微胶片在信息存储方面得到了很好地应用。发展于20世纪40年代的微缩技术，只需轻轻一按快门，便可以捕捉到大量的详细信息，并将其记录在极小的区域内（如可以在1~2mm^{2}的范围内标记一页文字）。此外，该技术还集成本低、复制方便、维护方便、寿命长等优点于一身，所以目前缩微胶片较为广泛地应用于图书馆和其他信息部门，以达到保存图书、资料、文献和档案的目的。但该技术还有一定的缺点，那就是胶片上如果存在缺陷和划痕就非常容易产生错误的代码，不适合存储二进制数据信息。而且，胶片需要进行冲洗和定影处理，很难实现数据信息的存取和随机存取，不方便与计算机配合使用。

自20世纪50年代中期水银柱延迟线存储器问世以来，存储器经历了代际变化。1955年前后，水银柱延迟线存储器首次出现，这让计算机实现程序存储器成为可能。在之后不久，人们又研发了阴极射线管存储器和磁鼓，其中磁鼓多用于主存储器。这一时期的特点是，所研制的存储器均基于完全不同的原理。水银柱延迟线存储器是一种利用超声波在水银槽中传播的存储器。阴极射线管存储器是通过电子束存储在荧光屏上的电荷用邻近的平面电极进行存取的存储器。磁鼓存储器是利用磁化状态来存储信息的存储器，但只能作为廉价的主存储器使用，后来这种存储器逐渐被磁芯存储器所取代。

20世纪60年代，计算机信息处理技术得到了迅速发展和推广，这极大地带动了各种信息存储技术的发展。1963年前后，人们开始采用磁芯存储器。在磁芯存储器中，存储一位信息用一个具有方形磁滞特性的铁氧体磁芯，根据剩磁通量的方向使之与"1"和"0"对应。在此期间，人们还研发了合金磁性薄膜作为信息存储单元的存储器。

自20世纪50年代初以来，用作辅助和外部存储的磁带存储器已逐渐得到改进。由于磁带可以脱机，所以从某种角度来看可以认为这是一种存储容量不受限制的存储器，但其缺点主要表现为存取时间相对长。

1970年前后，人们渐渐开始使用圆盘基片上涂有氧化铁的磁盘存储盘。这种类型的存储器具有浮动磁头，以保持磁头与旋转表面之间的距离相对稳定，沿半径方向移动磁头便可选择磁道，能很好地实现随机存取。

而随着集成电路技术的发展，存取时间比磁芯存储器更短的半导体存储器迅速发展了起来。所以在1980年前后，人们开始在主存储器中正式采用半导体存储器，使得磁盘性能不断提升，从而出现了一种磁带超大容量的存储器。此外，人们还开发了高速辅助存储器用的电荷耦合器件等电荷转移器件和磁泡存储器件，以弥合主存储器和辅助存储器之间的存储间隙。

20世纪70年代后期，出现了光盘存储技术，其存储容量比磁盘要高1~2个数级，使用寿命长，信息可保存10年以上，系统可靠。目前，已经出现了可擦写和可重写的光盘材料，大大提高了人们对数据信息的读取速度和检索速度。

20世纪80年代后期，具有不挥发性和抗辐射性的铁电薄膜再次引起科学界的广泛关注。1988年，铁电薄膜半导体随机存储器研制成功，由于它具有抗辐射、非易失、高速和高密度等特性，所以成为20世纪90年代存储技术研究的重点。

20世纪90年代，人们对信息存储技术的研究主要集中在了三种信息存储技术身上，即磁、光和铁电。近年来，磁存储技术在新型介质材料、磁头材料与结构、伺服定位、头盘界面等方面取得了很大的进步。目前，磁存储技术已经非常成熟，已成为20世纪90年代最重要、应用最为广泛的一个信息存储技术。与此同时，光存储技术也逐渐进入了使用阶段，并日趋完善。20世纪90年代后期，可擦写和可重写光盘相继出现在日本、美国和欧洲市场，相变光盘成为全光存储的主要产品。现如今，人们正致力于光存储技术的进一步改进和发展，不断探索一些基于记录更新原理的光存储技术，如光化学烧孔存储、全息记录存储、双光子激发三维存储等。

近年来，科学界在使用原子力显微镜和扫描隧道显微镜进行信息存储方面的研究取得了极大进展。据相关报道，用原子力显微镜也可在介质上实现

1 000 GB/cm 的信息记录，这种信息存储方法是一次性写入的，不像硬盘和磁光盘那样可以擦除和重写来存储信息。利用扫描隧道显微镜可以实现纳米级高密度的信息存储，需要注意的是，超高密度信息存储仍是信息存入后不可更改的模式，而且记录和读出信息的时间较长，在微秒量级，远大于目前硬盘和磁光盘的数据率。

如今，信息存储技术已广泛应用于航空航天技术、计算机、机器人技术、工业自动化、通信、教育、办公自动化等多个领域，并且还朝着高密度、大容量、小型化、高数据速率、低存取时间、多功能的方向发展，而且其发展速度也是任何其他学科远远无法比拟的。

二、信息存储的方式

信息存储的方式有很多，在这里笔者主要阐述手工存储、计算机存储、电子化存储、缩微胶片存储四种方式。

（一）手工存储

任何单位或组织机构都有纸质记录，通常需要手动分类并存储在办公室文件夹或文件柜当中。手工存储也可用于存储计算机数据信息，如磁盘、光盘等。

手工存储有两个方面：一个是原始资料的保存，主要是一些文字资料、录音带、录像带、胶卷底片等信息的存储；另一个是目录、索引存储，对于信息量大的资料，我们必须编制目录或者是索引卡，与原始资料一起存放，以供检索和使用。索引卡是一块厚纸板，可以立在文件柜中，用来分隔和分类文件夹，分为有洞和无洞两种类型的索引卡。有洞的可以挂在文件柜的挂钩上，不易丢失，也不会打乱分类顺序；但若文件柜没有挂钩，则需要使用无洞索引卡来保持整洁。

手工存储的优点和缺点如下：

优点：信息使用方便，一旦找到所需信息，就可以直接阅读使用，而且存储设备便宜。

缺点：文件夹、文件柜占用空间较大；文件可能会被火、湿气和虫蛀而损坏；如果存储安排有误，将给信息查找带来困难。

（二）计算机存储

计算机存储是一种将信息材料制成软件并存储在软盘、光盘或其他电子介质中的信息存储方法。数据库、电子表格、文字处理或其他程序形式的信息材料均可以存储在计算机存储器中，网络位置、软盘、硬盘、磁带等。但无论我们使用哪一种方法，都应该定期备份并将备份存储在其他地方。

计算机存储的优点和缺点如下：

优点：计算机存储的数据量大，可以节省内存空间；信息内容容易编辑或更新，而且可以快速搜索存储在网络系统中的数据信息。

缺点：工作人员需要懂计算机操作；存储设备比较昂贵；数据信息可能因受到病毒侵入而被破坏，而且软件系统的升级，也使得长期存储可能成为问题。

（三）电子化存储

电子化存储是一种电子文件管理系统，所有文件都存储在CD-WROM（光盘一次写入，多次读取）光盘上。我们需要先对纸质文档进行扫描，然后将计算机文档存储在CD-WROM磁盘上，而被存储的信息内容可以通过计算机系统进行索引，并且能用多种方式进行查找。

电子化存储的优点和缺点如下：

优点：电子化存储节省空间；备份很容易复制；用户可以直接从他们的网络系统中访问存储在计算机系统内的信息，并找到所需文件信息。

缺点：存储设备昂贵，搜索质量和使用程度取决于计算机系统的初始参数，工作人员需要懂相关的操作知识。

（四）缩微胶片存储

缩微胶片是一种记录和存储信息的摄影方法，每张缩微胶片的尺寸都很小，占用的空间也很小。缩微胶片必须使用阅读器来展示，有些计算机系统可以将最终信息直接输入到缩微胶片上，能避免手工存储打印文档，当需要存储大量标准文件内容时可以使用这种方法。

缩微胶片存储一般需要以下设备：

第一,照相机——从原始文档中制作底片。

第二,阅读器——底片上的文件图像很小,需要借助阅读器进行扫描和浏览。

第三,打印机——有时需要打印底片信息的纸质副本,这时就需要我们使用专门的打印机来制作副本。

第四,打印—阅读器——这是一种结合了阅读器和打印机功能的综合性设备。

缩微胶片存储的优点和缺点如下:

优点:节省空间,而且无须保留纸质备份;减少了对纸质文件的需求,有利于节省存储设备的成本。

缺点:每次读片需要昂贵的设备拍摄;缩微胶片需要加标签、制作索引和排序;随着时间的推移,缩微胶片图像的质量会逐渐下降。

三、智慧高校数据信息的存储

(一)单机文件存储

在互联网和大数据时代,很少有只用文件来存储信息(没有信息管理系统)的情况。但是,在教育领域,仍然有很多没有信息化平台的中小教育机构,这些机构的离线数据信息是在个人计算机上录入的,并使用文件来存储数据信息(通常存储在 Excel 中)。相较于传统的纸质文件存储,这也是一种巨大进步,毕竟数据存储在计算机文件中后,我们就可以利用计算机的计算能力对数据信息进行分析,从而创造价值。而在未来构建了专门的大数据平台后,存储在信息系统中的文件便可以很容易地导入平台当中。

智慧高校在使用文件存储时,要注意重要数据文件的管理、备份和安全。毕竟文件存储与数据库存储相比是相对落后的,而且办公电脑的可靠性又不如专用服务器,所以就很容易出现文件丢失和数据信息泄露等情况。因此,学校在管理一些重要的信息资料时,可以定期加密备份到网络云盘上,既安全又增加了一份备份。

（二）关系型数据存储

所谓关系型数据库，是指使用关系模型组织数据的数据库，通过关系型数据库管理软件可以很方便地进行数据信息的存储与处理。常用的关系型数据库有 Access、Oracle、MySQL、SQL Server 等。

关系型数据库的一个重要作用就是构建 OLTP 系统，一般常见的信息系统大部分都是由关系型数据库来支撑的。但是除 OLTP 之外，关系型数据库也可以用来构建 OLAP（是一个数据分析平台），用来采集、汇总和存储来自各种信息源的数据。

技术成熟且应用广泛的关系型数据库大多是单机版，当然，近年来也出现了一些分布式关系型数据库如 TiDB，但其应用范围和技术成熟度还有待提高。因此，关系型数据存储受单个计算机 CPU、内存和硬盘限制，在存储和计算上很难充分满足人们对海量数据信息的使用需求（如互联网业务海量行为日志分析）。但是对于那些搭建信息化平台（如教务管理平台、教学管理平台），却没有线上业务或线上业务规模较小的教育组织而言，其行为日志的数据量并没有那么大，使用关系型数据库来构建数据信息平台也是一个不错的选择。因为相对于最新的分布式存储技术来说，关系型数据库的发展已经相对比较成熟，操作和系统维护相对容易一些，这可以大大降低整个系统的运行、管理与维护成本。

（三）分布式存储

随着互联网业务的不断发展，特别是用户行为数据信息的急剧增加，传统的单机版数据库已经很难充分满足人们对信息的存储和处理需求。于是，分布式存储技术应运而生。

分布式存储系统可以将信息资料分散存储在多个独立的设备上。分布式网络存储系统采用可扩展的体系结构，采用多台存储服务器分担存储负载，通过位置服务器定位存储在内的信息内容，这不仅可以大大提高系统的可靠性、可用性和存取效率，而且便于扩展。

如今，比较典型且应用最为广泛的分布式存储系统便是 HDFS，同时它也是 Apache 基金会项目 Hadoop 中提供的一个分布式存储系统，为系统的运作和管理提供了很多高效的信息存储解决方案。HDFS 的架构主要包括客户端（访问 HDFS 系统的客户端）、名称节点（HDFS 系统的管理者，保存了元数据）、数据节点（数据的实际存储者，执行数据的读/写操作；一份数据通常默认会备份在三个数据节点上，防止数据信息因机器发生故障而丢失）三个基本组成部分。

当客户端需要读取信息时，先访问名称节点，读取元数据信息，找出哪些数据节点有请求的数据（一条数据通常有多个节点备份），然后访问最近的数据节点，从而实现数据信息的读取。而当客户端需要输入信息时，先要向名称节点发送请求，名称节点检查是否可写，然后将分配的数据节点返回给客户端，客户端再将数据信息按 128MB 切块后写入数据节点。

（四）云存储

云存储是一种通过网络提供可配置的虚拟化存储和相关数据的服务，属于云计算的存储部分。通过各种云存储技术的融合，将存储设备虚拟化为易扩展、弹性、透明且可伸缩的存储资源池，并将存储资源池分配给授权用户，授权用户则可以通过网络访问和管理存储资源池，并按使用量付费。云存储架构如图 2-2 所示。

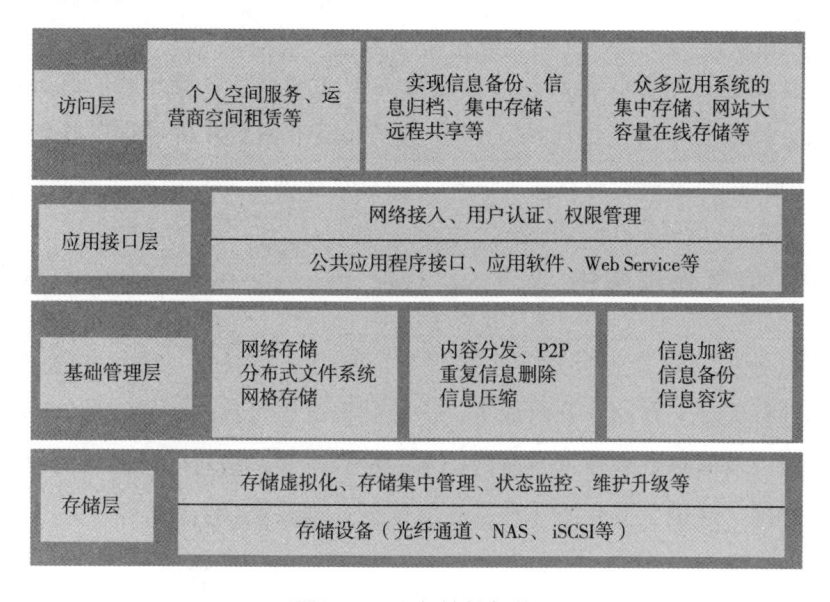

访问层	个人空间服务、运营商空间租赁等	实现信息备份、信息归档、集中存储、远程共享等	众多应用系统的集中存储、网站大容量在线存储等
应用接口层	网络接入、用户认证、权限管理		
	公共应用程序接口、应用软件、Web Service 等		
基础管理层	网络存储 分布式文件系统 网格存储	内容分发、P2P 重复信息删除 信息压缩	信息加密 信息备份 信息容灾
存储层	存储虚拟化、存储集中管理、状态监控、维护升级等		
	存储设备（光纤通道、NAS、iSCSI 等）		

图2-2 云存储的架构

云存储有公有云、私有云和混合云三种。私有云和混合云的成本相对较高，一般只有大型企业和政府机构才能负担得起，对于大多数教育组织而言，使用公有云存储是最经济的方式。

上面介绍的各种存储方式当中，无论是单机版数据库存储还是分布式存储，均需要大量的初始投资成本，如租用 IDC 机房、购买高性能服务器、聘请专业运维人员等。尤其这对很多中小教育组织而言，无疑是一个巨大的负担，而采用云存储方式，变"买"为"租"，不仅可以大大减少初期的固定成本投资，还可以直接使用云端的各种工具和服务。因此，对大部分学校来说，租用公有云的云存储和云计算技术来搭建自己的大数据管理平台是一个性价比相对较高的选择。

一些企业在通用云平台的基础上，结合教育行业的特点，构建了专门适应该行业需求的云平台——教育云。除了上述云平台的功能和特点，教育云还内置了一些针对教育行业的特殊功能模块，如学生管理、教务管理、在线课程、资源管理、教育大数据模型等。

第三节　信息的处理

信息处理是指对收集到的信息进行加工和整理，以便开展信息分析，它是信息分析前必不可少的阶段。这个过程是整个信息分析过程中最耗时的过程，其用时长短也在一定程度上取决于信息仓库的建立和信息质量的保证。

一、信息处理架构

信息处理又称数据处理，是指根据应用需求，采用一定的方法和工具，对信息进行采集、存储、处理加工、传输和提取等过程的总称。随着计算机应用的扩展以及信息处理技术与通信技术的融合发展，信息处理的架构也呈现多样化。对此，这里主要介绍几种常见的信息处理技术：

（一）批处理与流处理

1. 批处理

目前，批处理已经是一种非常成熟的数据处理技术，主要处理大型静态数据集（批处理时不能添加新数据），并且在计算完成后返回结果。批处理在处理大量连续数据信息时的表现极其出色，故常被用于分析历史信息，但这个过程通常需要花费大量时间，所以不适用于对处理时间要求较高的情况。

批处理由来已久，传统上一直使用的关系型数据库来构建信息仓库，使用的是批处理技术。然而，随着大数据时代的到来，数据信息量迅速增长，单机版关系型数据库的性能渐渐难以满足人们的需求，批处理所需要的时间越来越长甚至还会出现无法完成的情况。

因此，为了满足用户的需求，有必要引入一种新的分布式批处理技术，以达到提高批处理性能的目的。如今，最常见的分布式批处理技术是 Hadoop 中的 Map Reduce。

与 HDFS 相似，Map-Reduce 是 Apache 基金会项目 Hadoop 中提供的一个分布式数据处理技术，提供了很多高效的批量数据处理解决方案，Hadoop Map-Reduce 还借鉴了谷歌的 Map Reduce 文件系统。从某种意义上讲，HDFS 解决了海量信息的存储问题，Map Reduce 则解决了海量信息的处理问题，以它们为基础的 Hadoop 真正打开了大数据时代的大门。

Map-Reduce 将所有的计算抽象分为 Map 和 Reduce 两个过程，我们只需要执行 Map 和 Reduce 两个函数就可以进行分布式计算。其处理流程图如图 2-3 所示。

由图 2-3 可知，使用 Map Reduce 处理数据信息时，首先，会读取 HDFS 中的一个数据文件，将文件中的每一行信息作为"键值对"传递给 Map 任务；其次，Map 任务对这些"键值对"进行处理，再次，将处理后的信息传递给 Reduce 任务，Reduce 任务将多个 Map 任务的分散数据合并成大数据；最后，对合并后的数据信息进行处理，形成最终的结果，并存储在 HDFS 文件中。

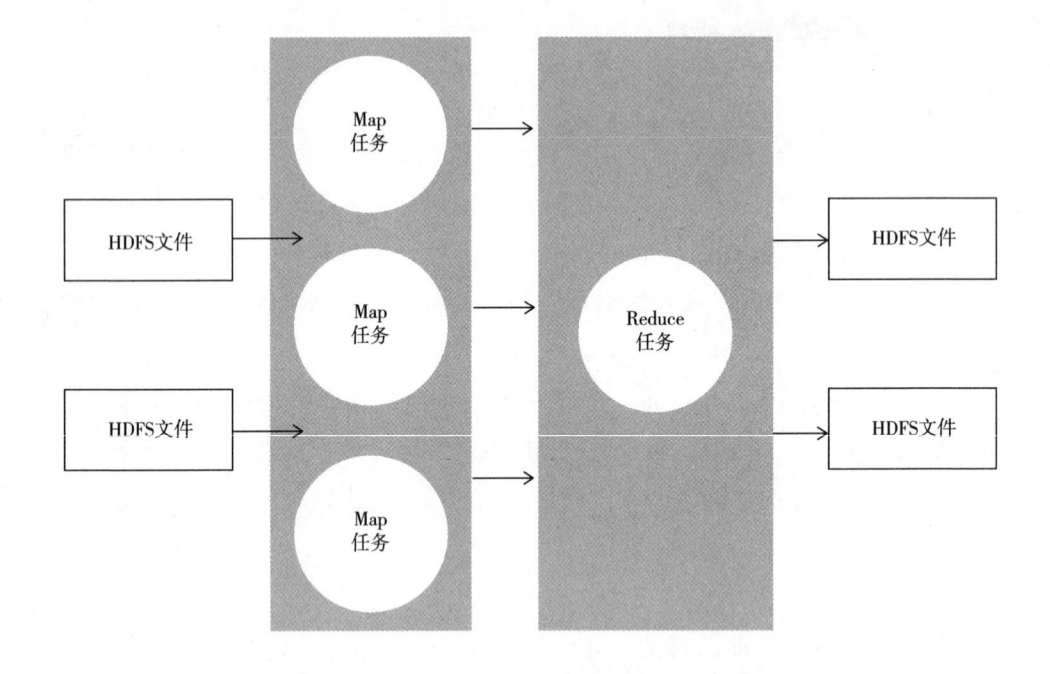

图2-3　Map-Reduce处理流程图

2.流处理

与批处理不同，流处理系统会随时对进入系统的数据信息进行计算，它不需要对整个数据集执行操作，而是对通过系统的每个数据信息项进行相关操作即可。

例如，天猫双11的销售数据实时更新，就是流处理的典型应用，其他典型应用还有金融交易的实时欺诈检测、股票的高频算法交易等，这些都是需要超低延迟处理的场景，传统的批处理技术很难满足其需求。而从教育领域的角度来看，流处理技术的应用在现阶段虽然才刚刚起步，但却有着非常广泛的应用场景，如形成性考核、在线考试风险控制等。

常见的实时计算框架有Apache Storm，它的核心过程是从一端读取一个原始的实时数据流，并将其以元组流的形式传递通过一系列小处理单元，并在另一端输出处理有用的信息。其流程如图2-4所示。

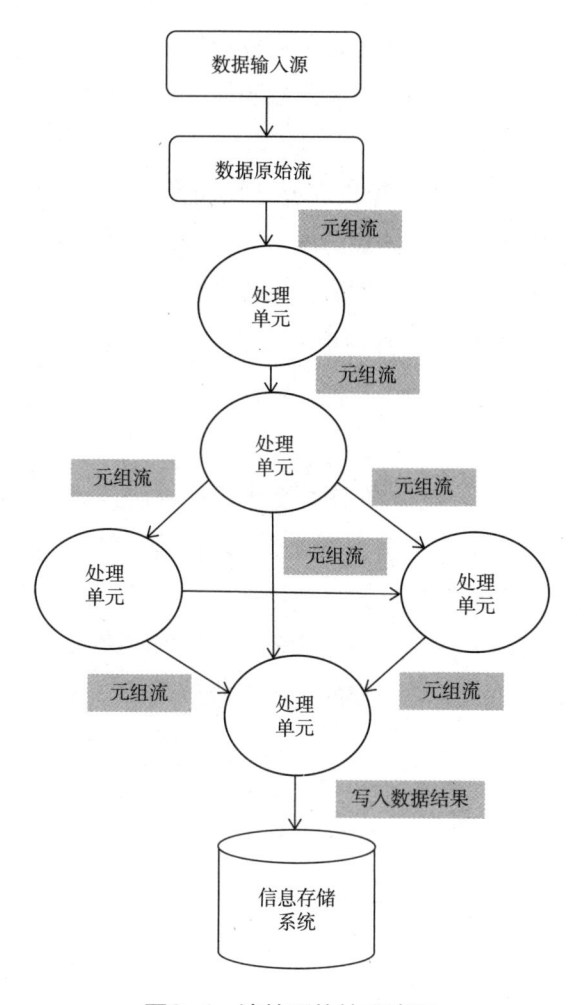

图2-4 流处理的处理流程

(二) 远程处理与局域处理

根据信息处理系统与用户之间的距离,信息处理还可分为远程处理和局域处理。

1.远程处理

远程处理是指用户不去计算(或信息)中心,而是使用远程计算机通过通信线路进行信息处理的方法,即我们从远程终端通过通信线路向计算机输入数据信息的操作,并在中央计算机上进行批处理,处理后再将结果返回到远程终端设备。因此,人们也称远程处理为远程操作录入。远程处理本质上其实是一种远程在线批处理方式,因为除了终端和通信控制器外,它和批处理方式基本一致。

远程处理很好地利用了计算机远程处理和计算高速化的特点,但其实时性相对较差,有时候处理后的结果可能需要几分钟甚至几小时才能返回,具体时间则取决于处理的内容和服务方式。远程处理适用的典型业务是使用大型计算机和巨型计算机进行科学计算,但具有这样大的计算机的用户毕竟是少数,大多数用户是通过通信线路使用其他人的计算机(如信息中心)。

2. 局域处理

与远程处理相反,局域处理指在放置计算机的地方使用计算机的方式,这种方法一般用于小型计算机系统和微型计算机系统当中。事实上,这个概念的使用更多是为了区分远程处理和局域处理,即在计算机网络的不同部分对分布式计算机进行处理的方法称为局域处理。虽然近年来远程处理在应用领域的占比有所增加,但总体上局域处理的占比仍然很高,今后还将是计算机利用的主要方式。

(三)脱机处理与联机处理

在计算机系统中,根据中心计算机的CPU(中央处理机)是否直接控制外部设备的信息处理,以及信息传输过程中是否需要人工干预,计算机的信息处理方式可划分为脱机处理和联机处理。

1. 脱机处理

在这种方式中,用户事先并不是直接与中心计算机的CPU相连,而是从离用户较近的设备收集信息(包括数据、程序等),并记录在存储载体上,然后传输到中心计算机的某种输入输出设备(如磁带)存储起来。等到中央计算机的CPU空闲时,再由相关操作员从输入输出设备传递给中央计算机进行批量处理,处理结果也以同样的方式传送给用户的输入输出设备。这种方式是一个信息传输过程,需要人工干预,系统在操作员的介入下调用用户的作业进行批处理,所以叫脱机批处理,通常也叫脱机处理。

2.联机处理

联机处理，指中央处理器将多个终端设备和外部设备直接或通过通信线路连接起来，让这些外部设备直接或在通信控制程序的控制下采集和处理信息（处理结果也直接或通过相关的控制软件进行传输）。这种方法在信息传输过程中不需要人工干预，它的时效性较强，所以其应用也就越来越普遍。在联机处理系统中，最基本的功能是通讯功能，还有人—机接口和数据库的存储功能等，它让终端工作的部分处理和终端的智能化成为可能。

二、智慧高校的信息处理方法

（一）信息的预处理

学校数据信息的来源非常广泛，采集技术和方法众多，不仅数量多、形式多样，质量也参差不齐。因此，有必要对数据格式进行标准化，并进行初步的预处理，以方便进行进一步的处理、存储、管理和应用。信息预处理的具体实现方式一般有两种：一种是技术人员编写清洗脚本程序来完成处理，另一种则是信息采集工具一般都有自己的预处理功能，可以直接使用。

数据预处理一般包括数据清洗和数据转换两个步骤：

1.数据清洗

数据清洗，是指对缺失数据、错误信息和重复数据等一系列不符合要求的信息进行处理，以满足后续信息存储和分析的质量要求。

（1）处理缺失数据。数据缺失并不少见，有的是数据收集不全，有的是人工录入错误，还有的是计算机存储问题。在处理数据缺失问题时，我们一般可采用默认值填充、删除具有缺失值的数据对象、使用算法进行填充、忽略缺失等方法。

（2）处理错误信息。常见的错误信息包括信息异常值（如年龄数据为负数）和逻辑错误（如学生打开课件时间在关闭课件时间之后）等。一般可以这样做：提前制定不同错误类型检测的逻辑依据和处理方式，针对每类错误执行不同处理（如删除数据，替换为默认值等）。

（3）处理重复数据。在生产生活中，采集到的信息重复的情况也经常发生，它们可以来自单个数据源，也可以来自多个数据源。对于重复数据，常见的处理方法是识别它们，并删除多余的数据，只留下一个。

2. 数据转换

数据转换是为了方便对信息进行进一步的处理和分析，将不同来源和格式的信息内容按照既定规则进行调整，具体包括以下三个方面：

（1）数据编码转换。信息平台的编码规则与数据源平台的规则不匹配时，需要将数据源平台的编码转换为信息平台的数据编码。

（2）数据粒度转换。信息平台的数据粒度与数据源平台的粒度不匹配时，需要将数据源平台的粒度转化为信息平台的数据粒度。

（3）数据规则转换。信息平台的数据规则与数据源平台不兼容时，需要将数据源平台的规则转化成为信息平台的数据规则。

（二）常用的信息处理方法

在智慧高校中，常用的信息处理方法更注重使用排序、聚合、分组、过滤、关联等方法，每种方法的含义分析如下：

（1）排序，是指将一组无序数据序列调整成为一组有序的数据序列的信息处理过程，如从大到小或从小到大排序。

（2）聚合，是指对原始数据进行一定的计算，然后返回一个整合过后的信息，如统计个数、计算总和、计算平均值、计算最大（小）值等。

（3）分组，是指将数据按照定义的规则划分成若干个"子域"，然后对这几个"子域"进行信息处理。例如，在统计学生报名人数时，可以按照性别、年龄、报名时间等进行分组处理。

（4）过滤，是指根据过滤条件对信息进行筛选过滤，只有符合条件的信息才能被筛选出来。例如，按照性别"男"的条件筛选后，筛选出性别的值就只有"男"的数据。

（5）关联，是指依据共同的字段将两部分信息组合在一起，在信息库中常见的场景是两张表根据相同的某个字段关联在一起，比如学生信息表和选课信息表根据学生的学号关联起来。

这些信息处理方法的实现方式各有不同。例如，我们使用 Excel 来处理，可以使用 Excel 的内置函数来实现上述对信息的处理。若我们将信息存储在关系型数据库当中，便可以使用 SQL 语言来实现上述对信息的处理。而对 MapReduce 等分布式处理架构而言，就需要定制程序才能实现上述对信息的处理，相对复杂一些。

第四节　信息分析与挖掘

一旦完成了信息的采集、处理和存储，具备了信息处理平台或软件的计算能力基础之后，就可以开始对信息进行分析和挖掘了。信息分析是指通过分析工具、方法和技术，对准备好的数据信息进行检查和分析。在这个阶段，要能驾驭信息、开展信息分析与挖掘，就要涉及工具和方法的使用，一方面要熟悉传统的数据分析方法，另一方面要熟悉各种数据信息分析工具，最后我们还可以使用一个熟悉且专业的分析软件进行信息分析和挖掘。

信息分析与挖掘通常采用适当的算法对信息进行处理，是提取有用信息、形成结论的过程，如图 2-5 所示。

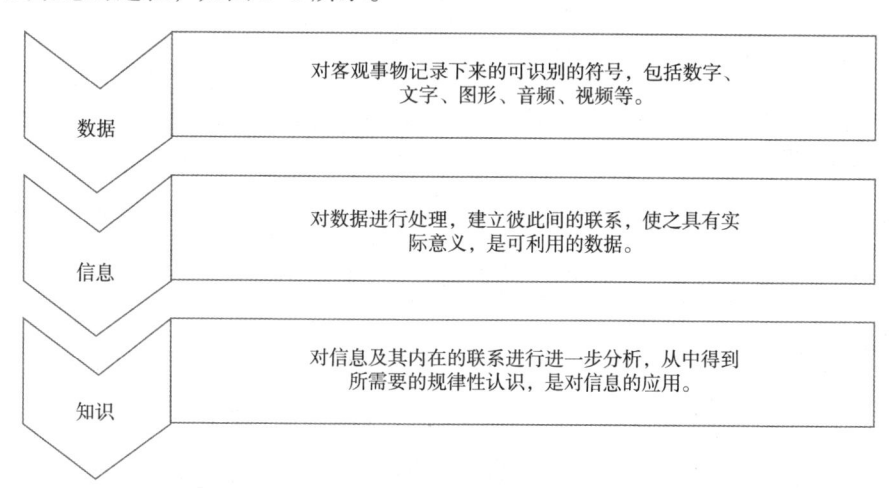

数据	对客观事物记录下来的可识别的符号，包括数字、文字、图形、音频、视频等。
信息	对数据进行处理，建立彼此间的联系，使之具有实际意义，是可利用的数据。
知识	对信息及其内在的联系进行进一步分析，从中得到所需要的规律性认识，是对信息的应用。

图2-5　信息分析与挖掘的流程

信息分析与信息挖掘的区别在于前者主要采用统计分析和业务理解的方法，而后者更多的是利用机器学习算法和计算机编程来实现。

一、信息分析

常用的信息分析技术包括趋势分析、对比分析、分组类分析、漏斗分析、留存分析等。在实际应用中，人们往往会结合多种分析方法，从不同的角度对信息资料进行综合分析，而且一般会将信息分析的结果通过各种图表或图形的形式进行可视化呈现，其目的是分析人员的理解和应用提供更多便利。

（一）趋势分析

趋势分析是最简单、最基本、最常用的一种数据信息监测和信息分析方法，通常对一定时期内某些指标数据的变化历史进行观察，并分析和预测数据未来的趋势和监测数据的异常变化。

（二）对比分析

对比分析是一种将数据与对照数据进行比较的分析方法（可以是来自同一基准不同时期的数据、同类数据、目标数据等），主要是为了找出不同数据信息之间的差距，并找出原因的分析方法。

（三）分组分析

分组分析是将一般数据按照一定的维度分成若干个部分，然后对其进行分析的方法。分组分析是应用在总体分析的趋势和对比之后，对信息更深入分析的一个过程，其关键在于所选择的分组指标是否合适。信息分析人员必须对信息领域有比较深刻的理解和丰富的分析经验，才能快速找到合适的分组指标。

（四）漏斗分析

漏斗分析主要是针对信息转化的分析。在实际应用中，人们有时将一些基本流程分为几个主要的步骤，但每个步骤都会有一定的数据损失和数据损耗。而通过漏斗分析计算每一步的转化率，就能及时地发现到底是哪一步出了问题，从而更深入地分析问题原因。

（五）留存分析

留存分析是一种用于分析用户参与情况和活跃程度的信息分析方法，能查看有多少执行初始行为的用户将执行后续行为。其中衡量留存率的常用指标有次日留存率、7天留存率、30天留存率等多个数据指标。

二、信息挖掘

常用的信息挖掘算法有分类分析、聚类分析、预测分析、关联分析、决策树等。相较于信息分析，信息挖掘的门槛更高一些，但是现在各种相关的挖掘工具和算法库已经越来越成熟，相信未来会有更多的教育组织能够使用各种挖掘算法来开发潜藏在数据信息的巨大价值。

（一）分类分析

分类是为了确定对象属于哪个预定义的目标类。分类问题是一个普遍存在的问题，有很多不同的应用，如根据邮件主题和内容检查垃圾邮件、根据核磁共振的结果区分恶性肿瘤和良性肿瘤等。

当然，在教育领域中的分类分析算法也有很多应用场景。例如，对学生进行分类后，根据不同类别提供个性化的教学服务（如针对自学能力较差的学生，加大督导服务力度；而对于学习积极性较高的学生，可为之提供更多选择性课程供其选择）。再如，用分类分析算法去预测学生的流失、辍学等情况，并提前进行干预管理。此外，我们还可以利用分类分析算法对在线教育平台中出现的一些代挂机学习、代做作业等不良行为进行及时检测、管理和制止。

大多数分类分析算法都是"有监督"的机器学习算法（也有无监督的分类算法，但常用的一般都是有监督的算法）。那么何为"有监督"呢？主要是指必须预先准备一定量的标有分类标签的训练数据（又叫"训练集"），让算法模型进行学习后，才能将未知数据（又叫"测试集"）输入模型进行分类和预测。例如，建立学生流失的分类预测模型，先就需要准备流失学生的数据信息和正常毕业的学生信息，输入模型进行训练，然后将待预测在读的学生信息输入模型进行分类，并预测其是流失，还是正常毕业。

（二）聚类分析

与分类分析一样，聚类分析算法的目的也是对信息样本进行分类，但与之不同的是，聚类分析算法是一种"无监督"的机器学习算法。这就意味着聚类分析算法打好标签的训练数据供算法模型进行学习，而是将目标数据直接按照一定的规则进行分组，使组内的对象之间是相似的，而不同组中的对象则是不同的。组内相似性越大，组间差异越大，聚类分析的效果越好。

聚类算法常常用在分类规则尚未清晰的新业务上进行信息探索，在聚类算法完成以后，相关人员再对数据信息进行分析和理解，对各组数据的特点和与其他组数据的区别进行阐释，并为后续的分析奠定基础。例如，学校推出了一种新的混合式学生培训计划，结合了在线视频课程、直播课程及线下实践课程，参与的学生也与以往的项目完全不同。对于这样一个新的项目，学生的学习行为有什么特点呢？大致可以分为几类学生？这些都是没有历史经验可以参考的。这个时候，我们就可以使用聚类分析算法，将学生的相关基础信息和行为数据导入算法模型中，让算法模型创建不同的学生分组，然后分析每组学生的典型特征，并进行有针对性的产品优化和教育管理服务。

（三）预测分析

从某种意义上说，预测分析可以理解为回归分析，也就是对自变量和因变量之间的关系进行建模，然后使用构建的模型来预测特定结果。在教育领域的数据信息研究中，自变量通常是学生自身的数据信息，如出勤率、上课态度、每天学习时间、家庭年收入等；而因变量则是我们要预测的变量，包括学生的期末考试成绩和学生在校表现等。但是由于实际问题具有一定的复杂性，单纯的回归分析几乎不可能得到良好的预测结果，因此，有时我们还需要引入决策树、神经网络等更为复杂的预测方法。此类方法既可用于回归分析，也可用于分类分析。

（四）关联分析

关联分析是一种发现隐藏在大数据集中的有意义的联系的一种算法，所发现的关系可以用关联规则，也可以用频繁项集的形式来表示。在现实生活中，最著名的相关性分析应用案例便是"啤酒与尿布"。一家大型超市的分析师分析了商品购买数据，发现啤酒和尿布等看似无关的商品往往是一起购买的。原来，年轻爸爸们给孩子买纸尿裤的时候，往往会买自己喜欢的啤酒，所以该商场把啤酒和纸尿裤放在一起，让年轻的爸爸们可以同时找到这两种商品，快速完成购物，从而极大提高商品销售收入。

和上述案例相似，关联分析在电子商务领域中同样也得到了较为广泛的应用，比较典型的就是个性化推荐，现在几乎所有的购物网站都有个性化推荐栏目，大大提高了商品的销量。同样地，关联分析算法在教育领域的最大应用也是推荐，但是教育领域也有一些特殊的地方，就是在现在的教育体系中，学生学习的课程主要是由教学大纲所决定的，因此在课程一级推荐的意义并不是很大，而在知识点级别的推荐往往更有价值，但是这又涉及标记知识点和构建知识图谱等工作，所以往往还需要做好大量的前期工作。

（五）决策树

在信息挖掘中，决策树既是一种分类模型，也是一种预测模型，它表示一组决策的树状结构，而且每棵树均代表自变量和因变量之间的一种对应关系。决策树主要由决策点、状态节点和结果节点三部分组成，具体的决策树方法主要包括分类与回归树、卡方自动交互检测等。

第五节　信息可视化

信息可视化的主要目的是通过图形化的方式，将数据信息的特征清晰有效地展示出来，方便分析人员的理解。不同特征的信息内容适用于不同方法的可视化，可见，信息可视化既是一门科学，也是一门艺术。在教育领域中，常用的信息可视化方法有折线图、柱状图、饼图、散点图、雷达图、热力图、学生画像等。

一、折线图

折线图展示的是随时间变化的数据，横坐标是时间轴，纵坐标是具体数据的值，非常适合做随时间变化的趋势分析。以某教育机构今年以来的招生趋势为例，并与去年同期情况进行对比，如图2-6所示。

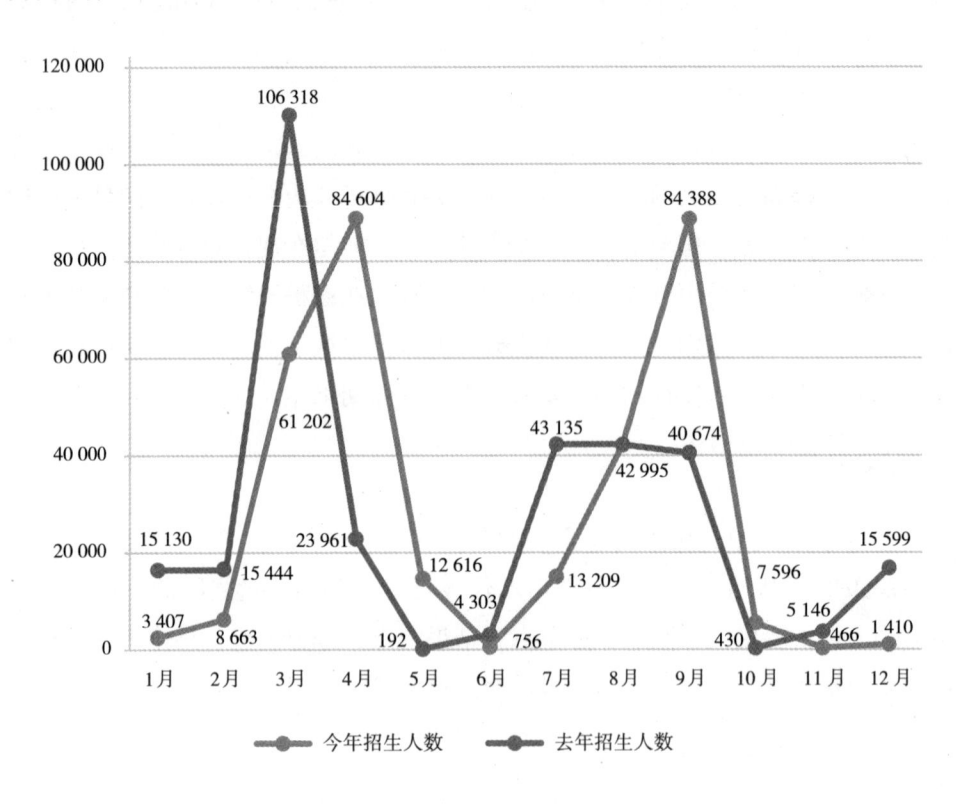

图2-6 招生趋势对比折线图

二、柱状图

柱状图的用途很广，它不仅可以用来比较数据，还可以用来观察数据的构成，它的横坐标可以是分类也可以是时间，它的纵坐标（即列的高度）就是具体数据的数值，在柱子内部还可以表现出数据的组成。仍以某教育机构的招生人数展示为例，不同的是用柱状图，它不仅展示了月度的招生数据，还展示了与去年同期的数据对比，还展示了每月招生的构成，如图2-7所示。

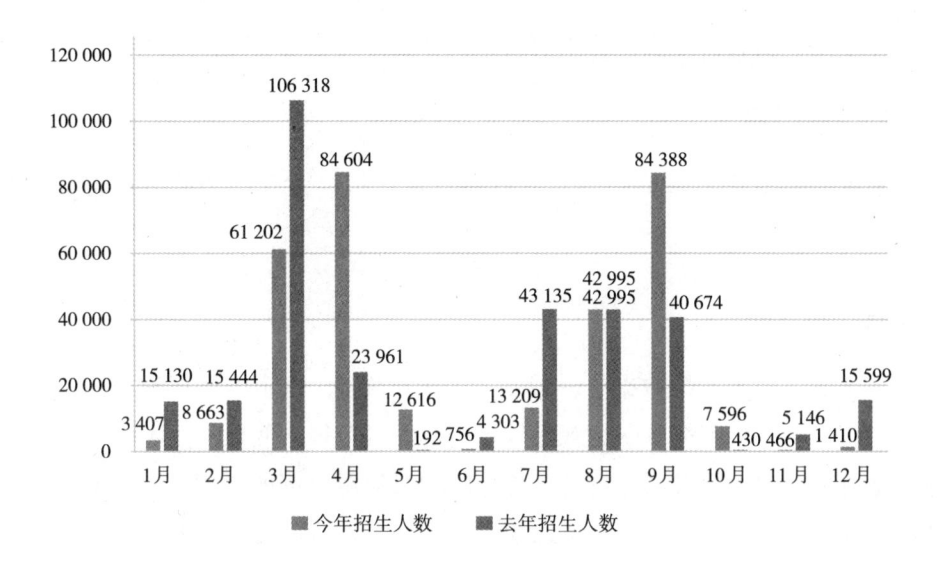

图2-7 招生趋势对比柱状图

在使用柱状图时，有两点需要注意：①要使用不同的颜色来标记不同类别的柱子，以便于理解；②如果用柱状图来展示趋势则横轴数据（即柱子数）不宜太多，一般显示每月数据趋势可以用柱状图（一年12根柱子），显示每日数据时建议使用折线图。

三、饼图

饼图通过弧度大小来显示不同分组的占比情况，以某学校的专业招生人数为例，其饼图如图2-8所示。

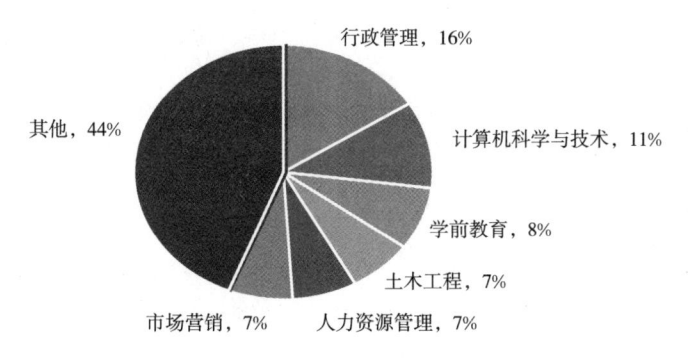

图2-8 专业招生人数饼图

在使用饼图时需注意，分组时各组占比的总和必须为100%。

四、散点图

散点图是使用一系列的散点在直角坐标系中展示变量的数值分布，发现两者的关系与相关性。

五、雷达图

雷达图适用于多维数据（一般多于四个维度），每个维度都有相同的评分标准，而且每个维度都可以相互比较。雷达图可以很方便地观察不同维度的指标得分情况，同时还可以分析各个指标的相对强弱。例如，要了解学生在一些基本思维能力上的得分情况，可以用雷达图清楚地看到其每项能力的优劣，如图2-9所示。

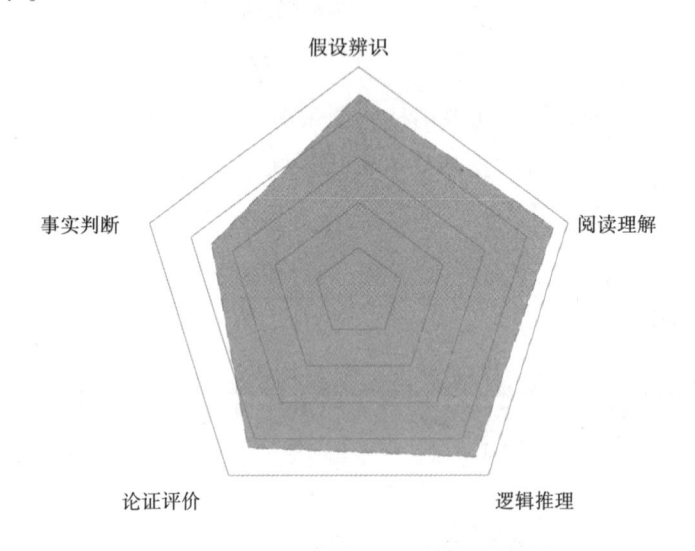

图2-9 某学生关键思维能力得分雷达图

六、热力图

热力图是一种以不同颜色和亮度来显示数据信息分布的可视化图形，热力图通常与位置信息息息相关。

七、学生画像

学生画像是根据学生的基本信息、学习行为和学习成果等信息对学生进行的综合确定情况的展示与管理。学生画像的应用，可以有效地刻画出学生的特点，进行产品定位、联系用户诉求与设计方向，直观展示学生的学习状态、行为特征和关系网络的信息，方便为学生提供具有针对性、个性化的服务和管理。

第三章　智慧高校学生管理平台的技术标准

第一节　国外智慧高校学生管理标准

智慧高校学生管理标准是基于大数据的教育信息化建设和发展的应用规则和有效保障，是教育信息化建设的一个重要环节。这对促进优质教育资源共享，提升教育管理信息化水平，促进教育公平和提高教育质量，甚至是教育教学改革的进一步推进都具有重要作用。

一、国外的标准化组织

（一）ISO/ IEC JTC 1 (SC 32、SC 36，WG 8、SG 2，WG 9)

国际标准化组织/国际电工委员会的第一联合技术委员会 ISO/IEC JTC 1，是一个信息技术领域的国际标准化委员会。它下设多个分技术委员会，其中与教育大数据管理标准相关的委员会有数据管理和交换分技术委员会 (ISO/IEC JTC 1/SC 32，SC 32)；学习、教育和培训领域信息技术标准征集、修订和批准工作组（ISO/IEC JTC 1/SC 36，SC 36）；大数据国际标准化研究组（ISO/IEC JTC 1/SG 2，SG 2）。

1. ISO/IEC JTC 1/SC 32 数据管理和交换分技术委员会

SC 32 是与大数据关系最密切的标准化组织，主要负责制定、发布和推广本地以及分布式信息系统环境下的信息管理标准，为跨行业领域协调数据管理能力提供技术标准。其标准包括现有和新兴标准的参考模型与本体论框架；数据域、数据结构、数据类型以及相关语义；用来长期存储、并发访问、并发更新以及数据交换的语言、服务及协议；构造、组织和注册元数据及共享和互操作相关的其他信息资源(电子商务等)的方法、语言、服务和协议。SC 32 现有的标准制定和研究工作是大数据健康发展的重要基础。

SC 32 有 4 个工作组，分别负责电子商务（WG 1 电子商务工作组）、元数据（WG 2 元数据工作组）、数据库语言（WG 3 数据库语言工作组）、SQL 多媒体和应用领域（WG 4 SQL 多媒体和应用包工作组）的标准的制定与研发工作。

（1）WG 1。WG 1 工作组主要从各组织的业务和信息技术角度研究制定互操作性的通用标准。主要体现为创建定义和建模业务场景及其相关角色、信息包和语义等的组件识别和建模业务活动的方法和框架；识别和规范用于开发业务场景及其组件的标准技术描述，以及完成业务交易的信息技术服务和该服务接口等。

（2）WG 2。WG 2 工作组主要研究元数据的标准化，以及对数据、信息、流程等的规范和管理，通过元数据的规范和管理来支持互操作、电子商务以及基于模型、服务和构建的软件开发。具体研究领域包括元数据规范、元模型和本体的管理框架；数据元素、数据结构和相关概念的规范和管理；分类方案、代码表等值字段的规范和管理；流程数据和行为数据的规范和管理；元数据管理工具（包括数据字典、数据仓库、信息资源字典系统、注册库等）的标准和管理；元数据语义交换、基于互联网、局域网络交换等方面的相关标准。

（3）WG 3。WG 3 工作组主要研究并制定数据库技术以及数据库管理系统的基础性国际标准，开发和维护多用户环境下数据库结构和内容的动态规范、维护和描述语言。工作范围包括对定义结构的数据类型、行为和内容的任何完整性约束；创建和生成新的数据类型和行为机制，用来支持其他国际标准规范；通过事务提交、恢复和安全机制支持数据库系统的完整性；开发和维护由多个用户提供数据库结构中信息存储、检索和操作数据提供支持的语言的开发和维护；为其他标准编程语言提供开发接口；为用户提供访问其他语言描述数据类型、行为或数据库内容的其他标准的接口，或为开发用户提供数据库组件。

（4）WG 4。WG 4工作组主要负责规范各应用领域抽象数据类型包的定义，促进多媒体数据管理技术的发展，以及产品的研究、开发、测试和评估。每一个基于全文、空间、静态图像、静态图形、动画、视频、音频、地震和音乐等的抽象数据类型包都可以保存并存储在SQL数据库当中。同时，为了能够支持用户根据应用API需求进行数据管理，还专门采用了一种规范对多种数据类型进行定义和操作，方便这些数据信息的共享、交换和处理。

此外，SC 32还在数据信息管理和交换研究领域成立了多个研究组，主要包括：下一代分析技术与大数据研究组、云计算元数据研究组、基于事实基础的建模元模型研究组等。

2.ISO/IEC JTC 1/SC 36第36分技术委员会

SC 36是国际标准组织（ISO）和国际电工委员会（IEC）共建的联合技术委员会（JTC 1）下的第36分技术委员会（以下简称SC 36），专门负责学习、教育和培训领域信息技术（information technology for learning,education,training,ITLET）标准的研制、发布和推广工作。

SC 36下设有WG 1、WG 2、WG 3、WG 4、WG 5、WG 6、WG 7和WG 8八个工作组。其中，WG 8工作组的工作内容主要包括制定、学习、分析、互操作的多部分技术报告的ISO/IEC 20748。这一技术报告主要包括四部分内容：①参考模型，其制定的范围涉及确定用户需求、工作流程、相关术语以及学习分析系统的参考架构；②系统的要求，主要内容包括对系统作用性能等的制定，从而使系统运行及通信效率得到提升；③数据互操作性指南，主要内容是对数据学习与数据分析间映射的指导方针进行确定，数据间的相互映射包括语法和语义的映射以及案例的征集；④隐私与数据保护，指的是在开发和设计学习分析系统时确定隐私与数据保护的约束条件。WG 8工作组随后又扩展了研究组在学习分析互操作性方面的研究，并添加了与学习分析模型和框架相关的相关内容。

3. ISO/IEC JTC 1/SG 2 大数据国际标准化研究组

SG 2 大数据国际标准化研究组，其工作重点是 ISO、IEC、ISO/IEC JTC 1 等大数据标准领域的关键技术、参考模型和用例等标准基础；应用大数据领域所需的术语和定义的明确；评估分析现有大数据标准的具体要求，提出 ISO/IEC JTC 1 大数据标准的优先顺序。

SG 2 成立于 2013 年 11 月，并于 2014 年 11 月向 ISO/IEC JTC 1 全体会议提交了研究报告。该报告建议标准化大数据技术点的研制需成立独立的 ISO/IEC JTC 1 大数据工作组，于是，ISO/IEC JTC 1/WG 9 大数据工作组（以下简称 WG 9）诞生了。

WG 9 工作组的工作包括制定大数据基础标准，参考架构和术语；识别大数据标准化需求和研究缺失；同大数据相关的 JTC 1 内的工作组保持联络关系，分析正在进行或探索新的标准项目，推动大数据标准化进程；联络 JTC 1 以外的大数据相关标准组织，分析正在进行或是正在探索新的标准项目，推动大数据标准化进程；在其他工作组不能兼顾的情况下，制定相关大数据国际标准。

（二）IEEE BDGMM

大数据管理和元数据管理组织（IEEE BDGMM），主导大数据标准化工作的开展。

大数据标准化工作由 IEEE 大数据计划和 IEEE 标准协会于 2017 年 6 月联合成立。它的工作是实现信息管理和大数据交换，以便更好地为大数据消费者和大数据生产者提供服务。具体表现为：一方面，大数据帮助消费者更好地理解和获取可用信息；另一方面，它帮助大数据生产者正确设定预期，确保数据集按照预期存储和共享。为了更好地反映这两个方面，大数据标准化工作的开展还应帮助拥有大数据的组织做出有关数据信息的存储、选择、供应和管理的决策方案。

大数据标准化工作每两周举行一次远程会议，其目标是整合来自不同领域的异构数据集，并通过可读器和可操作的规范基础设施使信息内容可发现、可访问和可利用。

大数据标准化工作的预期成果包括：①或者是其他的相关会议对相关需

求、解决方案等进行收集、记录、识别与分析；②以上述文件为依据，对主题加以确定，并对主题进行更加详细的研究，从而得到白皮书；③来自大数据元数据管理相关最佳实践的参考架构概念和解决方案，用于规划数据互操作基础架构，实现不同领域数据库之间的数据集成；④确定并发起与大数据元数据管理相关的 IEEE 标准活动（实践、指南包括推荐）。

（三）IMS GLC

IMS 是专门从事学习系统技术标准制定的组织，专注于分布式环境下技术规范和标准的制定，关注学习系统的构建和学习内容的交互，旨在进一步促进学习技术在全球的发展和影响。

IMS 最初是美国大学校际交流委员会（EDUCOM）于 1996 年成立的学习管理系统研究项目，后成为 IMS，是一个专门从事学习系统技术标准制定和教育发展的非营利性全球学习协作组织，这对教育数据互操作性标准的制定做出了重大贡献。IMS 的愿景是将能够共同改善教育经历的这种全融合的集成的教育应用付诸现在和未来，IMS 技术标准的范围已经扩大，以满足 K12 教育、企业和政府教育培训的互操作性需求。

IMS 发布的部分标准，如学习对象元数据、内容包装、企业服务能力、电子档案袋、学生信息、资源列表、共享状态持续性、词汇的定义和学习设计规范标准等，已具有一定的国际影响力，并且这些标准是公开的，可以被任何学校或教育组织使用。IMS 的一些规范性标准也被我国的教育信息技术标准采用和接受，如学习工具互操作性标准、公共弹夹、学习信息服务、问题与测试互操作性、可访问便携式项目协议以及卡尺分析，具体分析如下：

1.学习工具互操作性标准（LTI）

LTI 是高等教育管理中使用最广泛的一个标准，并且越来越多地用于 K12 教育。LTI 创建了一种将丰富的学习应用程序与学习平台无缝集成的标准方法，适用于学习管理系统的集成，涵盖数字应用程序、内容、工具和教育使得 LMS 与教育应用以及用于教学和学习的内容之间的等级和信息的交换与传递变得更容易。

2. 公共弹夹（CC）

CC 是 IMS 于 2018 年发布的新一代数字化学习内容封装规范标准。该标准以很多现有的规范标准为基础，如内容封装、学习对象元数据、IMS 授权 Web 服务、问题和测试互操作性等，构建并设计了一种标准化、高效率互操作的方式来控制分布在不同平台上的富媒体网络资源之间数据交换或移动。

3. 学习信息服务（LIS）

LIS 是一种在全球范围内广泛接受和采纳的基于电子学习环境的学习方法，它用于定义系统如何管理信息交换，包括学习环境中的人、小组、会员课程和结果的信息等。

LIS 由五个概念构成：互操作性、面向服务、基于组件、行为和数据模型以及多重绑定。LIS 提供后台学生信息系统（ERP）和学习管理系统（LMS）之间的集成，这在高等教育中尤为重要和普遍。采用 LIS 标准的供应商主要是高等教育供应商，如 K12 教育，对采用 LIS 应用标准的兴趣与生俱来。除此之外，高等教育领域的大公司，如甲骨文、Ellucian、Jenzabar 等，也是采用和开发 LIS 的主要公司。

4. 问题测试互操作性（QTI）

QTI 由一系列单一的规范文本组成，主要解决问题/测试数据是否能满足资源互操作性，为远程教育使用的不同系统提供可互操作的标准格式问题和测试数据。

5. 可访问便携式项目协议（APIP）

APIP 为测评软件和问题项目开发者提供数据模型，以标准化数字模型来规范数字测试项目的文件交换格式。只要适当使用 APIP 标准，就可以实现两个重要目标：一是确保数字测试和项目在符合 APIP 标准的测试库中传输；二是为测试交付接口提供所有数据和所需资源。

6. 卡尺分析（CA）

CA 简称为 IMS - CA，是 IMS GLC 根据教育领域的需求，于 2015 年设计并发布的学习分析数据互操作规范。"capliper"本意为"卡尺"，具有测量工具的功能，意思是对跨平台采集的数据信息进行统一的、标准化的分析。制定 IMS - CA 规范的主要目标是降低从数字学习工具收集和分析信息的成本，并赋予这些数据信息具有一致性的呈现方式。IMS－CA 定义了一个支持学习和分析数据互操作的开放框架，它规范了数据信息的创建和收集，其中JSON-LD 格式的数据包，方便检索和存储（以分布式的方式存储或在非结构化数据库中存储）。

二、国外的具体标准

（一）学习技术规范（experience API，xAPI）

1. 范围

作为一种电子学习标准化学习体验的应用程序编程接口，它可以跟踪和收集有关学习者在许多不同环境和系统中的各种体验信息，包括在线和离线活动。xAPI 使用共享格式接收和发送数据，主要以 JSON 的格式传输数据。

学生可以随时随地访问电子书籍、移动设备、计算机和社交平台等，xAPI 技术标准可以从这些活动中收集、跟踪和记录所需要的数据信息。

xAPI 是一种技术规范，是 ADL 计划成果，旨在促进学生学习体验的记录和交流。它设计了一个描述学习经历的框架，并定义了如何通过电子方式交换这些描述。xAPI 旨在使人们更容易理解和比较各种环境，平台和技术中记录的学习经历和结果；旨在最大化创建、收集、存储和处理有关学习体验的、信息的和服务的互操作性；旨在为那些希望创建满足和实施本规范的应用程序的人提供指导；旨在提供可以测试是否符合本规范的标准。

2. 主要内容

该规范包括 xAPI 模型和接口规范等，其中 xAPI 模型描述了数据流、活动数据和元数据。xAPI 中的数据流可以追踪显示对学习体验的跟踪，并且该体验由受信任的学习记录提供者代表学习者进行跟踪。学习记录提供者还可能负责学习者之间的体验和信任关系，创建学习记录并将其发送到一个或多个学习记录存储（LRS）当中。存储在 LRS 中的学习记录可供任何授权用户使用。学习记录用户是指使用客户端访问自己发送给 LRS 的学习记录的用户，学习经历跟踪流程如图 3-1 所示。

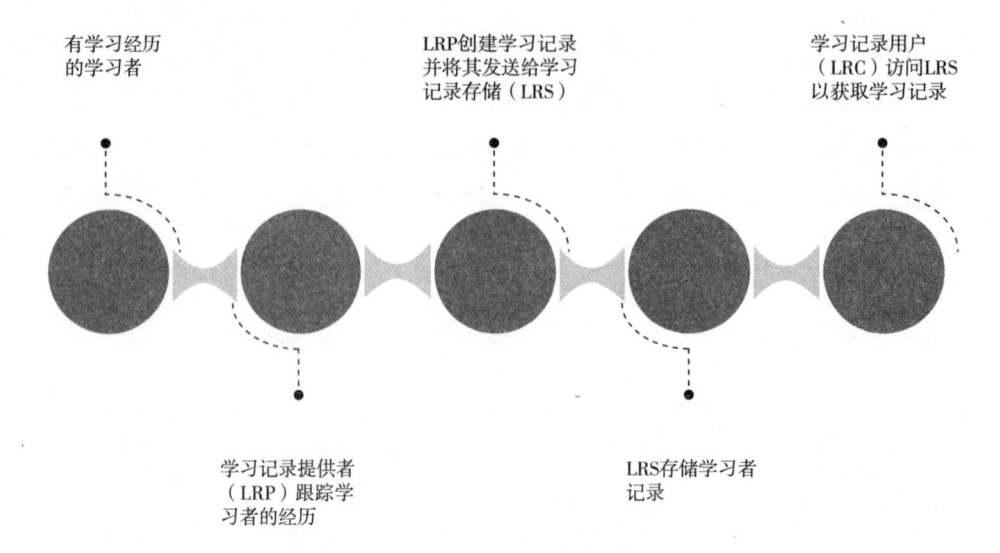

有学习经历的学习者　　　　　LRP创建学习记录并将其发送给学习记录存储（LRS）　　　　　学习记录用户（LRC）访问LRS以获取学习记录

学习记录提供者（LRP）跟踪学习者的经历　　　　　LRS存储学习者记录

图3-1　学习体验跟踪流程

xAPI活动数据和元数据是xAPI中的关键概念。xAPI使用动作语句（statement）来描述学习体验，并使用具有语义结构的三元数据模型 <actor（操作者）+verb（动词）+object（对象）> 表示，语句是xAPI规范的主要特征。活动（作为语句的一部分）具有可以用语句中的元数据填充的属性，该语句由语句的动作定义（即活动定义）来实现。每个"activity"的ID都是一个IRI，它也可以有位于IRI分辨率位置的元数据。

xAPI主要是通过语句申明三元组模型记录线上线下的任何形式的学习活动，其中语句使用的所有属性都限于某些数据类型。具体要求：语句和其他对象不应该包含值为空对象的属性；声明每个属性不超过一次；声明必须使用"actor""verb""object"；声明可以不分顺序使用其属性。

除数据形式所要求的三个属性外，该语句还可以包括其他七个附加属性，如许可和结论，以进一步描述和记录学习活动。当用句子描述和记录学习活动时，应记住LRS以便跟踪和记录学习体验并创建学习和交流的框架。语句和LRS是xAPI工作流中的两个基本元素。当观察和记录学习活动或学习者行为时，xAPI将以句子形式记录和描述学习活动，然后将其传输到LRS，LRS记录并存储发生的所有行为实例。任何一个LRS可以与其他LRS共享这些学习记录，LRS本身可以独立存在或存在于学习管理系统中。

3. 应用

目前，xAPI 在学生管理系统、博物馆、飞行模拟器、射击场和紧急医疗服务等系统中得到有效应用。

（二）学习分析数据互操作规范 (IMS caliper analytics, IMS – CA)

1. 范围

该规范通过"测量组谱"建立了记录和存储分析数据的通用格式，并通过"Sensor API"捕获和传输分散在不同平台的分析数据。该规范定义了一种捕获和表征学习活动用量的稳定方法，定义了一种可以标记学习数据的通用语言，并且制定了衡量学习活动及其影响的标准等。

2. 主要内容

本规范基于 IMS 标准，不仅符合 IMS 学习工具互操作性规范，还使用了 IMS 标准的大部分内容，包括 LIS 中概念和词汇的整合以及 IMSK 电子书规范。该规范主要定义了一组计量组谱和 Sensor API 应用程序接口。

计量组谱编制是为不同类型的学习活动建立尺度一致的度量标准。计量组谱一共有九种，分别是基础计量组谱、会话计量组谱、阅读计量组谱、注释计量组谱、媒体计量组谱、可分配计量组谱、评估计量组谱、评价项目计量组谱、成果计量组谱。其中，基础计量组谱是构建其他八类谱的基础，它定义了记录的基本活动信息，可以支持其他八类组谱活动，同时它还定义了三种类型数据，即实体、动作和事件可以被其他组使用。"实体"指培训活动涉及的主体实体，既可以是培训活动的参与者，也可以是培训活动参与者使用的内容或工具，如人、试卷、视频等；"动作"是一种学习活动，参与者（主要是教师和学生）的行为和活动是在教学的互动中形成的；"事件"是指在某个情境下被捕捉到的存在于学习活动中，并且是不可再分的且能被度量的最小单位，包含类型信息、情境信息以及表示唯一性的标识符。不同类型的活动或组合对应不同的事件，如会话对应"会话事件"，阅读对应"阅读事件"，评估对应"评估事件"等。在九类组谱中，实体、动作和事件三类信息在属性和词汇上存在一定的差异性。

Sensor API 是为了将 IMS – CA 规范部署于不同的学习管理系统或学习平

台时，能够兼容支持 Caliper 测量活动代码库且提供外界应用程序能够访问的接口。它在 IMS-CA 规范中定义了各个组件的通信模型，支持学习分析工具通过 Sensor API 收集或交换来自不同学习工具/平台的数据信息，并通过测量组谱的定义获取和学习活动相关的信息。

3. 应用

IMS-CA 标准适用于教育技术解决方案提供商、学习工具开发商、教育内容出版商等，可以为之提供帮助，通过使用跨平台学习分析数据进行预测分析，并提供自适应学习策略和个性化学习服务、预警和认证等服务。目前，IMS-CA 广泛应用于学习管理系统、在线视频管理系统和播放服务系统。

第二节 国内智慧高校学生管理标准

一、国内的标准化组织

国内的主要标准化组织有全国信标委大数据标准工作组、全国信息技术标准化技术委员会教育技术分技术委员会（CELTSC）等。

（一）全国信标委大数据标准工作组

工作组的主要职责是制定大数据领域标准体系，并对该体系进行不断完善，开展关于大数据技术与标准的研究，对国家标准以及行业的标准进行制定与发布等。

基于如今大数据发展现状以及发展的标准化需求，为了促进标准化工作的顺利开展，在 2017 年 7 月的第二次组长会议中，工作组决定成立七个专项组负责大数据的标准化工作，这七个专项组分别是总体专题组、国际专题组、技术专题组、产品和平台专题组、工业大数据专题组、政务大数据专题组和服务大数据专题组。

工作组的工作目标是打造"大数据"领域权威的标准化生态环境，包括技术、应用、服务、管理、安全一体化、标准研制与研发、产业化、应用一体化、政策实施结合以及国内国际一体化。到 2020 年，发布 20 余项技术先进、管理可行、产业急需、经过应用验证的大数据技术和管理类国家标准，提出两项以上国际标准提案。

（二）CELTSC

2000 年 10 月，中国教育部指令科技司组织力量研制现代远程教育技术标准，并于 2001 年年初成立了现代远程教育技术标准化委员会，2002 年年初更名为教育部教育信息化技术标准委员会（Chinese E learning technology standardization committee，CELTSC）。

2002 年经国家标准化管理委员会批准成立"全国信息技术标准化技术委员会教育技术分技术委员会"，负责组织全国教育信息化、教育技术相关标准的研制、标准符合性测试认证和标准应用推广工作，以及对口承担我国教育信息化在国际标准化组织 ISO/IEC JTC 1/SC 36 的国际标准化工作。CELTSC 旨在制定各级教育信息化标准，其中教育信息化标准分为领域应用标准和共性基础标准两大类。

目前，SC 36 教育技术委员会下设指导类、学习资源类、学习者类、学习环境、教育管理类、多媒体教学环境类、电子课本与电子书包类、虚拟实验与学习工具类、在线课程 9 个工作组。每个工作组设有指定召集人。

二、国内高校学生管理标准体系框架

构建教育大数据标准体系是在现有教育大数据标准基础上不断完善的过程。基于国内外大数据采集、处理、分析、应用和管理的全周期视角，随着国内外教育大数据相关标准的制定，将大数据融入教学、学习、管理、评价等教育全流程当中，从基础层、处理分析层、管理层、应用服务层四个层面构建了高校学生管理标准体系框架，如图 3-2 所示。

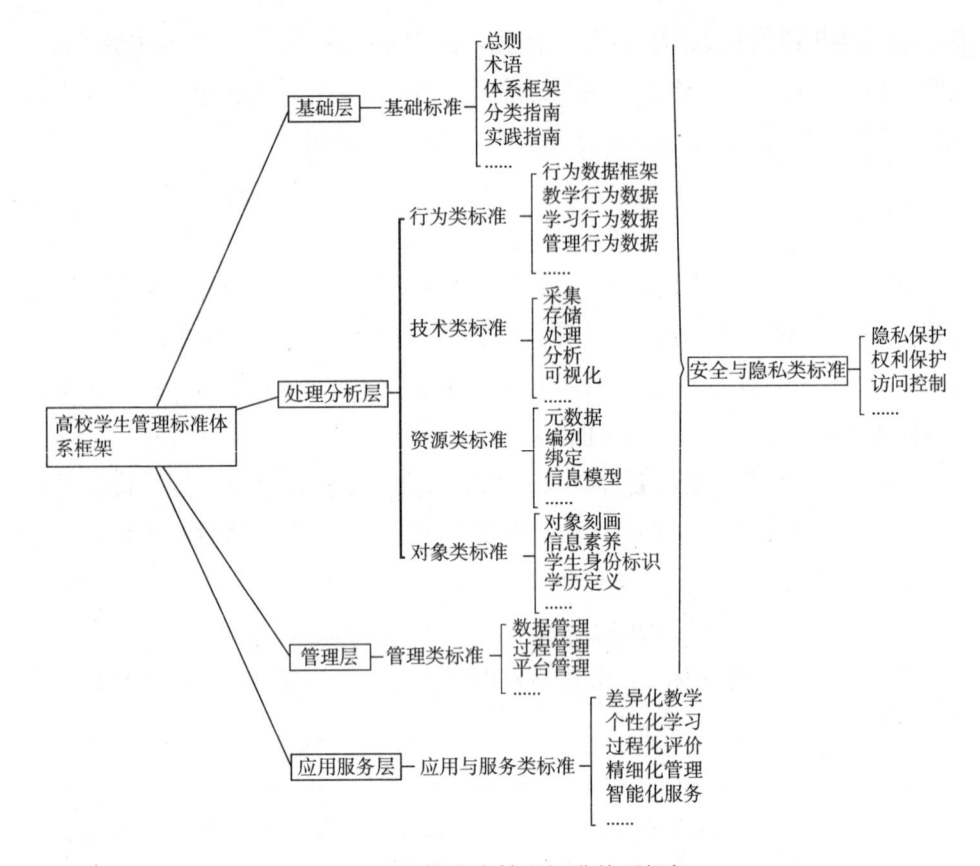

```
高校学生管理标准体系框架
├─ 基础层 ── 基础标准
│              ├─ 总则
│              ├─ 术语
│              ├─ 体系框架
│              ├─ 分类指南
│              ├─ 实践指南
│              └─ ……
├─ 处理分析层
│   ├─ 行为类标准
│   │   ├─ 行为数据框架
│   │   ├─ 教学行为数据
│   │   ├─ 学习行为数据
│   │   ├─ 管理行为数据
│   │   └─ ……
│   ├─ 技术类标准
│   │   ├─ 采集
│   │   ├─ 存储
│   │   ├─ 处理
│   │   ├─ 分析
│   │   └─ 可视化
│   ├─ 资源类标准
│   │   ├─ 元数据
│   │   ├─ 编列
│   │   ├─ 绑定
│   │   ├─ 信息模型
│   │   └─ ……
│   ├─ 对象类标准
│   │   ├─ 对象刻画
│   │   ├─ 信息素养
│   │   ├─ 学生身份标识
│   │   └─ 学历定义
│   └─ 安全与隐私类标准
│       ├─ 隐私保护
│       ├─ 权利保护
│       ├─ 访问控制
│       └─ ……
├─ 管理层 ── 管理类标准
│              ├─ 数据管理
│              ├─ 过程管理
│              ├─ 平台管理
│              └─ ……
└─ 应用服务层 ── 应用与服务类标准
                  ├─ 差异化教学
                  ├─ 个性化学习
                  ├─ 过程化评价
                  ├─ 精细化管理
                  ├─ 智能化服务
                  └─ ……
```

图3-2 高校学生管理标准体系框架

三、国内的具体标准

（一）在线学习者画像技术标准

1. 范围

该标准主要规定学习者画像模型的数据元素和用于定义关于学习者信息属性实例结构的概念数据模式。

对于该标准，通用学习者信息模型将会描述适用于学习对象的有关信息，包括在线学习者画像参考模型的各级标签体系（各层级的层数由具体需求确定）。从宏观到微观，循序渐进地展示在线学习者的学习行为和模式。源数据为在线学习平台的通用数据信息，通过源数据会衍生得出各级标签内容，依次向上汇聚组合，形成最终的画像标签体系。

2.主要内容

该标准主要内容是关于画像模型结构、元数据结构等的概述。画像模型结构将在线学习者画像参考模型的标签体系从宏观到微观进行逐级分层，分层展示在线学习者的学习行为和模式。源数据为在线学习平台的通用数据，通过源数据会衍生得出各级标签内容，依次向上汇聚组合，形成最终的画像标签体系。每一级画像标签体系根据需求设定对应本级别的不同的标签类、再在不同标签类的基础上细化衍生出新的属性元素，然后继续深入分析，直到最终的标签系统不需要进行进一步划分。

元数据结构基本上提供了基本的元数据结构和数据元素。基本元数据结构描述了学习对象的数据元素，并将其划分成不同的类别，该类别对应在线学生画像模型中一级标签体系中定义的类别，而且将会构成教师信息模型。由于任何分类系统都能被引用，因此分类类别为在线学习者画像模型提供了某些扩充类型。数据元素会根据类别分为不同的组，教师信息模型是数据元素的分层次结构，包括聚合数据元素和简单数据元素（分层结构的叶结点）。在教师的信息模型中，只有叶节点才有自己的值，并且由与之相关联的值空间或数据类型进行定义。教师信息模型中的聚合数据元素没有自己的值，因此它们没有值字段或数据类型。对每个数据元素教师信息模型可定义"名称""解释""属性""大小"等内容，如可利用数据元素的编号方式表示数据元素的层次结构及其组成成分。

（二）学习分析可视化仪表盘标准

1.范围

学习分析可视化仪表盘主要提供能够有效支持学习过程、教学设计和学习管理等方面的学习分析数据，具有很大的教育价值。研究和分析可视化仪表盘规范的目的是更好地描述仪表盘整体形式、结构以及设计原则等，以便更好地使仪表盘聚焦最重要的信息，清晰准确地传达信息，从而为设计或使用仪表盘的用户提供相关指南。

2. 主要内容

该标准主要内容是关于学习分析可视化仪表盘的特征、结构、设计和功能等的概述。学习分析可视化仪表盘功能主要体现在可视化和个性化两个方面。

可视化，是将学生的学习过程和学习结果的分析数据可视化。学习分析可视化仪表盘使用大量数据来关注学习活动的特定度量，并集成多个相关图表数据，并附有有助于更准确地解释数据的简短文本注释。经典的学习分析可视化仪表盘以多种图表呈现学习分析结果，而最新的学习分析可视化仪表盘则融入了游戏化设计理念，引入了虚拟金币、能量积分、升级闯关等游戏元素，并对视觉设计进行了改进，这可以显著增加学习和分析可视化仪表盘的趣味性和生动性。

个性化，是通过对学习行为和活动的跟踪、分析和可视化显示来完成的。学习分析可视化仪表盘将认知和元认知集成到学习过程中，帮助学习者负责和管理他们的整个个人学习过程。例如，根据自己的个性化需求形成个性化的学习目标和路径，自主选择个性化的学习材料，确定个性化的学习方法和方式，进行个性化的课后练习和定期测试等。真正的个性化，即学习者可以建立自己的价值观和标准，进行真正的自我调节和控制，真正增加学习的自主性，不断建构和更新自己对学习状态和个人定位的思考。

学习分析可视化仪表盘结构决定了如何去理解全局以及信息碎片如何组合。该结构成为用户了解分析可视化仪表盘的导航机制，指导从哪里开始以及在仪表盘中下一步要看什么。学习分析可视化仪表盘主要分为三类：流程型、关系型和分组型。其中，流程型是基于流程的结构强调随着时间发生的一系列事件或行动；关系型是依据学习分析可视化仪表盘的结构能突出实体或是度量之间的关系，这些关系或联系可能是数学上的、地理上的、组成上的或是功能上联系的可视化仪表盘；分组型是将相关的信息分类组合成类别或层次体系，将类似的东西放在一起，这样能让学习分析可视化仪表盘有逻辑。

学习分析可视化仪表盘的设计原则应体现"简洁/模块化""逐步细化""引导注意力""引发行动""可定制""信息可解释"的特点。"简洁/模块化"可以解决学习分析可视化仪表盘变得过大和难以管理的问题，通过将学习分析可视化仪表盘分解成更小的模块,每个模块对应一个关键问题。"逐步细化"是层层增加信息的详细度,逐步揭示出相应信息。"引导注意力"需要使用视觉提示和功能来吸引用户注意最重要的事情,例如警告和页面位置与颜色的恰当使用。"引发行动"可以让用户快速完成任务,让用户根据结果了解下一步该做什么,根据指标的变化提供明确的指示,或者告诉他们联系谁来解决学习中突出的问题。"可定制"可以让学习分析可视化仪表盘允许灵活适应不同的用户,允许用户通过过滤器定义数据范围来自定义学习分析可视化仪表盘。"信息可解释"在提供数据前解释结果和提供一个概况总结,做到让数据自己说话通常会让人理解错误和混淆。

(三)学习分析互操作性第一部分:框架与参考模型标准

1.范围

该标准定义了一个参考模型,可用于识别学习分析互操作性的各种IT系统需求,该模型可识别相关的术语、用户需求、工作流程和用于学习分析的参考体系结构。

2.主要内容

(1)用例与实践。本标准中涉及的用例与实践包括学习分析、评定、数据流和数据交换、辅助功能首选项这四个主要领域。

学习分析主要通过工作流反映特定需求,并描述与学习分析相关的关键功能,其用例包括LMS/VLE中的分析仪表盘、使用轨迹数据的预测分析、使用数字资源的个性化学习环境,以及社交网络分析和话语分析。评定用例又通过学习分析转变评估基于学习分析的发展评估。数据流和数据交换用例有学习活动数据流和数据交换、学生数据控制、使用分析的电子档案管理、学习数据使用、学习数据利用研究活动/隐私问题和研究伦理、身份保护和识别等;辅助功能首选项用例有学习分析支持辅助功能增强功能、早期检测和可访问性需要支持适应这些需求、存储在云中的辅助功能首选项。

(2)学习分析互操作的参考模型。该模型包括学习分析的初步参考模型、通用数据分析工作流和基于工作流的参考体系结构及用例。学习分析的初始参考模型源自上面"用例和实践"中收集的一组公式过程集及其关系。通用数分析工作流程与学习分析的任务和目标密切相关,即在理解和改善学习及其环境的目标之下,实现测量收集分析和报告关于学习者的数据以及学习、教育和培训情境的任务。

基于工作流的参考体系结构及用例中提出了学习分析的抽象工作流和学习分析的参考工作流、学习与教学活动过程、数据采集过程、数据存储和处理过程、分析过程、可视化过程以及反馈过程。其中,学习分析的抽象工作流程考虑了与学习和教学活动相关的六个过程的反馈循环,包括数据信息的收集、数据信息的处理和存储分析、信息可视化、信息反馈和建议。学习分析的参考工作流考虑从各种学习和教学活动中为学习分析获得输入数据项,经过数据处理和分析,对学习分析的结果进行个性化干预与决策等,以便及时按新的利益相关者的需求调整和增加行动。

(四)学习分析互操作性第二部分:系统要求

1. 范围

该标准定义了由具有不同目的的独立流程和应用程序组成的学习分析系统和服务,并通过定义每个系统或服务的角色、功能和推荐性能来提高系统或服务之间的通信和操作效率。

2. 主要内容

本标准规定了由若干进程、功能和系统接口组成的系统要求。这包括对隐私政策、数据保护、学习和教学活动、数据收集、数据处理与存储、分析、可视化和反馈行为八个方面的具体要求。

(1)隐私政策。该标准要求在开发学习分析系统之前制定有关隐私和信息保护要求的隐私政策,并且该政策应通过整个系统和服务工作流程的设计和应用来实现。这包括个人可识别信息负责人(如学习者、教师、支持人员)可以进行与教学目标、参与学习社区的社会或文化方面相关的隐私风险评估等。由用户在学习分析系统/服务上自己控制是否允许在系统之间收集和共享数据。

(2)数据保护。本标准建议数据保护在考虑个人的情况下,优先考虑数据在社会中的作用,并与其他权力相平衡。这包括学生对个人数据信息处理的陈述、学生使用个人数据的便利性、将信息传输给不同服务提供商的自由性、在线管理数据以避免风险和提交数据的自由,并提出数据主体无法确定的匿名信息不适用数据保护原则,同时强调在保护隐私和匿名数据的可用性之间取得更好的平衡。

(3)学习和教学活动。该标准表明学习和教学活动发生在各种环境和工具中,是学习分析的起点和数据收集的来源,通常需要明确建模或分析学习活动数据,以便可以在后续步骤中以互操作方式存储和处理有关不同活动的数据信息。

(4)数据收集。本标准规定数据收集是对学习和教学活动中感兴趣的问题进行测量和收集数据的过程,它跟踪并提供来自各种平台(包括可穿戴技术和物联网)的学习者数据的要求,涵盖与数据权限、数据源控制、数据互操作性以及高效流和数据交换相关的要求。

数据收集包括六个方面:可访问性、数据聚合、数据整合、数据互操作性、数据流和交换。可访问性是指在数据收集之前需要进行可访问性注册。数据聚合、数据整合是指异构学习系统或工具若能访问,需要支持用户访问的聚合配置文件。数据互操作性问题将标准化信息模型和受控词表应用于数据收集API以提高收集数据的准确性、数据信息模型应该涵盖各种数据类型、数据信息模型不应该依赖于主导产品或服务、收集的数据在存储之前需要验证是否符合要求和数据互操作性应该具有语义匹配的能力。数据流和交换应侧重于冗余信息或消除空记录,有助于有效地传递收集到的信息,在合并或交换来自不同数据源的数据信息时,必须要保护数据的来源,并且必须安全地传输收集到的信息。

(5)数据处理与存储。本标准指出数据存储和处理是利用标准化的数据模型和表示,从各种异构数据源中准备和存储数据进行数据分析的过程。这个过程包括数据存储和数据转换/过滤两个方面:

数据存储强调采集的数据可以暂时存储,支持多种类型的存储和持续更新,为数据转换/过滤准备数据支持。数据转换/过滤要求数据在存储和转换/过滤之间应该提供数据查询接口的支持、使用统一的格式对收集到的用于过滤或翻译的数据进行存储、对转换/过滤完成后的数据可以使用迁移接口进行存储。

（6）分析。该标准指出，分析是系统地检查学习数据的过程，其中可以通过检查和建模学习数据来生成描述性、规范性和预测性知识。该分析过程包括数据存储、分析界面和数据输入的可伸缩性三个方面的内容。其中，数据存储要求根据隐私政策，在数据分析前对用户身份进行假名化或匿名化处理。分析界面中分析模型的设计可模块化，同时具有导出功能，要求在分析过程中可以通过可视化技术创建输出数据集。数据输入的可伸缩性强调学习活动数据的分析至少应该拥有一个或多个聚合数据集，强调可以为学习资源创建个性化学习路径，或者学习分析应该支持与第三方存储库的链接。

（7）可视化。该标准规定可视化是创建数据信息（包括文本、社交图和地理信息）抽象化表示的过程，使用户能够在分析和推理数据和证据的同时，查看、探索、交互和理解大量信息。这个过程主要包括三个方面：可访问性、隐私和数据接口。其中，可访问性要求仪表盘或报表系统在可视化之前必须满足用户的偏好和需求，在默认的可视化表单与用户的首选项和需求不匹配时应该提供其他格式。隐私强调当分析结果交付给用户时，用户可以通过合理的努力识别假名；需要数据接口来支持可视化。

（8）反馈行为。本标准指出反馈行为将学习分析的结果反馈给学习者及其环境，以便采取纠正措施。学习分析的反馈过程与从数据中收集知识的中介有关，除作为学习分析的接受者的学习者之外，课程设计者、教学材料的开发者、教师和管理者都是学习分析的参与者。该过程包括两个方面：分析查询接口和数据解释与响应。针对反馈行为模块的分析查询接口，允许学习者查询分析结果，侧重于学习任务的不同方面，重点关注学习任务的不同方面、允许教师询问个别学习者和一组学习者的有关教学目标的分析结果、允许管理员查询有关预定业绩指标的综合分析结果、允许系统及内容发展商查询有关学习活动所使用的系统、工具及内容的表现分析结果。数据解释与响应应该记录作为系统与其用户之间的交互所采取的部分行为，以便对学习分析过程周期进行元分析。

第四章　智慧高校学生管理的治理与开放

第一节　智慧高校学生管理的治理

大数据在教育领域具有广阔的应用前景和不可估量的作用，已成为重要的资产。随着教育信息化的发展和智慧校园的建设，高校、中小学等教育机构虽然收集了大量信息资源，但这些宝贵的资源并没有得到有效的开发和利用。其中最重要的一点就是很多预期的需求因为信息质量问题无法实现，而信息管理又是保证信息质量的必要工具。而且，在大数据时代下，开放教育数据对于利用大数据驱动教学管理和教育改革具有重要意义。

一、智慧高校学生管理信息治理的概念

信息治理是特定组织基于特定工具和平台管理信息与相关实践的过程和方法。信息管理并不是一个新概念，它的理论和实践是随着大型数据库的广泛使用而产生的，有着十分悠久的发展历史。只是到了大数据时代，数据信息的数量和复杂度发生了很大变化，对信息质量的要求也提升到了一个新的高度。

有关数据信息治理各个维度的概念化，如表 4-1 所示。

表4-1 智慧高校学生管理治理的不同维度

维度	概念
标准体系	智慧高校学生管理治理是一种标准体系,通过信息的组织与管控来实现信息标准化
业务范围	智慧高校学生管理治理是对各项数据信息的产生、处理、使用进行监督管理,从而实现数据信息与业务的有效结合
控制范围	智慧高校学生管理治理必须对治理的人员、流程以及治理系统等进行整体性设计
技术支持范围	智慧高校学生管理治理需要以前端、后端、终端等各个环节作为技术支撑

总而言之,数据信息治理是高校信息管理的综合实践,总共涵盖三个业务领域:管理体系、标准体系和技术体系。

从管理角度上说,建立完善的信息管理机构,科学、合理地制定相关的规则才能使数据信息得到有效治理,要确保由专业人员负责对信息的创建、使用、销毁和处理的监管工作。从标准化角度上说,要制定标准体系,对于数据存储、数据使用以及数据的生命周期都要进行规范管理。从技术角度上说,要以数据库、信息和信息技术为基础进行信息的治理,致力于实现数据价值的充分发掘。

二、智慧高校学生管理信息治理的管理机制

专业的团队是项目发展的有力保障。在高校学生管理治理工作正式开展前,应成立专项工作组,制订工作任务的详细计划。根据目前的行业惯例,信息管理的组织架构可以定义为自上而下,如图4-1所示。

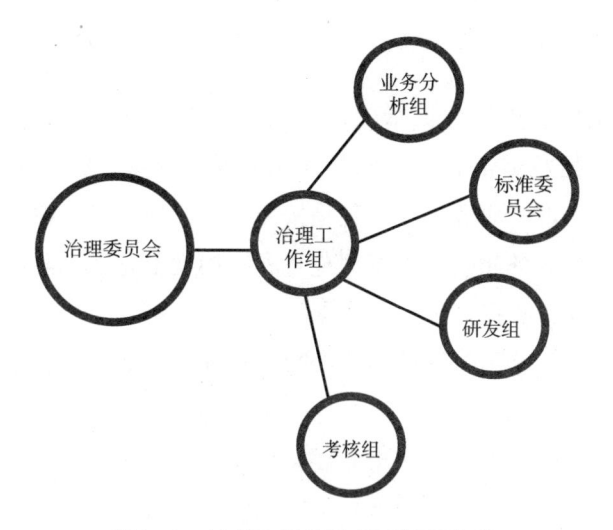

图4-1 智慧高校学生管理组织架构

要创建一个信息治理委员会,该委员会由高级管理人员组成,并且保证这些委员会成员要对业务发展和实施有一个深入的了解,同时对信息治理也要略知一二。从战略角度讲,信息治理委员会主要负责总体规划的制定,提出管控措施,制定学生管理规章制度,和多个部门协调,以确保工作的顺利开展。治理委员会拥有最高决策权,其职能是对管理工作进行最终的控制与审查,在治理委员会中会设立办事机构——治理工作组,即针对各项业务专门成立的办事小组,如研发组、业务分析组、考核组等。各个小组都有着各自不同的职责,小组的成员不需要非常全面的发展,但是必须在所负责的工作领域内具有高度的专业性。

三、智慧高校学生管理数据信息治理的体系与过程

数据信息管理具有综合性,其涉及了融合共享、隐私保护、质量管理等多种业务主题,对于这些主题的治理水平从某种角度上讲会对所有信息治理效果起到决定性作用。虽然数据信息在不同领域中的使用具有差异性,但是有一点是基本一致的,那就是信息的生命周期,可以分成信息收集、信息处理、信息分析和数据挖掘等阶段。在信息的生命周期全过程内都进行信息治理,保证每一阶段都高质量、高效率地进行,信息治理工作才能取得好的成果。

（一）数据的标准化

大数据的主要特点是数据量大，并且差异比较明显。所以，如果没有统一的标准，海量的数据信息在存储和使用时就可能会变得杂乱无章，给数据处理和分析带来困难。而数据标准化是按照预定义的程序对数据进行标准化管理的过程，可分为业务建模、数据规范化和文档规范化三个阶段。业务建模是数据标准化的基础，数据规范化是数据标准化的关键，文档规范化是数据规范化成果应用的关键。这个过程所涉及的数据标准包括数据定义和分类标准、数据模型标准、管理和技术标准、质量评估标准等。标准化是数据融合应用的基础，同时也是保证信息质量的一个必要条件。

（二）数据的融合共享

数据往往是复杂且分散的，对于这样的数据，如果依然按照以往的管理方式进行管理，不仅会耗费大量的硬件和软件资源，也不便本地数据的链接，从而难以获得完整的信息。数据共享和数据融合除可以增强数据处理的性能、使数据处理深度进一步加深外，还可以扩展数据分析广度，促使关联数据的融合，使数据利用率大大提高。

（三）数据的质量管理

高质量的数据是大数据发挥自身作用的关键和基础。大数据的多样性和快速变化将导致数据冲突、不一致或"过期"问题等变得更加尖锐。从技术角度看，我们可以通过数据库技术、数据检测识别技术、数据分析技术来保证信息质量。从管理层的角度看，领导者、技术分析师等人员都必须高度重视信息质量，严格落实和执行数据质量管理的各项规章制度。

（四）用户数据的隐私保护

在大数据时代下，每个人都有自己的数据信息属性。姓名、电话号码、身份证等个人信息均属于信息隐私保护范围，同样的，医疗信息、财务信息和就业状况等也可能会涉及个人隐私。假如这些信息被不法分子获得，那么我们就可能会遭受巨大损失。因此，为了应对隐私风险，首先，要对业务加强管控；其次，要利用信息技术对个人信息进行隔离与保护；最后，建立并不断完善隐私监控体系、隐私问责机制等主动的隐私保护机制。

（五）数据治理平台的建设

治理平台是开展信息管理活动、实施相关措施的支撑环境。数据治理平台要具备先进的技术和多样化的功能，这样才能使信息治理的效率大大提高，使信息治理的效果得到有效提升。数据治理平台的搭建要着重思考怎样在现有技术架构中融入对大数据的需求与管理，如图4-2所示。

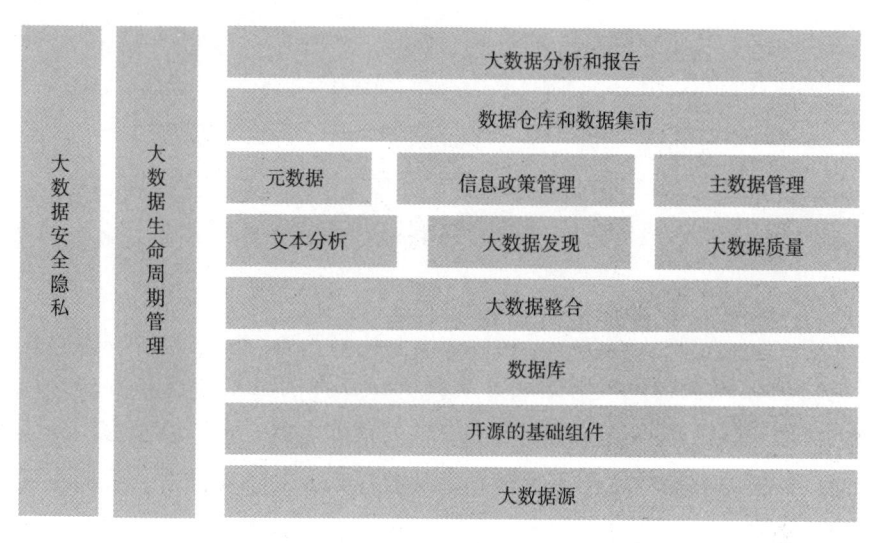

图4-2 数据治理的参考架构

在这个架构中，系统基础层包括大数据源、开源的基础组件、数据库、大数据整合。数据治理业务模块包括元数据、信息政策管理和主数据管理、大数据质量、大数据发现、文本分析等业务。系统应用层包括数据仓库和数据集市、大数据分析和报告工具。在平台的各个层次中贯穿大数据生命周期管理和大数据安全隐私。

四、智慧高校学生管理信息治理的方法

智慧高校学生管理信息治理要从三个方面推进，即组织机制、关键技术以及业务领域。主要任务是教育信息标准化、保护教育信息隐私以及融合与共

享教育数据。这三个领域业务的完善要具备两个条件：一是建立信息治理组织架构；二是以技术规范为基础，建立完善的信息治理平台，利用技术进行数据治理是治理工作的技术基础。其中，教育数据治理的框架，如图4-3所示。

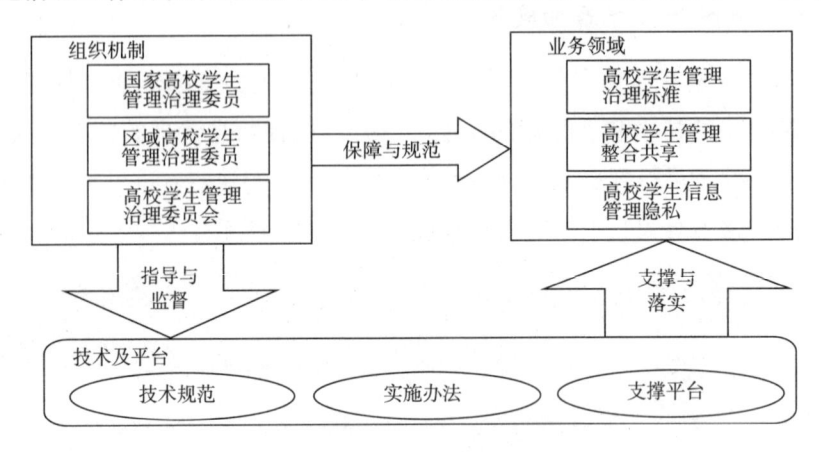

图4-3 智慧高校学生管理治理框架

（一）设置教育数据治理的组织机构

从组织机构来看，可根据业务需要设立教育信息化治理委员会及其执行机构教育信息化治理小组。从层级和管辖的角度来看，可以在国家、地区和学校层面设立教育数据信息治理委员会。从数据来源的角度来看，我们也可以创建专门的业务小组来管理课程教学数据学生信息、教师数据治理、基础设施数据等内容。

数据治理委员会的职责包括：①制定教育数据管理治理规章制度，整合分析现有数据治理的规章制度，及时制定并不断完善规章制度。②用数据支持治理决策，提高治理决策的科学性。治理队伍中的成员都是负责具体业务的专业人士，他可以是数据系统的开发者、管理者、维护者，也可以是数据分析员或者是业务专家等。这些成员要具备识别和解决数据问题的能力，同时还能做到相互配合，共同完成任务。例如，业务专家可以和数据分析师一起利用大数据对学生的成长进行分析，对学生的身心健康进行检测，并以此为依据作出正确的决策，提出合理的建议。又如，数据分析师也可以和教学专家合作，根据学生的个人数据、学生画像和聚类合作设计个性化的教学与管理教案。

（二）制定、完善数据标准和使用规范

数据标准化是教育行政部门实施信息管理治理必须解决的首要问题。统一的数据标准能够让教育机构信息系统的建立有据可依，不再出现因供应商不同造成数据无法读取、共享和交换的问题。数据治理委员会应结合学校业务实际需要，组织制定和更新各项标准，包括技术标准、业务标准、管理标准、数据质量标准等。标准化工作既要满足上级部门的行政、统计需要，又要服务于校内外的信息交流与信息共享服务，这是一个长期性的、持续性的过程。在制定新标准时，应注意现有国家标准和教育行业标准，应确保与已发布的标准保持一致。

（三）推进不同层次和不同维度的数据共享

通过整合数据和共享数据，教育主管部门可对教育数据进行共同控制。各学校还能得到和区域教育发展情况相关的各种数据，并将这些数据作为组织和管理教学的重要依据。教育信息具有多维度、多层次的特点，不仅包含教育系统的内部共享，也包括外部的公开化。对学校内部，可通过统一的数据平台，将二级单位的管理数据、学生的信息数据和行为数据、后勤的管理数据等融合在一起。这样不但可以使学生管理的有效性和便利性得到大大提升，也能对学生管理进一步强化，同时还有助于对教学和管理的相关活动做出客观分析，从而促使学校教学与管理水平的提升。校际则可通过共享课程数据、交换学习档案等方式加强协作。区域教育信息交流是教育发展趋势之一。例如，美国科罗拉多州的教育部门把178个学区以及28所高校学生的信息和收入、就业、福利结合起来，开发出了全州综合数据系统，该系统可以对学生从幼儿园到大学的整个受教育情况进行分析，任课教师等相关的管理者利用这一系统能够对学生和整个州的基准水平的差距作对比，从而分析家庭收入、幼儿教育等对学生升学和就业所带来的影响。

（四）落实和健全数据隐私保护机制

如今，大数据引起了业界的广泛讨论，越来越多的人开始意识到大数据的巨大价值，纷纷对其价值进行深度挖掘。也正因为如此，大数据不仅为人们的生活提供了诸多便利，也使人们的个人隐私陷入了危机。例如，由于学生

个人信息的泄露，不法分子利用这些信息骗取学生的学费和生活费，这便是数据隐私泄露带来的危害。在教育领域中，数据隐私尚未得到广泛重视，缺乏合理、可行的措施和惩处机制。结合其他行业的成熟经验，教育行业可以采取适当的隐私保护机制：首先，在大数据处理中要进行主动监测，监测出恶意的或者是不正当的操作；其次，要对隐私风险进行主动评估，对风险的大小进行分析，从而选择合适的技术手段进行隐私保护；最后，制定问责机制，如果发现违反规则的实体行为，就要对其进行惩罚。

（五）建设数据治理的技术平台

数据治理工作的落实依赖于信息技术平台。教育部门信息管理治理平台的建立，应立足于现有信息系统，应用业界先进的技术和经验，从提供应用功能开始，以数据信息结构为基础，加强数据库设计，建立核心数据中心，搭建数据质量控制平台，落实数据安全保障工作。数据治理平台应能与各部门自有数据平台直接对接，直接汇总各部门初始数据；应该把分散的数据收集起来，形成数据资源，并利用分析软件深度挖掘；它还应该包括分析及决策管理功能，根据数据分析的结果来支持决策，并通过长期的数据分析来帮助评估教育管理现状。

综上所述，对教育数据进行合理治理能够有效促进教育的改革与发展。

第一，数据有助于管理者做出全面且科学的决策，从而实现教育的策略和经验的统一。

第二，通过建立教育信息化管理系统，整合和重新分配所有教育资源，减少不必要的教育机构的分离和教育的财政成本，优化教育资源的配置，在某种程度上改善教育资源分配不公平的情况。

第三，通过教育信息化管理系统的建立，可以提高教育质量，促进教育管理的个性化。现在的高校教育管理更注重人本主义，更尊重每个学生的性格特点，关注学生内心情感的发展，通过优化教育数据治理，可以更好地分析学生的情感变化。

第四，通过构建教育数据管理系统，可以从复杂的教育数据信息中发现关联，诊断存在的问题，预测教育发展趋势，从而更好地激活教育信息中更深层次的力量。

第二节 智慧高校学生管理治理的问题启示

一、智慧高校学生管理治理的问题

如今教育信息化发展迅速，教育主管部门与各个高校也开始致力于实现校园的智能化与数字化，信息化管理系统、在线学习平台的应用等为教育的发展提供了大量有用的数据，这也为教育行业的发展带来了新的挑战。教育大数据不仅具备大数据的基本特征，还具有普遍性、持久性、交互性和多样性等独特特征，这决定了智慧高校学生管理有其自身的需求。当前，关于教育数据管理的研究刚刚起步，成果和经验不足以有效支持数据驱动的校园管理，即使有一些统计数据，其真实性和有效性也有待验证，动态的教育数据很难掌握，更不用说利用数据科学进行决策了。

教育的研究者、探索者以及行政部门都开始意识到对于教育的发展来说，大数据具有非常重要的作用，同时也开始试图通过大数据来促进教育的发展。当前，有关教育数据的治理研究主要是从高校展开的。上海海洋大学基于大数据治理准则，把之前处于分散状态的数据和业务流程整合在了一起，并一同存入公共数据库里。包冬梅[1]等人就高校图书馆数据治理领域的基本组建与关系进行了分析，对数据的治理原则进行了深入探讨。但是，尚未有人从县、市以上级别以及整个行业的层面对如何在大数据时代进行合理的数据治理问题进行更为全面且深入的探讨。

参考其他领域的数据管理经验，以及实践中遇到的问题，教育数据应用存在以下三种典型挑战。

（1）缺乏标准，数据杂乱无章。大多数学校在建设信息管理系统时更多考虑院系的应用，并没有很好地考虑到信息共享和交流的需要。区县级别的主管部门并没有制定出对信息数据进行统筹规划与统一的标准，具体体现在数据名

---

[1] 王新峰，盛馨：《信息化思维下的高校学生管理》，长春，吉林文史出版社，2016年。

称、数据的规格以及数据的长度是不统一的，另外还存在缺失关键数据等问题。

（2）数据不容易被融合。教育数据主要在学校里产生和使用，同时是数据价值链的根源所在。然而，因为各个高校的管理水平参差不齐，且各个高校的信息系统建设水平也有很大差异，各校只有本校的一部分数据，而各个县级或者区级的教育局也仅仅可以获得其管辖范围内上报的部分数据，而有些没有被上报的数据或者是其他区域的数据却很难得到。即便是本区域内的数据，也只是其中很小的一部分，这些数据主要为学籍信息、升学率、考试成绩等，并不是对学生信息的全面掌控。很多关于学习过程的信息是无法获取的，因此，它便成为一个无法深度处理的信息孤岛。

（3）存在数据质量问题。由于信息量的快速膨胀，非结构化数据快速增长，教育大数据的存储、分析和使用都将会面临新的挑战。例如，数据来源的复杂性特点，很难真正保证数据定义的一致性和元数据定义的统一性，而且变化速度较快，使得数据很容易过期。又如，数据存储方式不当也会产生错误和无效数据，而且动态数据处理如果不够及时，也会降低数据信息的使用价值。

此外，数据隐私也是教育数据治理值得关注的一个重要问题。教育与公民权利息息相关，隐私问题也应该引起高度重视。毕竟，数据在存储、传输、处理和销毁等各个环节都可能会遇到侵犯隐私的风险。尤其是随着各种教育信息系统的引入，越来越多的学生和教师的个人信息被记录和存储在系统中，甚至可以随时联网获取，必然会存在数据泄露的可能。再加上教育部门在技术研发和管理上相对落后于行业平均水平，教育数据隐私保护的现状比较堪忧。目前，已经有不法分子利用这些信息和学生缺乏社会经验的弱点来实施诈骗，造成了非常恶劣的社会影响。因此，智慧高校在学生管理信息治理中应优先保护学生的隐私。

二、智慧高校学生管理治理的启示

（一）明确治理目标

在大数据时代，教育发展战略少不了数据战略部署，数据战略包括发展规划、发展目标等多种内容，是开展智慧高校学生管理治理工作的核心原则。

教育数据治理的目标应该是通过建立"终身一人一号"制度，逐步实现以"人"为单位归集各类高质量的教育数据。这里所说的"人"既可以是教师、学生这样的自然人,也可以是学校法人。只有建立了具有大规模、数据类型齐全的教育数据中心,才能更好地满足大数据分析的需求,从而促进教育管理能够作出正确的决策。

(二)建立治理保障机制

1.建立数据治理的制度规范

数据治理的政策与制度是数据治理各环节功能的理论纲领,从技术、人员、管理、方法等多个角度进行指导,同时对数据治理流程加以规范,从而使其能够有序开展。在政策与制度的制定方面,要与国家总的发展方针及战略目标相符,同时与根据高校情况制定适合自身阶段性或长远发展的办法结合起来。高等教育学生管理的参考政策和制度包括以下两点:

第一,基于人员管理方面:制定《数据管理组织的角色权责指导原则及方法》《数据人员考核评估办法》等;

第二,基于技术方法方面:制定《某某学校数据管理办法》《数据管理信息标准规范》《元数据质量标准及评估指标》《数据质量管理办法》《数据安全分类分级管理规范》《数据资产价值评估指标》《数据服务管理机制与管控流程》《数据质量服务能力评价办法》等。

2.建立专门的数据治理的组织架构

组织和人员是落实数据管理责任制和数据治理持续发展的关键。学校网络安全与信息化领导小组下可成立数据治理工作组,其任务包括:①全校范围数据资源的统一规划;②学校数据信息标准、编码标准、技术规范、管理规范的制定和完善;③为学校数据整合、共享、深度分析和综合应用提供服务保障;④为学校各部门的信息化管理工作提供指导和业务支持。

此外,教务、技术、人力资源、学生工作、研究生、财务和资产等多个业务职能部门与学院都会涉及数据相关的工作项目。在这种情况下,我们需要对各项数据的控制人加以确定,成立协作机制,从而促进各个业务系统进行数据的共享,推动各部门数据采集和质量负责制,从而实现数据信息的生产、交换、使用、共享等全过程的质量管控,以促进智慧高校学生管理治理工作的顺利进行。

（三）制定统一的治理标准

数据标准体系的建设是教育信息化建设过程中的重要一环，它能够有效支撑和保障数据信息的应用。数据治理委员会应从教育业务实际需求出发，组织制定各项标准，包括技术标准、业务标准、管理标准、数据质量标准等多个层面。其中建立教育数据标准可以参考以下三个思路：

第一，以学校实际情况为主要出发点，审视学校现有学生管理系统，运用系统分析方法做好高层次设计。标准的制定既要满足上级部门的管理和统计需要，又要服务于校内外的信息交流与共享服务。

第二，研究现有的教育行业标准，以 CELTS 中的教育管理信息标准为主要参考，分析其制定规则、编码规则、数据字典，使其适应我国教育管理信息结构的总体情况。

第三，在制定新的数据标准时，应尽量按照实际约定，与习惯保持一致，最大限度地将学校现有的资源利用起来。

图 4-4 是高校学生管理及管理标准的体系架构，从信息全生命周期的角度展示了其治理标准规范阶段和流程，旨在实现信息共享、开放和各类深度应用，具有一定的参考价值。

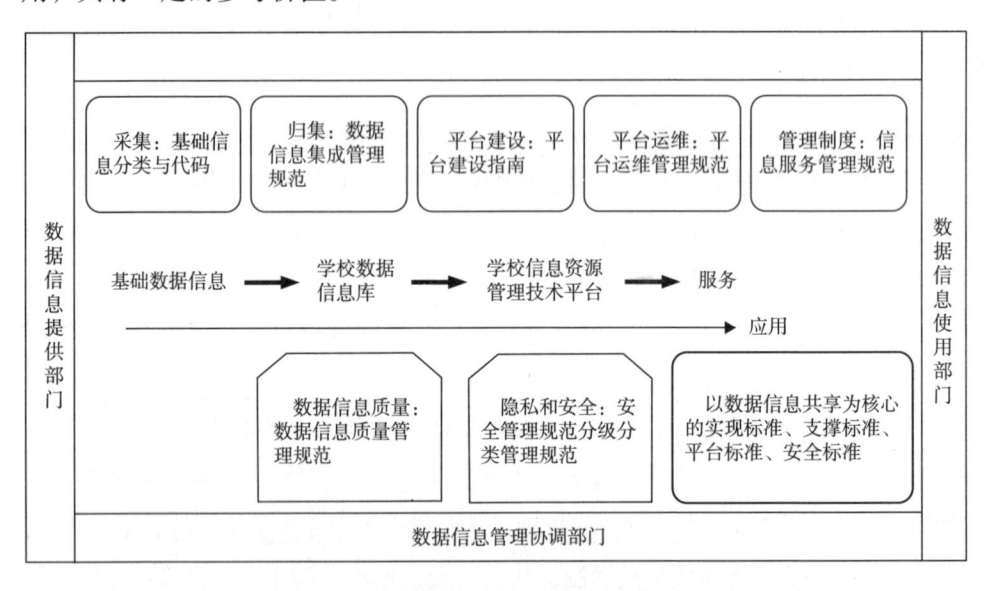

图4-4 高校学生管理治理标准体系架构

（四）推进数据信息共享

教育数据复杂且碎片化，分散在不同部门，不仅会造成软件、硬件资源浪费，还容易导致无法实现多维度信息互通。做好数据共享与整合，打通教育部门数据整合的主渠道，统筹多维数据并集中分析处理，提高教育资源的利用率，这是实现数据治理体系和治理能力现代化的必经之路。教育主管部门应通过教育信息的交换和整合，建立对教育信息的共同控制。各学校还可以利用它获得区域教育发展水平的各种基准，作为组织教学的参考。教育信息共享是多层次、多维度的，既包括教育系统内部的共享，也包括外部信息的公开。

阻碍部门间信息共享的障碍，除了技术和业务层面的不匹配因素外，更多的是组织结构、部门之间的关系、部门之间的利益等方面，如缺乏激励、抗拒变革、支持信任缺乏、利益冲突等。针对这些问题，我们可以通过进一步明确数据提供部门、数据使用部门、数据管理协调部门和数据技术管理部门的数据使用和管理职责，划清各部门管理边界，避免教育数据共享中的部门发生利益冲突，并进一步规范不同部门的管理人员或技术人员履行职责，从而实现安全事件责任追究。从信息共享与交流需求、供给、技术及协调管理4个方面确定各部门责任，既便于明确部门利益，实现部门任务，也简化了共享交换过程中的环节，便于数据共享流程化管理。

（五）搭建数据信息一体化平台

数据治理工作的落实依赖于信息技术平台。教育部门信息管理治理平台的建立，应立足于现有信息系统，应用业界先进的技术和经验，从提供应用功能开始，以数据信息结构为基础，加强数据库设计，建立核心数据中心，搭建数据质量控制平台，落实数据安全保障工作。数据治理平台应能与各部门自有数据平台直接对接，直接汇总各部门初始数据；应该把分散的数据收集起来，形成数据资源，并利用分析软件深度挖掘；它还应该包括分析及决策管理功能，根据数据分析的结果来支持决策，并通过长期的数据分析来帮助评估教育管理现状。

第三节 智慧高校学生管理风险管理和法律政策

一、智慧高校学生管理风险管理

教育大数据是大数据的一个子集。目前,关于大数据安全风险的讨论非常激烈,已经形成了比较成熟的分析框架,这一框架也适用于教育领域学生管理的安全风险分析。但是,教育领域学生管理的安全风险分析有其自身的特点,随着教育大数据的开发和应用,数据安全的风险机制也随之发生了一定变化。而且,围绕大数据在教育领域的应用,不同利益相关者之间的竞争与合作关系(如在知识产权、开放共享等方面的各方利益博弈)也是教育大数据安全风险领域关注的焦点。

(一)数据信息安全风险概述

大数据概念的起源可以追溯到20世纪40年代。当时,图书情报学界、自然科学界、计算机学界、统计学界对"信息爆炸"现象讨论较多。

20世纪70年代,随着计算机技术的不断革新,大部分信息都以数字形式进行存储和处理,海量数据成为当时的热点问题之一,对海量数据处理和分析的研究也随之升温。

20世纪90年代以来,大数据作为相关术语出现在学术文章中,底层理论取得重大进展,相关技术不断创新。进入21世纪初,大数据的价值逐渐被业界发现。目前,大数据创新的重点已从理论创新和技术创新转向应用创新,应用创新的实施应结合具体行业的需求特点,特别是零售、金融、医疗、教育等。大量数据的出现不得不让人们花费巨大成本来解决大数据问题,而对大数据的开发利用又会在这些行业领域中创造出新的市场需求和新的商业模式,从而推动行业自身的转型与发展。

当我们期待大数据的创新时,需要注意的是,随着数据信息的规模、种类和速度的增加,安全和隐私问题也会随之变得更加严重。大数据的各种特性，如基于大规模云基础设施部署、数据源和格式的多样性、数据采集采用流媒体方式以及大量的数据跨地域流动都会造成安全漏洞。因此，大量数据的可用性带来了新的安全挑战。

目前，大数据应用的开放创新，导致海量数据获取的渠道和方式发生了根本性变化。最初，海量数据只有政府、大型企业、重要科研院所等机构才有，这些机构能够负担得起存储和处理这些海量数据的基础设施，而且这些基础设施通常是排他性的、孤立的，是与公共网络隔离开来的。

如今，大中小型教育组织部门都可以通过公有云基础架构随时随地轻松访问大数据。因此，大数据和公共云环境的结合带来了新的安全挑战，其特征在于商用硬件与商用操作系统的异构组合，以及用于存储和计算数据的商用软件的基础架构。随着大数据通过流媒体云技术的扩展，为防火墙和半隔离网络上的小规模静态数据量身定制的传统安全机制已不能满足需求。例如，异常检测分析会产生太多异常值。同样，目前尚不清楚如何改造现有的云基础架构，以满足流数据超快响应时间的安全需要和隐私解决方案。

2013年，云安全联盟提出了十大数据安全和隐私挑战，涵盖大数据生态的四个方面：基础设施安全、个人数据隐私、数据管理以及数据完整性和安全响应，如图4-5所示。

基础设施安全
①分布式编程框架
②非关系型数据信息存储

个人数据隐私
③可扩展和可组合的隐私保护分析
④数据信息加密
⑤细粒度访问控制

数据管理
⑥确保数据信息存储和事务日志的安全
⑦细粒度审计
⑧数据信息溯源

数据完整性和安全响应
⑨终端输入验证/过滤
⑩安全/合规性实时监控

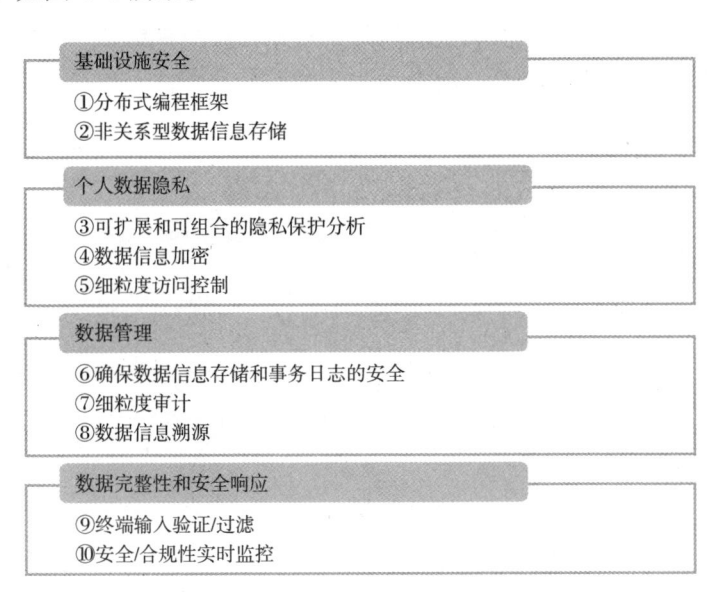

图4-5　数据信息安全风险

在基础设施安全中，涉及分布式编程框架和非关系型数据存储的安全保护。在个人数据隐私层面，包括可扩展和可组合的隐私保护分析，并且必须通过使用加密和细粒度访问控制来保护。大规模数据管理需要可扩展的分布式解决方案，以确保数据存储和事务日志的安全，并实现细粒度审计和数据溯源。在数据完整性和安全响应方面，包括终端输入验证/过滤和安全/合规性实时监控，用来确保大数据系统的健康。此外，大数据风险不仅涉及技术问题，还涉及伦理和制度问题。随着信息的不断流动、新信息的产生和信息结构的重新设计，原来涉及一种类型的风险也可能会涉及多种类型的风险或者是转为其他类型的风险。

（二）数据信息风险问题

教育大数据是教育领域数据的"大爆炸"，教育大数据的风险也随之而来。同样地，参照云安全联盟提出的模型，教育大数据风险包括基础设施安全、个人隐私安全、教育数据管理以及教育数据完整性和安全响应等。结合教育领域的具体情况，其风险管理的教育对象是信息风险，风险管理的主体是公共教育部门、学校、企业和学生，主要风险问题包括行政数据和过程数据两种数据集合的风险；数据在采集、存储、开发、共享和使用中的风险；数据在政府教育部门、学校、企业和学生之间流动中的风险；数据在各利益相关方行使权利和承担责任中的风险。教育大数据的流动如图4-6所示。

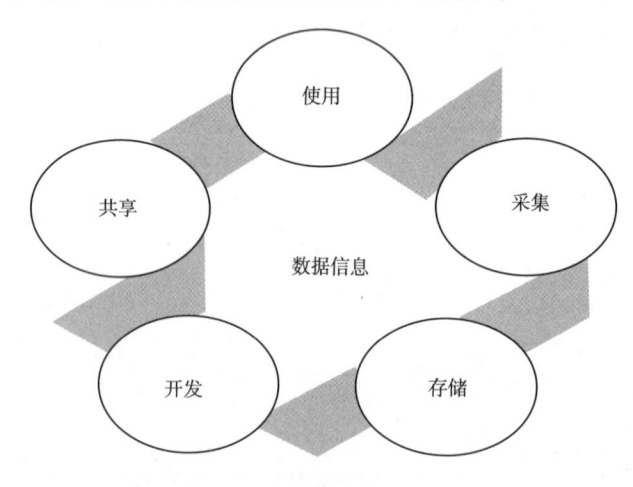

图4-6　数据信息的流动

美国国家教育科学院将教育大数据分为行政数据和学习过程数据两类。行政数据是通过学校、政府机构及其承包商收集的人口统计、行为和结果数据。行政数据可能包括学生出勤记录、测验分数、成绩单和调研问卷。学习过程数据是"大数据",因为数据来自很多学生,并且每个学生都包含大量的变量,所以该类数据是连续或接近连续的细粒度记录,通常是展现学生学习过程行为的数字化交互。学习过程数据的典型例子是从在线评估和课程中收集的数据,如大规模开放在线课程。

这两个数据集在教育大数据的开发和应用中发挥了各自的优势,但同时也带来了隐私问题。国家纵向数据系统可以跟踪学生从幼儿园到大学和工作的数据;学校保存有关个人学习成绩、行为和教育需求的详细数据;家长使用互联网教育技术检查学生的作业和成绩;软件开发人员和研究人员收集分析数据,用于教学的应用程序,以帮助做出教育管理决策等。与此同时,教育大数据也正成为公众关注的焦点,人们担心学生信息最终落入危险人物之手或被用于犯罪(行为问题或考试成绩)会限制学生的未来。特别是在行政数据与学习过程数据融合形成的潜在价值被发现后,其风险就会变得更加不确定。

(三)数据信息的风险机理

教育大数据包括公共教育部门、学校、机构、学生以及参与数据流动过程的每一个人,如教师、家长等。这些主体都是教育大数据的利益相关者,但各自对教育大数据的关注点不同,从而形成了不同利益相关者之间的风险,主要包括以下三个方面。

1. 学校—学生风险

学校对学生的风险产生于学习状态数据的处理,主要来自学生访问学校指定的系统平台以及在线作业、小测验,以及来自学生生成的内容等,如完成网上作业、测验等或在论坛上发布帖子。比较典型的学习信息运营平台是课程管理系统(CMS),旨在为学生提供一个完全数字化的互联学习环境。CMS的最大特点是学校或老师可以看到学生所做的一切,并让他们专注于任务,对学生进行管理。CMS功能包括监控每个学生的屏幕、检查学生的学习活动(如他们是否活跃或不活跃)、过滤对网站的访问、单独启动程序等。CMS为学校整合了相关信息：学生在系统上的活动都留下"电子线索"，有时间戳且易于审查，这些内容可以由学校保留并分析，与传统的练习册等物理档案或书面作业有很大区别。

随着科技的进步，学校除可以得到"电子线索"之外，还可以用摄像头捕捉学生的面部表情和身体姿势，监测学生的心率、血压等。他们使用各种新技术，如使用传感器收集生理指标，利用学生们手机上的应用程序来跟踪他们的社交、休闲、运动和睡眠时间。因此，学校对学生的管理风险可能存在于教育科技领域之内或之外。在教育技术中，教学状态数据通常与学校行政数据相结合，但其范围和深度远大于传统数据。"电子线索"和新技术可以提供比传统观测更细粒度的动态信息。脱离教育技术圈的例子是学生在第三方社交媒体上（如推特、脸书、微博、人人网）完成部分作业或在第三方社交媒体上发布作业，这些数据通常用于小规模的信息分析，教师有时会用它们来布置作业或给学生评分。这类情况是在传统学校学习之外的数据存储和使用，使得数据的安全性和不确定性上升，风险变得难以控制。

2. 政府—学校/学生风险

政府—学校/学生风险决策、管理和研究需求的数据分析。以前，学生的成绩、出勤率、学生对教师的反馈、教师的评价都是手工记录在纸质文件中，而现在几乎都是电子化的，通常称为学校管理系统（SMS）。该系统将数据从教室扩展到整个学校，以及由使用同一系统的州教育部门管理的学校设施组。系统数据包括行政数据（如课程活动安排、教育资源分配、教师和学生群体报告）、财务数据、物流数据（如设备、教材等的存储、规划和运输等）、出勤信息和学生简历（包括家长、监护人等联系方式）、健康信息（如免疫状态、禁忌症）、课程管理信息（如作业信息、学习评估跟踪、学生反馈）、通信信息（公告板、电子邮件、紧急情况预警）、分析报告（数据可视化和从学生到学校的各级定期报告）。

此外，这种风险还来自教育督导的数据分析上。这些数据分析是基于班级、学校、地区甚至国家（如国际学生比例、国际学生评估计划 PISA 测试成绩）而不是个人层面。这就是大数据在其他领域出现的现象：为新用途重新设计数据，但从一开始就没有明确的目的，如学校运营数据可以转化为国家档案,并构成国家的基础教育档案的基础,而且会从平台中删除并永久存档,永远不会被删除。目前,在一些欧洲国家,早教数据不仅用于统计目的,还用于跟踪学生。上述数据的可用性不断提高表明,它们将越来越多地用于教育监管,因为在大数据环境下,产生这些数据无须额外的收集成本和工作量。这种开放性和重复使用常常被支持者誉为大数据的潜力,但是他们也与传统的数据收集和数据保护原则不一致,并构成新的威胁。

3. 企业—学校/学生风险

在教育大数据的复杂环境下,企业—学校/学生之间的风险问题尤为突出。这里的企业主要指教育技术服务的第三方厂商。随着教育信息化的逐步扩大和深入,越来越多的企业参与到教育数据的采集、存储、开发、共享和使用中,企业与学校/学生之间的隐私问题处理也出现了新的风险。国外一项研究初步调查了一些提供教育技术服务的企业网站,其结果显示企业主要向学校和学生营销其产品,强调技术和数据驱动教育的好处,但在宣传材料中很少突出隐私问题,企业的隐私声明通常也需要进行多次鼠标点击后才能找到。虽然一些企业的隐私声明包含了众多隐私协议,如美国欧盟安全港框架等,但这并不能保证企业在处理隐私问题上的合规性。2014年,美国政治新闻网站 Politico 调查发现,提供教育技术服务的企业在描述自己的政策和实践时,特别用了模糊的法律术语,如"保留随时更改政策的权利",而且一旦该创业型的企业被出售,则会受到全新隐私问题的挑战。

企业似乎还没有准备好处理隐私问题,很少有企业将个人隐私和安全性作为其产品的可销售组件,或者提出相关解决方案,使学校、教师、家长和学生能够更容易地使用数据使用权和所有权来做出明智的决定。因此,企业和学校/学生之间的风险相较于前两者来说,它所面临的形势似乎更为严峻。

(四)数据信息的风险特点

早在2011年,全球知名咨询机构麦肯锡就在其2011年的《大数据:创新、竞争力和生产力的下一个前沿》中预测大数据可以提高教育服务的效率。大数据应用于教育的价值在于理解并最终改善教与学,但由此产生的风险却鲜为人知,应用与风险之间存在不可避免的冲突。例如,为确保个人数据不泄露,可能会在个人数据聚合后对数据进行去标识化处理、去除个人标识、删除群组内容等。但即使这样做了,也可以使用数据点的独特组合或与其他数据的组合来识别个人。如果原始数据没有严格按照隐私要求进行"脱敏",对于那些需要使用数据进行分析和挖掘的人而言,这些"脱敏"数据通常无法展示原始数据的确切结果或讨论其结果背景。此外,将行政数据与学习过程数据联系起来的研究不能使用"非敏感"数据,从而失去了教育大数据应有的分析价值。教育大数据的好处和风险逐渐显现。一方面,要鼓励教育大数据开放利用,创造价值;另一方面,教育大数据需要保护免受安全威胁。根据美国教育科学院的说法:大教育数据的分析和研究带来的额外隐私风险超过了数据的收集和使用,这并不是说将大数据应用于教育的风险很小,即使风险很小,也没有迹象表明教育大数据研究人员不应该承担保护大数据隐私的道德责任。尽管争议不断,但教育大数据的隐私风险不容混淆。

有两个案例可以说明教育大数据风险的特征,尤其是隐私风险。一个是数据系统性披露与个人伤害的案例,反映了教育大数据开放利用与个人安全之间的风险关系;另一个是个人信息去标识的案例,以此表明大数据环境下个人信息隐私保护的特征。

1. 数据系统性披露与个人伤害——盖登案

盖登[1]是明尼苏达州一所公立学校的七年级学生,他的同学在学校停车场的垃圾桶旁发现了他的学校记录,该便条包含有关盖登的教育和家庭情况的信息,以及对他的智力和能力的描述。从那以后,盖登在学校经常受到同学的歧视和欺负。最终,陪审团裁定学区违反了明尼苏达州政府数据实践法,该法要求学区为所有包含个人信息的记录建立适当的保护措施。盖登描述了解密记录最明显的后果之一:他人使用这些记录直接伤害个人。此案例解决了学生和家长对未经授权使用其教育信息的担忧。记录案例的五个特征对于区分混淆问题的可能性很重要。

第一,教育大数据风险与大数据是否在教育中公开或使用无关。在该案例中,数据是学生的教育记录,这些记录既不公开也不用于分析数据挖掘的计划教育目的,这种区分有助于澄清教育大数据的风险与其开发和使用无关。隐

---

[1] 卢保娣:《大数据时代高校教育管理及其信息化建设》,长春,吉林大学出版社,2021。

私立法或政策解决方案不应适用于教育大数据的利用，除非教育大数据的泄露本身会构成额外的威胁。如果存在漏洞以外的威胁，则这些威胁必须通过其他解决方案。需要明确的是，确保学生数据安全是重中之重，国家政策也为数据安全制定了保障措施。

第二，教育大数据风险与数据载体无关。本案仅涉及行政文件，不涉及电子数字记录。这种区别有助于澄清与教育相关的大数据风险不仅仅是数字数据，而是一般的教育记录。数字数据存储往往是海量和密集的，其可访问性、规模和可搜索性使其既是教育大数据应用的诱因，也是重大的安全风险，但盖登的工作明确表明，纸质数据不会被泄露或者公开。

第三，教育大数据的风险会造成直接、明显的危害。在美国的另一个案例中，牙医可能使用学生信息对符合医疗补助资格的低收入学生进行不必要的牙科手术。在这种情况下，解决方案是建议从医疗补助名单中删除一些牙科诊所。由于不必要的牙科手术会对儿童造成严重后果，因此根据美国法律可以采取这些行动，但任何涉及利用学生数据的行为都是推测性的。这种差异有助于澄清与教育相关的大信息风险问题是否与以前的伤害情况有关。然而，很难将大规模数据泄露与多年后的身份盗窃直接联系起来，但不能将其混淆为没有结果。

第四，教育大数据的风险可能是故意的。在盖登的案例中，数据泄露是故意的，敏感文件不小心被扔进了垃圾桶，导致对该地区提起民事诉讼，而不是针对黑客或举报人的刑事诉讼。美国非营利性隐私权信息交换所维护着一个数据库，其中包含根据美国大多数州的法律报告的数据泄露威胁。数据显示，自2005年以来，涉及上万条记录的教育数据泄露事件包括笔记本电脑放错地方、闪存驱动器丢失、黑客、恶意软件和意外泄漏。在意外泄露中，大部分是行政数据泄露，少数是学习过程数据泄露。没有大规模干预恶意行为事件的报道，一些恶意行为似乎只是为了获取学生成绩数据。具有财务价值的信息，例如社会安全号码，显然与行政数据的故意拦截有关。

第五，教育大数据风险管理与司法管辖权相关。在盖登案中，数据泄露违反了美国州法律，而不是联邦家庭教育权利和隐私法案（FERPA）。FERPA是根据美国国会的预算制定的，其权力来自联邦政府扣留资金的能力，适用于系统性而非个人侵犯学生隐私的行为，在盖登案中将个人数据泄露的后果留给州法律处理。

2.个人信息去标识——哈佛—麻省理工去标识数据集

2014年,哈佛大学和麻省理工学院联合发表了一份报告,描述了新兴在线学习环境MOOC的发展趋势。该报告涵盖了参与者的人口统计数据,并确定了与不同类型的记录器及其异步交互相关的新技术和变量。报告发布后,研究团队还发布了一个公共数据集,其中包含一些用于生成描述性统计数据的变量。该数据库是一个公开可用的参与级MOOC数据集。研究团队成员随后证明,公开发布数据所需的去标识化过程增加了统计推断的难度,并防止直接复制和扩展原始报告的结果。研究团队描述了使数据可用于广泛复制与保护数据库中个人身份之间的紧张关系。研究小组在确保其中不包含任何个人身份信息后,发布了"哈佛—麻省理工去标识数据集",特别强调了对于单独或组合连接或可连接到特定人的其他信息的个人身份信息保护。例如,一些个人信息可能看起来很模糊,如邮政编码、出生日期和性别,但是一旦将它们结合起来,就可以识别出这个人。

因此,教育大数据风险在于定义个人数据识别策略。例如,数据预处理可以通过将数据四舍五入到更粗略的级别和类别,直到不存在唯一的值组合来降低重新识别的可能性。这些技术隐私解决方案在向公众开放数据方面具有巨大价值,与点击隐私协议相比,这既不鼓励也不强制执行。这些去识别化策略的动机是对FERPA规定的极端解释,即数据不能被"学校社区中合理的人"重新识别,其中合理人员是精通在线抓取大量数据并协同努力重新识别的人。但是,如果数据的接受者没有受到相关协议的约束,或在他们破坏、发布或重新识别数据时没有相关的民事和刑事法律处罚,在这样的情况下,这些技术隐私解决方案似乎也并不能保证数据的安全性。另一种方法是通过更直接的数据预处理来实现去标识化,在数据发布和传输之前,将姓名和社会保险号等敏感标识符替换为其他唯一标识符,然后用备忘录的形式来描述如何管理存储和使用这些数据。

(1)FERPA对个人身份信息的内容涵盖。包括但不限于:学生姓名;学生父母或其他家庭成员的姓名;学生或学生家庭住址;学生的个人身份证号码等;其他间接标识符,例如学生的出生日期、出生地点和母亲的娘家姓;其他信息,无论是单独的还是组合的,与特定学生有关或可归因于特定学生,这些信息可以使学校社区中不了解相关情况的人员合理确定地识别学生;教育机构或机构有理由相信它知道教育记录与学生身份相关的人所要求的信息。"记录"是指以任何方式记录的任何信息，包括手稿、印刷品、计算机载体、录像带或录音带、胶片、缩微胶卷等。

（2）FERPA 的例外情况。教育机构或学校，根据本部分从教育记录中接收教育记录或信息的一方有权在删除所有个人身份信息后发布记录或信息，无须家长或学生的书面同意。发布记录或信息，前提是该教育机构或其他方已合理地确定学生的身份不是通过单个或多个版本识别个人身份，并考虑到其他合理可用的信息。

（五）数据信息重点风险领域

结合教育大数据的风险问题、机理和特点，可以归纳出几个重点风险领域，主要包括个人隐私保护、数据所有权和使用权、数据被遗忘权等。

1. 个人隐私保护

从传统意义上讲，可以将隐私分成三种类型：一是物理隐私，即保护个人空间不受侵犯，包括财产、身体、行为不被刺探和侵犯，很多国家都有隐私法来防止非法搜查和夺取生命财产；二是数据信息隐私，指以数字或其他形式收集、存储和共享的个人数据的合理使用，许多国家也有关于金融、医疗和网络数据隐私的相关法律；三是组织保密，即政府机构、组织、企业都希望各种活动和秘密不被泄露，如企业必须保护商业秘密，政府可以选择不公开安全政策以防止恐怖袭击。根据各种资料，人们将大数据隐私也分成了三种类型：第一种是监视带来的隐私，即通过技术手段收集跟踪个人信息；第二种是披露带来的隐私，即无意或故意向第三方透露数据；第三种是歧视带来的隐私，即由于信息不透明的歧视而产生的隐私泄露。

在教育领域，学生数据被广泛收集和汇总，这引发了对保护个人隐私的合理担忧。2014 年，美国教育非营利组织 inBloom 在成立后不到 15 个月就因隐私问题被迫关闭。为了提供个性化服务，该机构收集学生考试成绩、班级纪律、健康和家庭状况等，包括学生数据的方方面面，并且该机构与其他公司共享这些数据。这种收集、使用和分享个人信息的方式遭到了家长和隐私保护组织的强烈反对，最终在舆论的强烈抗议和舆论压力下，该公司不得不道歉并关门大吉。中国也有学生个人信息被黑客窃取的案例。2016年，山东一名女学生因个人信息泄露被电信诈骗后，出现悲伤、焦虑、抑郁等负面精神心理因素，后因心源性休克死亡。

一些新的学习平台涉及了对学生社交习惯、注意力等的监控，也引起社会上的争论。2015年，国际非营利性数字版权和法律组织电子前沿基金会（EFF）向美国联邦贸易委员会递交了调查谷歌普及教育服务"G教育应用"的请愿书。EFF指控谷歌的服务违反了其限制使用学生数据的义务，侵犯了学生的隐私权，其投诉主要集中在谷歌Chrome浏览器的账户同步上，该浏览器可以存储用户的历史数据，如作为企业服务器上的浏览、搜索和收藏。EFF称，谷歌将学生的浏览历史等信息用于教育以外的目的。对此，中国直播平台的兴起也影响了对学生个人隐私的保护。2017年3月，国内某知名直播平台被曝出存在大量全国各地学校教室直播，该新闻一经爆出，更是将学生网络隐私保护推向了舆论的风口浪尖。该直播平台覆盖面广、课程多、信息丰富、观看量大，且存在少数教师从中获取利益的嫌疑。该事件引起了法律界、教育界专家学者的关注，也引起了包括中央电视台在内的各大媒体的持续报道。事件曝光后，公司道歉并宣布永久关闭相关直播平台。

此外，由于移动设备的广泛使用，教育数据收集变得越来越"贴心"。虽然教室已经是公共场所，但手机上的教育应用程序可以轻松地在高度私密的环境（如家中）中收集数据。山东女学生的遭遇是移动设备个人数据泄露，损害人身财产和人身安全的极端案例。学校和国家教育部门的信息化建设也会导致一些数据流入网络空间，这些数据很可能成为大数据环境下的敏感数据，对国家安全构成极高风险。

2. 数据所有权和使用权

在大数据安全风险领域，数据权属问题一直备受关注，科技发展形成的大数据，在为人们进行价值创造的同时，也为人们的隐私带来了不小的挑战。特别是在云计算技术以及物联网技术比较成熟的情况下，既可以对大数据进行随时随地地采集，也可以进行跨区域的存储，使大数据可以在网络空间自由传播。此外，数据无处不在，不同类型数据融合，不同行业数据融合，政企个人数据共享，数据管理难度极大。此外，数据一旦被竞争对手盗用，很可能会损害自身的安全和利益。因此，利益相关者对信息权产生争议，信息权确权问题进入人们的视野。当前，有效的数据控制和使用权保护构成了数据权利问题的基础。

现如今，课程管理系统和学校管理系统越来越多地将大数据存储在学校物理边界之外。尽管这些系统具有直观易用的人机界面，如清晰的菜单和有效的用户培训，但其软件设计和硬件配置相当复杂。学校和教师可能更专注于实现教学功能，而不了解基本的数据存储和安全功能。此外，学校还可能使用第三方云服务来存储学生的相关信息，由于存储在云端的信息已经超出了学校的有效控制和使用范围，甚至超出了学校的管辖范围，因此会带来隐私风险。

还有一种情况是学校允许或指导学生"自带设备"，这就带来了数据管理和使用方面的安全问题。虽然学校的自带设备可以节省硬件采购，但在没有监督的情况下增加系统负载将会增加未知的安全风险。例如，自带设备使用不同或没有安全软件，这将增加防火墙、软件许可证和技术支持等网络基础设施的负担。此外，自带设备可能也会造成包容性问题，因为并非所有学生都可以选择携带自己的设备。

3. 数据被遗忘权

全球畅销书《大数据时代》的作者 Viktor Mayer Schonberger 早在 2011 年就出版了另一本著作《删除：大数据取舍之道》，描述了互联网时代记忆常态化的隐私，以及常态化后会带来的影响。在书中，作者提出了"数字记忆发展的四大驱动力"：数字化、廉价的存储器、易于提取、全球性覆盖。其中的易于提取性使得个体在时间向度上留下的数据痕迹都将永久保留。2013 年 4 月，英国《卫报》问"我可以删帖吗？"一篇关于该主题的有争议的文章描述了围绕"被遗忘权"的欧洲网络数据保护运动。2014 年 5 月，欧盟法院通过冈萨雷斯诉谷歌案，个人可以要求谷歌这样的搜索引擎运营商删除涉及其个人信息的网络链接，正式以判例的形式确立了"被遗忘权"。

由于各种原因和目的，关于个人的历史纵向数据的收集和存储也发生在教育大数据中。例如，可以存储学生在学习过程中的行为和想法、检索作业结果、分析学习状态、设定和共享学习目标、展示学习成果并提供反馈的现代学生电子档案越来越普遍，似乎越来越详细的记录将跟随学生的一生。许多机构已经开始从幼儿教育中收集大量数据，这种教育大数据比传统的证书和学生档案信息量更大，这样做的好处是非常方便，如所有的个人证件都可以随时查询和调取，在电子环境下很容易为学习成果添加信息。而这样做也与大数据分析环境中数据的丰富程度有关，一般认为在较长时间内收集的数据越多，分析结果就越好，这很容易导致长期监控。教育预测和决策的改进将来自更多的数据，这将导致更详细的个人终身数据档案。同时，通过各种方式收集的数据也形成了教师和其他参与学习过程的终身详细数据档案，这些数据集的历史纵向性质提出了超出其详细程度的挑战。

在当前的学校系统中，学校和教师可以自行决定学生记录的内容。相对薄弱的画像内容仍然存在，即便如此也扼杀了许多个人的人生计划，如根据画像将学生分为不同的层次，根据学生当前的实际学习水平实施不同的教育。但是，目前的学校制度内部还有很多"被遗忘"的机制，如转学、升学以后，有些记录将不会跟随学生的个人档案，这使得学生得到了一个相对新的开始。因此，教育大数据为个人提供了详细的终身学习档案，可能会剥夺因"遗忘"而产生的自由。

4. 其他风险

大数据带来的安全威胁不可预测且瞬息万变。例如，防病毒软件必须不断更新其数据库以杀死新的计算机病毒；某些电子设备的最新安全更新需要一些时间才能可用，但这些更新通常只能解决现有问题。

除了硬件和软件风险，教育大数据还使教育工作者面临知识和能力不对称的风险，通常是缺乏IT专业知识和技能，包括学校管理人员、教师和支持人员。例如，网络罪犯有时会使用电话、电子邮件等方式进行攻击。2016年年底，英国一些学校的校长和管理人员接到骗子的联系，声称受教育部指示，通知他们将发送重要的电子邮件，电子邮件的附件包含勒索软件病毒，下载后会加密本地文件并要求支付高达8 000英镑的费用才能恢复该文件。由此可见，在使用大数据分析时，由于教师不是数据处理方面的专家，就容易进一步增加不理解某些方法及其问题的风险。

二、智慧高校学生管理法律政策

（一）国内高校学生管理政策与风险防控实践

中国没有类似美国、欧盟成员国家和亚洲其他国家这样的个人数据保护法。

尽管缺乏法律支持，但中国目前有多项法规来保护个人数据。2012年，全国人民代表大会常委会通过《关于加强网络信息保护的决定》，要求企业特别是互联网服务提供商在十条原则下保护中国公民、法人和其他组织的个人信息合法权益。该决定发布后，我国逐步形成了分散的部门性个人信息保护立法体系。国务院各部委，如工业和信息化部、国家工商总局和中国人民银行等，在过去的几年中，他们在其行政权限内发布了个人保护法规，包括《电信和互联网用户个人信息保护规定》《消费者权益保护法》（第十四条、第二十九条、第五十条、第五十六条）、《人口健康信息管理办法（试行）》《征信业管理条例》等。在某些情况下，这些规则之间存在一些重叠。在没有统一的法律定义的情况下，"个人信息"是根据各个特定行业的规则来定义的，一般是指关于个人的可以用来识别个人身份的信息，或者与其他信息结合使用的信息。所有这些规章制度都为个人数据的处理确立了一些基本原则，例如，个人数据的收集必须遵循合法、方便和必要的原则，并且必须征得相关人员的同意。由全国人大常委会2016年11月7日发布，自2017年6月1日起施行的《中华人民共和国网络安全法》具有里程碑意义，补充了若干个人信息保护条款。例如，如果个人的隐私权受到侵犯，个人可以提起民事诉讼，根据法律法规寻求救济。又如，出售个人信息或非法获取个人信息可能构成刑事犯罪。

中国分散化的个人信息保护制度也体现在教育领域，特别是在教育大数据发展环境中，关注教育数据的安全和风险防范，成了政府教育部门的重要事项。2016年6月，教育部印发《教育信息化"十三五"规划》，明确提出网络安全与信息化协同发展。2018年1月，教育部办公厅印发《教育部机关及直属事业单位教育数据管理办法》。文件对教育部及直属单位教育信息化管理工作提出了具体要求，规范了各类教育信息的管理、交互、共享和公开，以及信息安全。在数据采集与存储、数据共享、数据开放、教育与政务信息资源目录、数据资源共享、开放平台、数据安全管理等方面，制定了详细的规定，但没有具体的个人信息保护措施。2018年4月，教育部发布《教育信息化2.0行动计划》，其中包括了网络安全和隐私保护。2018年11月，教育部等六部门印发《关于做好家庭经济困难学生认定工作的指导意见》，指出学校要在适当范围内适当列出身份名单和成绩，并公告和严禁在保密期间涉及学生的个人机密信息。

此外，各地教育部门也纷纷出台配套政策：2016年1月，安徽省教育厅印发《安徽省教育数据管理办法（暂行）》；2017年3月，山西省教育厅发布《山西省教育数据管理办法》；2018年9月，上海市教委印发《上海市教育信息化2.0行动计划（2018—2022）》；2018年11月，宁夏回族自治区印发《宁夏回族自治区"互联网+教育"示范区建设规划（2018—2022年）》；2018年12月，湖南省发布了《湖南省"互联网+教育"行动计划（2019—2022年）》。可见，我国政府已经意识到了防控教育大数据风险的重要性。

但是，与发达国家相比，我国在大数据环境下保护个人数据或隐私的立法还没有进入正式的立法程序，政府各部门的下放政策也只是原则和誓言，并没有对实践产生直接影响。尤其是在教育领域，虽然近年来教育信息化政策对教育大数据的发展起到了很大的促进作用，但这些政策并未对个人数据的使用和保护做出明确的规定。

（二）法律政策体系建设与风险防控对策

如今是世界走向数字化、进入大数据时代的关键时刻。一方面，各国政府将大数据的开放使用视为大数据的战略构想之一，且大多聚焦于公共领域；另一方面，发达国家又将个人数据和隐私保护作为大数据开放的一个重要议题，通过立法实践来协调开放与保护之间的平衡。而教育数据的发展又与教育本身的发展息息相关，在机遇与挑战并存的时代，如何制定适应新形势的法律政策，如何实施有效的风险防控措施防范大数据带来的风险，如何在大数据领域更有效地实施教育管理，是摆在教育决策者面前紧迫而现实的重大问题。

1. 顶层设计

教育大数据风险管理的顶层设计主要涉及法律法规体系建设、技术能力建设、体制机制设计与实施等方面。具体形式包括出台教育大数据管理规定，制定教育大数据技术标准，探索相应的教育大数据风险预案或管理措施。这些顶层设计的根源是解决教育大数据中的关键问题——数据的公开与保护，并将个人隐私放在首位。在顶层设计中应考虑以下两个隐私原则。

第一，如果个人选择保护他们的隐私，则应该需要对数据进行匿名化或模糊化处理。随着越来越多的社交关系和经历成为数据点，个人信息很难保持匿名。现在，新算法可以快速消除寻找有意义信息的高成本。大数据隐私和数据保护法涵盖"个人信息"或"个人身份信息"，即与特定个人直接相关的信息。对于大数据，通过一些搜索和分析，越来越多的未知数据实际上可以指向一个特定的人，相应的个人数据将更难匿名化，大数据使数据重新识别变得非常容易。教育数据通常存储在大型纵向数据集中，从中提取识别变量。这些数据集通常用于从学校到中央和地方的统计报告。它们还可以用于研究，以确定随时间变化的趋势并分析影响学生表现的因素。

第二，每个人都应该得到公平和平等的对待，不应该因为种族、性别、年龄或其他个人特征或他们不知道的因素而受到歧视。大数据使用数学算法和人工智能根据个人信息和其他人的数据集对个人进行预测，这会引发公平性等问题。由于认识到教育环境中平等教育机会的重要性，人们开始关注歧视的细微迹象，但有了大数据，这些小迹象就很难辨别了。在教育方面可能更令人不安的是，大数据有助于创建更精细交叉的类别，这些类别可能会以更加隐秘和更难以辨别的方式区分学生。

2.行业自律

防控教育大数据风险的方式方法有很多，如建立教育大数据分类责任审查机制、建立教育大数据风险评估体系、建立自律监管机构等。教育领域大数据产业组织等，本文主要探讨教育大数据行业自律组织的外部性及相关参考。

国外通过立法鼓励产业治理往往适得其反。因为在推动经济自由发展时，法律通常是一种按照最低标准形成的保障协议，而行业自身在市场竞争中形成的自律机制则是推动发展的主要工具。因此，行业自律应发挥更大作用，保护学生隐私，保护教育机构利益，助力教育行业在大数据环境下的发展。我国教育大数据行业自律发展应借鉴国外以及其他行业自律建设的领先经验，结合自身的特点和实际情况，针对大教育的利益相关方制定具体的、可操作的安全规范，使其成为更方便、更充分、更高效的保障。

建立强大的伙伴关系和计划以实现信息共享。我们必须与利益相关者、政府和私人机构合作，以确保能够以有意义和有用的方式组合数据，通过学习过程数据的管理、共享和交流，可以最好地改进学与教。这些利益相关者应共同确定提供对链接此类数据集所需的个人身份信息的访问权限的方法，以确保数据不被泄露。

3.有效治理

随着教育信息化的不断扩大和深入，学生们经常在电子设备上进行各种信息交流活动，这对传统的教育管理提出了极大的挑战。从学习者的角度看，他们正在与一些软件进行交互，学习者并不知道计算机应用程序背后的复杂算法和编程。在许多情况下，教师、家长、学校管理者以及政府教育部门的决策者也可能不了解这些复杂的软件和基础设施。因此，关于教育技术安全和学生隐私保护的讨论不应仅限于立法的需要，应兼顾各种技术问题，并通过行政手段进行有效管理。例如，制定教育大数据政府豁免清单，制定个人数据使用规则，为全社会教育大数据开发应用提供指导。

在教育管理过程中开放和保护大数据，可以考虑以下五个具体措施：

（1）个人数据的分类。为实现教育大数据开发、利用和保护的均衡发展，根据数据开放和共享的程度，个人隐私数据可分为非公开、部分公开和完全公开三种类型。严格控制非公开信息的使用，保护个人的根本利益；加强对完全开放以及部分开放的数据的进一步利用，从而满足相关利益群体的需求，为更好地进行教育教学改革以及个性化学习的实现营造良好氛围。

（2）限制个人数据的使用目的。当政府、学校或企业共享信息时，他们必须谨慎限制其使用目的。数据使用者在分析数据时，仅将数据用于其预期目的，确保数据不被重复使用或共享，并将数据保持在可管理的范围内。

（3）设定个人数据保存期限。为了对数据二次使用时所造成的风险进行平衡，要依据数据的风险、信息类型以及社会价值对数据存储的时间限制进行设置，而作为使用者，也要承担起对数据安全进行保护的责任以及期限一到对数据进行删除的义务。

（4）个人数据去标识化。虽然大数据环境下完全的个人匿名是非常困难的，个人隐私往往以单独的形式或与相关数据关联暴露，通过匿名来隐藏个人隐私的效果越来越差。如果必须在大数据的价值与隐私保护之间取得平衡，对教育相关大数据的来源进行去标识化处理，使用去标识化数据对于大数据的开发者和用户也具有一定的潜在价值。即使在某些情况下不能获得精确的结果，对于大数据开发利用者来说，采用去标识化后的数据也具有一定的潜在价值。

（5）明确教育大数据开放利用的职责和义务。政府、学校和企业收集学生的个人数据，数据主体具有优先权。数据收集往往以未成年人作为收集对象，他们不仅不能根据自己的意愿选择推出，也没有足够的知识与经验促使其做出同意的表决。可见，对教育大数据而言，数据的所有者有着对数据的绝对控制权，因此，要把隐私保护的中心从数据提供者允许使用向数据使用者要承担相应责任上转移。为此，教育大数据的使用者必须衡量其可能会对个体造成怎样的影响，要对个人数据二次利用所带来的风险进行评估与审慎，从而尽可能减低因泄露个人隐私所带来的危害。

第四节　建立开放的学生管理平台

在高校教育改革强势发展的新形势下，学校开放作为一种新型的实验教学形式，促使高校的实验室得到了突破性发展，可以很好地满足当前所需的高素质创新人才的培养需求，这已然成为我国高校实验室改革的重要内容。创新型人才的培养要走科技创新这一重要道路，在高校的人才培养计划中，对于大学生创新性的研究是其重要内容，搭建开放性的网络信息平台，从而为学生提供信息查询平台，有助于学生了解本地研究，了解外部研究动态，实施项目设计，确保高质量完成新的研究课题。同时，随着高校开放实验室的快速发展，开放管理成为创新型人才培养的需要，要始终本着"教师主导为前提、学生自主管理为主、教师管理为辅"的原则，创建开放式网络信息管理平台。

一、平台的开放

（一）开放时间

采用固定时间开放和预约时间开放相结合的方式：①固定时间开放，即每天固定时间开放（如 14:30～22:30，含节假日、寒暑假）；②如学生要进行课题设计或者是快到期末时学生要对实验课件进行复习，等网络信息平台拥挤的时候，学生可预约上午的时间开放。

（二）开放内容

学生除可以利用网络信息平台进行信息检索、信息设计、信息分析以外，还能在平台上获得相关的理论课课件以及试听课件。对于理论课程，如为学生提供理论讲座课程、中心教师讲授的课程方案、体验式 CAI 课程等。

二、学生的自主开放式管理

（一）建立切实可行的管理制度

学生自主管理网络信息平台先后引入了多项管理任务，并对相关的管理制度进行了不断完善，管理制度有安全卫生管理制度、管理员岗位职责、管理员交接制度、信息平台管理制度等，相关系统包括网络数据发布系统、维修登记系统等。网络数据平台管理员一切都有据可查，保证网络信息管理平台运行平稳。

（二）学生管理员的选拔与任用

1.选拔原则

（1）自愿原则。学生自愿书面报名，不搞学生轮流排班。

（2）不影响学业原则。选拔学习成绩优秀的学生担任网络管理员。一方面，担任网络管理员的职务往往被认为会对成绩不佳的学生造成学习上的影响；另一方面，成绩好的学生可以有更多的空闲时间进行学习，从而与网络、计算机以及行政工作打交道，有助于学生综合素质的提升。

（3）网络及计算机操作能力优秀原则。选择网络管理员等优秀的网络和计算机技术人员对网络数据平台的网络和计算机进行维护和维修，确保网络数据平台的正常运行。

（4）困难生优先原则。在相同情况下，网络管理员的选拔会优先考虑家庭经济困难的学生，为他们提供勤工俭学的岗位。

2.选拔程序：自愿报名—学业成绩筛选—考试—面试—试用

自愿报名：学生通过书面或网络两种方式填写报名表报名。

学业成绩筛选：由教师根据报名者的学习成绩进行筛选，要保证筛选过程不能对成绩不佳的学生造成学业上的影响。

考试：由中心出题考试，考查学生网络及计算机知识与操作技术。

面试：经过考试以后，筛选出5～8名学生进入面试环节，面试内容涉及多个方面，如计算机、网站及网站软件的使用和维护、故障排除等。

试用：从面试学生中选出5～6名学生再次进行考察。考查的内容包括学生的责任心、学生操作计算机的熟练程度等。经过一个月的考察时间以后，再根据学生的表现选出3～5名学生正式参与网络信息平台的管理工作。

（三）学生自主管理模式的优点

第一，选择思想比较活跃的学生作为管理员，有助于网站内容的实时更新，使网站上的内容能够与学生的学习与生活更好地贴合，并且有助于促进学生之间的交流与互动，有助于对网络信息平台的不断改进。

第二，学生自主管理更加便于实行晚上开放制度，延长信息管理平台的开放时间，增加了学生对网络信息平台的访问，提高了网络信息平台的使用率。

第三，对学生实施双重管理，让学生参与到创新研究中，有助于学生利用少量资金实现终身学习，而不增加学生的经济负担。

第五节　提供数据分析支持的学生服务

远程开放教育要求学生要以自主学习为主，所以为了促使学生能够顺利地进行自主学习，远程开放教育必须为学生开放具有丰富的学习资源以及多样化学习模式的学习平台,还要对学习支持服务进行整合,从而使学生能够获得个性化的服务。大数据将数据采集过程全面融入学习者的学习过程中,从学习、行为、社交等各种数据中采集知识水平、学习方式、兴趣偏好、资源需求等。学生画像的主要元素组织化、标准化、结构化、动态化,并在此基础上进行个性化推荐等。通过为学生提供有针对性的个性化教学指导或早期预警干预,以更好地匹配他们的学习者进行个性化学习。

学习支持服务体系必须有一个功能全、科学化的学习支持系统作为支撑,这样才能使学生在各个学习阶段的需求都能得到满足,满足其他支持关系的正常响应和反馈。VOICE 系统是英国开放大学学习支持系统中使用的主要工具,可以对每个学生进行管理,记录学生的查询信息。在这个系统的帮助下,开放大学当局每年要处理大约 40 万次的问询,并为个别学习者提供预制指南以支持他们的学习选择并处理许多非学术问题。通过对学习者查询数据的统计分析,系统可以更新所提供指南中的大量查询内容,建立适当的支持系统,对学生进行主动干预,从而为学生提供好的应答服务,帮助学生制定合理的学习目标。个性化的支持系统从一定程度上讲,可以为信息化服务的运行提供很好的保障,其运行基础是以学生的查询数据为依据,从而为其提供个性化服务。另外,英国开放大学还专门在教育平台为学生创建了"帮助中心"模块。集成的帮助中心为学习者提供入门信息、学习注意事项、计算机技术帮助、考试评分帮助、联系信息等信息,可以为学习者提供一切支持和帮助。

为学习者建立画像也是提供学习支持服务的关键。肖君[1]等人提出了基于学习分析的通用流程,构建了一个基于 xAPI 的在线学习者画像框架,如图 4-7 所示,包括画像目标、数据收集、画像建模、画像输出、画像应用与评价五个阶段。基于 xAPI 的在线学习者画像模型构成了整个框架的基础,包括与学习者相关的知识、技能和态度等各种特征。根据学生画像模型,能够对学习者当前的知识水平以及学习情况有一定的了解,从而对学生的学习过程有一个全面且客观的评价。在同一学习环境中,越完善的画像模型越能更加全面地呈现出学生的特征,也就可以更容易地发现学生的学习特征,从而以此为依据,为学生提供更加有针对性的支持服务。

---

[1] 邓军彪:《地方高校大学生管理工作的创新与实践研究》,汕头,汕头大学出版社,2021。

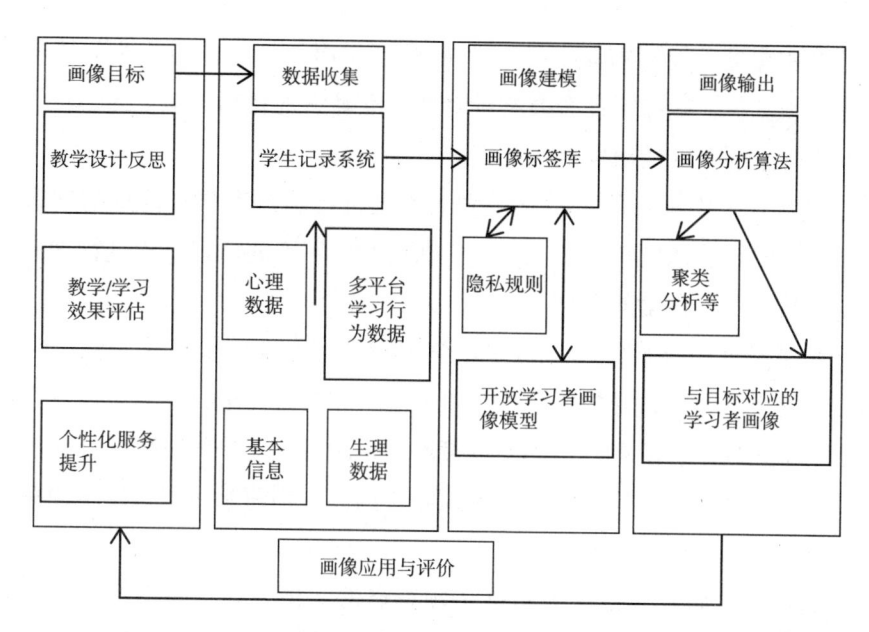

图4-7 在线学习者画像模型

在线学习者画像模型为学习者提供个性化的学习干预,也是提供学习支持服务的宝贵资源。李彤彤[1]等人构建了基于教育大数据的学习干预模型,如图4-8所示。以干预引擎为中心,以发现学习者的学习困难、提升学习者的学习效果为目标,包括学习者学习状态识别、干预策略匹配计算、干预策略实施、干预效果分析四个循环的环节。

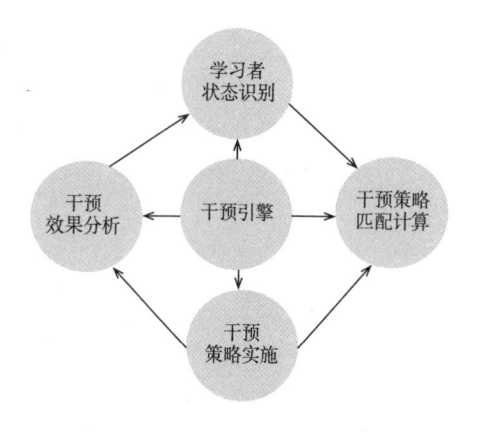

图4-8 基于教育大数据的学习干预模型

---

[1] 卢保娣:《大数据时代高校教育管理及其信息化建设》,长春,吉林大学出版社,2021。

干预引擎是模型的核心，发挥关键监管作用，监控各环节执行情况，及时调整干预流程，确保干预有效有针对性。准确识别和判断学生的学习状况是选择和实施干预策略的出发点和关键环节。

学习者状态识别指的是根据教育大数据进行学习者状态信息的获取，然后对学习者学习状态的特征加以识别，从而对学习者的学习阶段进行判断，并对其学习状态做出科学的评判。

干预策略匹配计算是指根据学生学习情境的主要特征，从干预策略库中选择合适的干预策略，并根据学生学习情境的主要特征进行计算，以获得最佳的高水平干预战略。匹配合适的干预策略是干预实施效果的重要保证，而干预策略匹配度的计算依赖于存储的干预策略。因此，构建学习干预模型的关键是设计干预策略库和匹配机制。

干预策略实施就是以适合最佳干预策略的干预方式，向学习者推送合适的干预内容。

干预效果分析主要是判断实施的干预策略的效果，为选择和实施新阶段的干预做准备，及时发现学生新的学习情况并依次重复。

第五章　智慧高校学生管理平台的系统

第一节　智慧党建管理系统

在信息化时代，智能党建管理平台系统得到广泛应用，智能党建管理平台利用大数据、互联网、云技术等信息新技术，解决各大党组织的需求，构建数字化、智能化的基层党建管理平台，使党建工作从"粗放式"走向"精准化"。

智慧党建管理平台主要面向机关、事业单位、企业、高校、医院等部门，支持个人发展，助力下级党组织打造精品党建作品。

一、智慧党建管理平台系统的功能特点

（一）党建资讯与沟通平台

集党建宣传、信息发布、工作交流于一体的党建信息交流平台，党员可以通过PC端、手机移动端、微信等多个终端，获取最新信息、党建动态、党建专题、公告等信息。

（二）智能党务管理平台

通过利用智能化的手段进行党组织、党员的管理，在线完成党费管理、

组织生活、党员转入转出管理、民主评议、通知公告等，简化烦琐的党务管理工作。

（三）线上党支部

以党部为单位，创建网上党部，办网上党、群众生活，开展网上"三会一课""两学一做""专题党课"等，让党群生活从线下逐渐延伸到线上，使其更灵活、更丰富、更有效。

（四）在线学习平台

专为党员打造的"指尖上的学习平台"，该平台集党员学习、评分于一体，通过视频、音频、图片、文件等多种形式的学习，党员可以进行随时随地学习，在线培养党员的党性，激发党员学习的积极性。

（五）数据中心

以图表形式展示党组织和党员的相关业务或活动信息，使用户一目了然。

二、智慧党建管理平台系统的优势

平台的功能主要有：党组织管理中心、党员管理中心、党建宣传中心、发展党员管理中心、党建品牌中心、党建考评中心、预警监督中心、数据中心、日常管理中心等。其优势有以下四点。

第一，操作简单。智能党建管理平台具有多端口、跨屏、移动优势，支持用户通过计算机、手机、微信小程序等多终端接入，操作简单、方便、快捷。

第二，实用性强。可以在线上开展组织关系转移、党员管理、党费管理、三会一课、专题党课、民主评议等工作，9大中心，全面覆盖党建所有业务。

第三，个性化定制。可以满足各种个性化定制需求，随需而变，实用性较强。

第四，安全性高。安全防护系统，支持定制化应用。

第二节　共青团信息管理系统

共青团要肩负起团结带领青年为党和人民事业奋斗的光荣使命，适应新形势，以改革创新精神推进各项工作和自身建设，做好组织领导和服务青年工作，更好地发挥维护青年合法权益的作用，不断提高共青团工作的科学化水平。

一、共青团员信息管理系统需求分析

共青团员信息管理系统是为学校团委、院系团总支、团支部等需要处理大量团员信息的部门设计的信息化管理程序。它可以对各种会员数据进行增加、删除以及修改，目的就是为了使会员数据组织更加规范且科学，并进一步实现自动化与系统化。

共青团工作是一项复杂的工作，不仅要做好团建工作，还要完成相关的活动建设，组织学生的社团实践互动及志愿服务，因此，这就为共青团的工作带来了不小的挑战。例如，以往共青团往往将电话以及下文通知作为主要的信息传递方式，如果下属机构比较多，电话通知就会占用很长一段时间，因此很容易无法及时进行文件通知，从而导致信息过期的情况；团组织成员只在各职能范围内工作，团成员信息的管理不能溢出或干扰同级其他群组织的工作；团成员信息的增删改等相关操作，还要为达成管理者的目标，统计小组成员参与小组活动的情况，表扬或批评他们等。因此，为实现这些目标，要求系统具备以下八个功能。

第一，简单易懂的界面，易于使用。

第二，用户个人信息管理，可以修改密码和个人信息，设置用户权限，添加用户，修改密码，设置用户权限，删除用户，对不同职能部门和集团组织授予不同的权限。

第三，在公文系统中，上级的团组织会将公文公告发布到公文系统中去，这样一来，下级团组织就能接收到相关信息。

第四，查询、添加、删除以及修改团员信息，对团员退团、团关系转出、新团员发展等时间信息进行记录。

第五，志愿服务管理和社会实践活动情况管理，记录团员参加校内及校外志愿者服务的活动情况，从而作为评价团员的重要依据。

第六，奖惩管理，对团员奖学金、助学金等奖金的获得以及处分等情况进行记录，还要对学生校内或校外参加活动的获奖情况进行记录。

第七，成绩记录，对团员各科目的成绩进行记录，能够对团员的所有科目的成绩、在班级的排名等情况进行查询。

第八，根据团员的在校表现生成相关的评价表格，表格包括团员基本信息、各科目的考试成绩、奖惩情况等。

二、系统的概要设计

（一）框架

共青团信息管理系统的框架设计如图5-1所示。

```
共青团信息管理系统
├─ 用户管理模块
│   ├─ 添加用户
│   ├─ 设置密码
│   ├─ 用户权限设置
│   └─ 删除用户
├─ 团员信息管理模块
│   ├─ 添加团员信息
│   ├─ 查询团员信息
│   ├─ 更新、修改团员信息
│   ├─ 保存团员信息
│   ├─ 删除团员信息
│   └─ 团员退团管理
├─ 团员成绩管理模块
│   ├─ 添加课程
│   ├─ 输入成绩
│   └─ 查询成绩
├─ 团员奖惩管理模块
│   ├─ 添加记录
│   └─ 查询奖惩情况
├─ 后勤保障管理模块
│   ├─ 添加行为记录
│   ├─ 添加所在寝室行为记录
│   └─ 查询文明寝室、批判等情况
├─ 志愿服务管理模块
│   ├─ 添加志愿服务项目
│   └─ 查询志愿服务情况
└─ 公文、通知、评价模块
    ├─ 发布公文
    ├─ 发布通知
    └─ 生成评价表
```

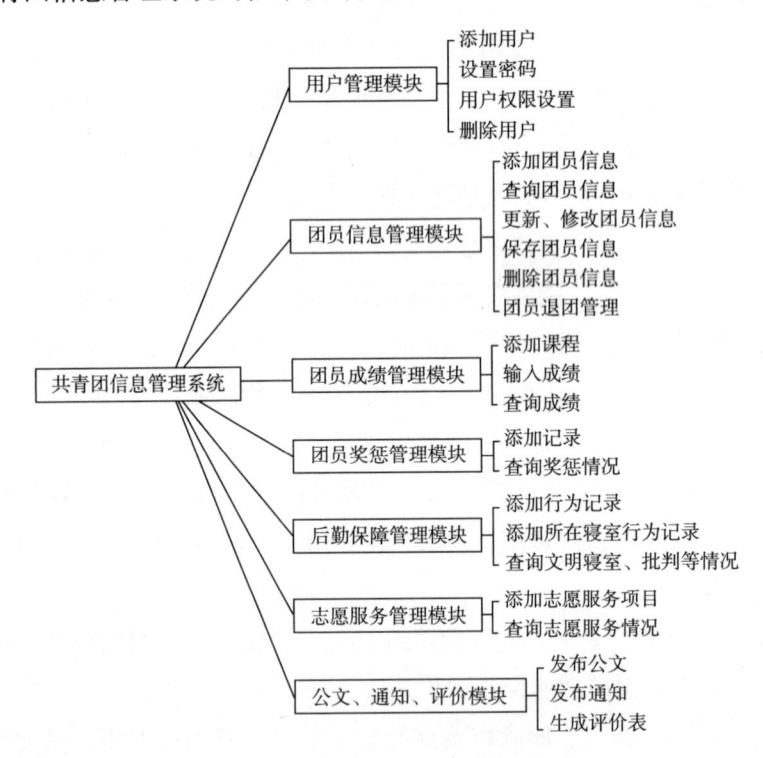

图5-1 共青团信息管理系统框架

第五章 智慧高校学生管理平台的系统

（二）流程图

图 5-2～图 5-4 是共青团员信息管理系统主要功能模块的流程图示。

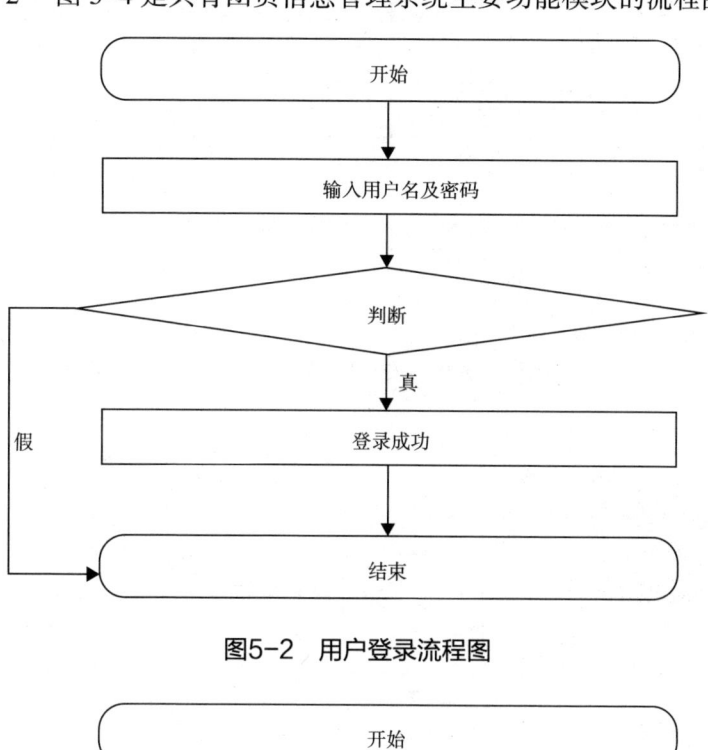

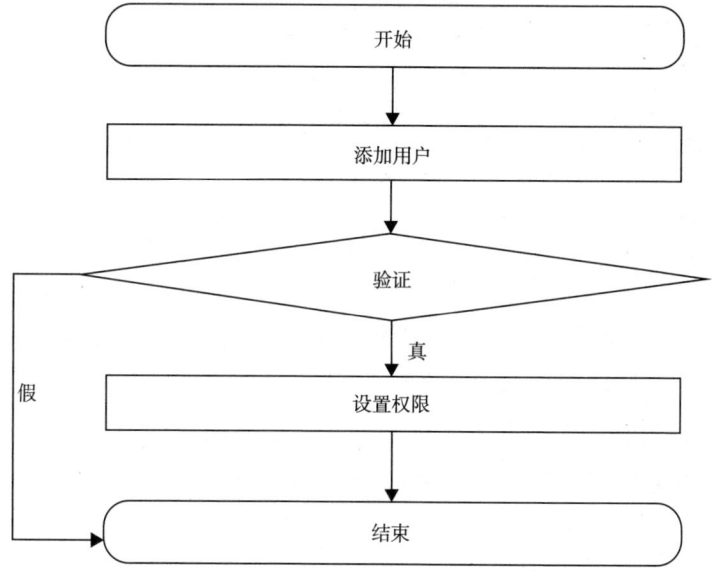

```
        开始
         ↓
   输入用户名及密码
         ↓
        判断
     真 ↓   ← 假
      登录成功
         ↓
        结束
```

图5-2 用户登录流程图

```
        开始
         ↓
       添加用户
         ↓
        验证
     真 ↓   ← 假
      设置权限
         ↓
        结束
```

图5-3 用户管理模块流程图

133

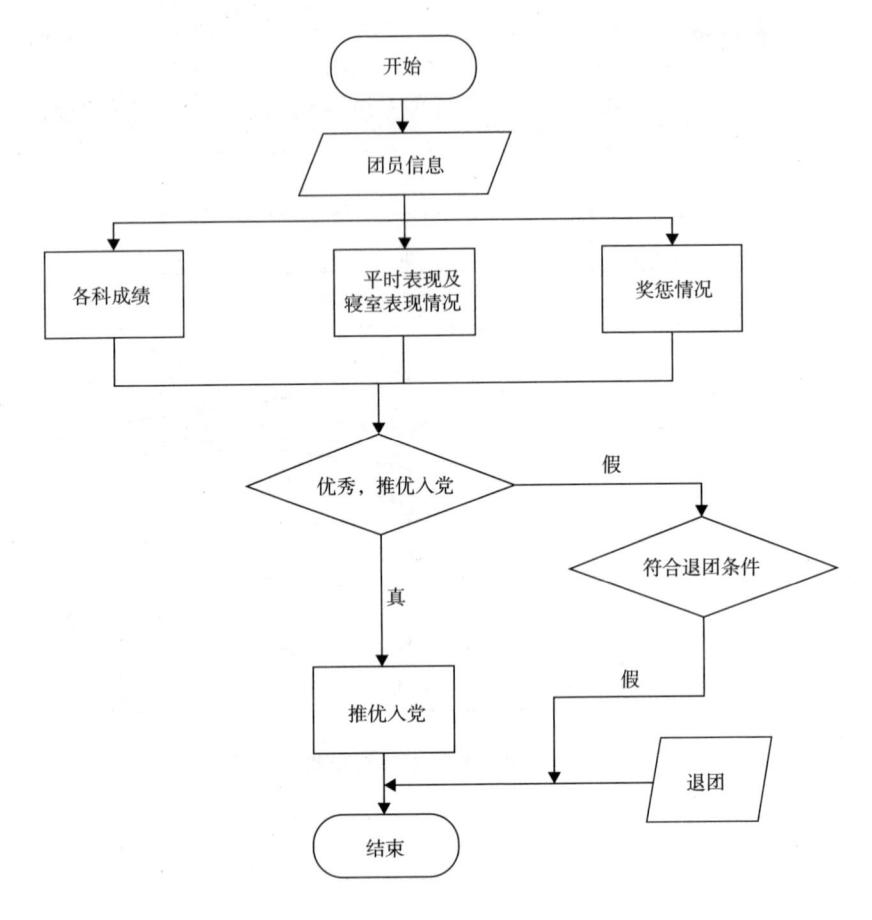

图5-4 团员管理流程图

（三）功能

本系统由以下七大模块组成：

第一，用户管理模块：主要负责添加用户、修改密码、用户权限设置、删除用户，对不同职能部门和学生赋予不同权限。

第二，团员信息管理模块：实现对全校所有团员的信息添加、保存、查询、修改和删除，记录发展团员时间、退团时间等。

第三，团员成绩管理模块：以班级为单位输入各科目成绩，可以查询单个学生各科成绩及其班级年级排名；查询全班学生所有科目或单一科目成绩，可以作为团内评优的参考。

第四，团员奖惩管理模块：实现对团员获得的校内外奖学金、助学金、处分和评选先进个人等情况进行记录，对学生参加校内外各种比赛获奖情况进行记录。

第五，后勤保障管理模块：对团员所在寝室的卫生就寝情况和大功率电器使用情况等进行记录作为团员评优评先的参考。

第六，志愿服务管理模块：对团员参加校内外志愿者服务情况进行记录，作为评价团员的参考。

第七，公文、通知、评价模块：在公文模块中，团组织可以发布和管理各种公文，如通知、公告、文件等。通过公文模块，团组织可以实现对公文的统一管理和分发，提高工作效率和信息透明度。在通知模块中，团组织可以发布和管理各种通知，如会议通知、活动通知、任务通知等。通过通知模块，团组织可以实现对通知的及时推送和管理，从而提高团员的工作效率和参与度。在评价模块中，团组织可以对团员进行评价和考核，如综合评价、荣誉评定、奖惩措施等。

通过评价模块，团组织可以实现对团员的全面考核和管理，从而促进团员的成长和发展。同时，评价模块还可以实现对团员的动态管理和跟踪，从而提高团组织的管理效能和服务水平。

系统还将对团员在校表现情况最终生成一张评价表，包括统一基本信息、在校各科目成绩、发展团员（入党情况）、奖惩情况等七个模块的内容。

第三节　学生学业与学涯规划管理系统

一、系统的架构与功能

（一）系统架构

系统由学业规划和职业规划两个部分组成，系统构架如图 5-5 所示。

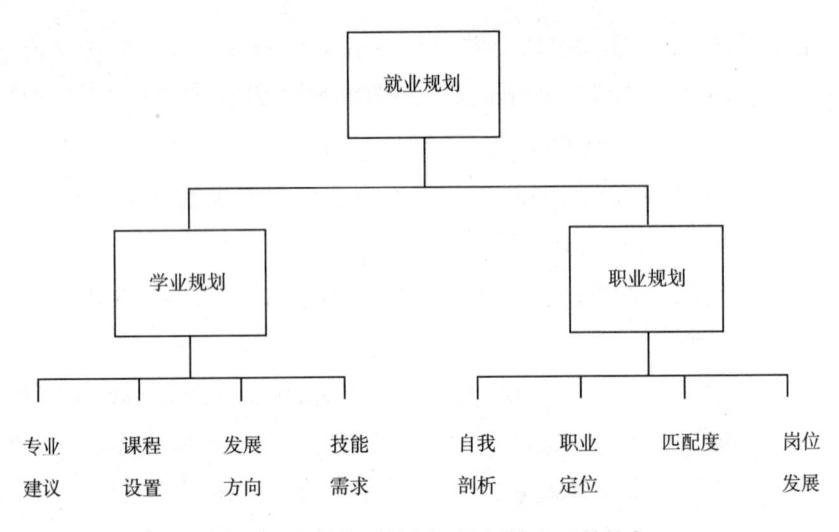

```
                        ┌─────────┐
                        │ 就业规划 │
                        └────┬────┘
                   ┌─────────┴─────────┐
              ┌────┴────┐         ┌────┴────┐
              │ 学业规划 │         │ 职业规划 │
              └────┬────┘         └────┬────┘
         ┌────┬────┼────┐       ┌────┬────┼────┐
        专业  课程  发展  技能    自我  职业  匹配度 岗位
        建议  设置  方向  需求    剖析  定位         发展
```

图5-5 学生学业与学涯规划管理系统构架

1. 学业规划

学业规划部分，分为专业建议、课程设置、发展方向、技能需求四个方面。学生登录系统，经账号认证正确后才能登录成功，否则登录失败。各子模块的功能如下。

专业建议模块：主要功能是根据课程进行基本概览，了解大体上该专业学什么、怎么学。

课程设置模块：主要功能是通过课程设置要求和课程亮点梳理学习方向。

发展方向模块：主要功能是确立自我定位，从理论上厘清逻辑关系，确定未来发展方向。

技能需求模块：主要功能是根据个人未来目标学习企业所需的应用技能。

2. 职业规划

职业规划部分，分为自我剖析、职业定位、匹配度、岗位发展四个方面。学生登录系统，经账号认证正确后才能登录成功，否则登录失败。各子模块的功能如下。

自我剖析模块：主要功能是梳理大学期间所掌握和所学习的知识技能是否有实践经验、是否参加竞赛以及是否发表过论文等。

职业定位模块：主要功能是结合自身情况，筛选查找合适职位。

匹配度模块：主要功能是根据系统的参考意见，核实此职位的要求是否与自己匹配。

岗位发展模块：主要功能是查看此岗位，近几年来的发展情况以及前景如何。

(二) 系统功能

本系统利用网络共享资源、大学生数据采集等方式，确保各类数据的准确投放，为系统开发提供有价值的参考依据。通过分类和组织各种资源系统，大学生可以明确每个职位的要求，并结合学长学姐的工作经验，如专业知识技能、自我能力技能、可迁移技能、公司看中能力等，为学生的学业生涯规划和职业生涯规划提供长期合理的指导。

1. 学业规划

大多数大学生在选择专业之初并不知道自己的专业是什么，"我应该学什么""我将来能从事什么样的工作""我应该具备哪些必要的技能"等一系列问题。此系统将从多方位进行分析，从基础了解到产生一个合理的学业规划，这将在大学生的学业生涯中起到导航作用。

提早制定目标，摆脱盲目跟从，建立与自己相匹配的可行性规划，而良好的规划，将对大学生活起到事半功倍的作用，有利于加强教学和学生之间的互联互通、共建共享。

2. 职业生涯规划

此系统将提高毕业生对岗位的适应性和契合度，消除毕业生就业盲目，更有利于职业规划和发展。毕业生与企业进行双向互动，毕业生与企业之间是卖方与买方、供给与需求的关系。通过"买卖"交换，毕业生可以顺利进入企业岗位，但在现实生活中，由毕业生与企业所构成就业市场既不是供求平衡关系，也不是供求失衡关系，而是一种供需错位的关系，即学生找不到合适的工作，企业也找不到合适的工作人才。通过多方面对毕业生培养和就业质量的分析统计，智能对接关键数据，精准推送符合毕业生和用人单位要求的供需数据。

3. 使用流程

学生使用学号注册，该学号是一个永久且唯一的系统账户。具体流程如图5-6所示。

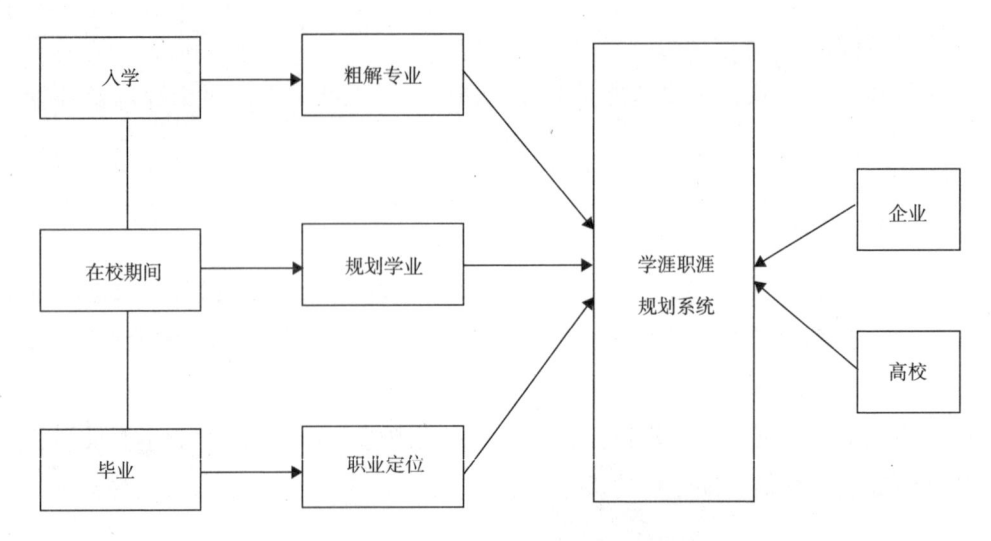

```
[入学] → [粗解专业] ↘
[在校期间] → [规划学业] → [学涯职涯规划系统] ← [企业]
[毕业] → [职业定位] ↗                        ← [高校]
```

图5-6 学生学业与学涯规划管理系统使用流程

（1）入学。新生根据辅导员老师的指导，进行系统登录。

（2）在校期间。在校期间，学生以学业规划为指导，进行有计划、有指导的学习。

（3）毕业生。系统根据学生个人简历信息和公司信息进行数据分析匹配；毕业生上传个人简历到规划系统，规划系统根据学生的相关信息通过大数据技术筛选出符合学生情况的企业信息，从而精准提高学生的就业。

二、学生学业与学涯规划管理系统的意义

从功能的角度看，学生学业与学涯规划管理系统很好地实现了学生学业与职业相辅相成、相互促进，高校学生可以通过学术反思返回学校进一步地进行职业发展。因此，学业生涯为职业生涯提供了基础，职业生涯为学业生涯提供了动力。

条理清晰的学业规划是稳步前进的职业发展的前提基础。大学生活转瞬即逝，四年为进一步的职业发展奠定了基础，这对未来实现高质量就业至关重要。根据萨珀[1]的职业生涯发展理论可知，大学阶段的学术生涯实际上是一个职业探索期，在此期间，大学生可以通过各种实践经验来提高自己的技能，兴

---

[1] 王瑛：《高校学生管理创新模式研究》，长春，吉林大学出版社，2016。

趣和事业也必将从这里开始。而在信息技术不断更新的今天，要想随着时间的进步拥有顺畅愉快的职业生涯，学生就必须有扎实的学术生涯，这对他们的职业发展大有裨益。

职业生涯同时引领着学业生涯，不断地为学业生涯提供动力。学生需要确立职业生涯道路，让学术生涯有一个清晰合理的方向，通过审视未来职业的需求，加深对自己的认识。例如，性格、爱好和潜在能力让学生对自己的事业更有信心。而学生一旦有了方向，掌握专业知识就会更有效率，在有限的时间内高效完成任务。通过了解未来从事的职位，不仅可以提升个人能力，还可以丰富各方面的知识。学涯、职涯的合理规划致力于从学业中踏寻职业，面对自己的未来规划，全心全意地奋斗与拼搏，全力开创属于自己的时代。

第四节　学生职业生涯与顶岗实习管理系统

高校学生顶岗实习不仅是现阶段提高学生综合素质的重要因素，也是毕业生实践技能积累经验、培养技能的过程。通过学生职业生涯与顶岗实习管理系统，可以很好地跟踪毕业生的实习情况。

一、系统对于功能特色的需求

（一）用户方面

基于顶岗实习标准化管理以及所要遵循的管理办法，要对用户制订一个统一的计划，该计划要使所有用户的需求都能得到尽可能地满足，由于用户的需求是不统一的，因此，在搭建相关的信息管理系统平台时，可以从用户的职业以及使用角度出发进行分析，如学校管理人员、已就业的学生、系统管理人员、学校实习指导教师等，以促进信息系统的良好构建。

（二）栏目的设置特色

建设学生职业生涯及顶岗实习管理系统，要对顶岗实习及就业质量管理进行监控，这样才能为安排好学生的顶岗实习与就业提供有力保障。在系统的建设过程中，要把栏目设计与功能设计当作系统建设的关键因素，同时还要基于用户以及主体的不同需求有针对性地加以设计。不仅要对实习及顶岗的学生进行实时监控与管理，还要具备信息交流、发布与反馈功能，基于这些数据进行专业管理、家长通道、实习管理、企业管理等栏目分设。

二、系统管理模块的建设

在构建系统时，需要对各个用户进行分析和讨论，并以此为基准来定义系统的功能模块。此外，还需要深化企业管理、学生通道、交流论坛、专业管理以及实习管理等栏目，在系统模块设计的基础上设计架构和数据库模板，最终完成系统的搭建。

（一）企业模块

关于企业模块的管理，往往是通过信息录入以及企业和学校的联系进行功能的建立，包括企业和学校合作的达成、合作具体流程等多个方面。

（二）院校模块

构建和应用院校管理模块，要以更好地进行班级管理、师生管理、公告管理以及报表管理为主旨，同时要将其看作系统建设的重要内容。其中师生管理模块更加便于判断教学内容是否能够满足学生的学习需求，也有助于对教学是否符合新课改教学目标进行分析与考核，另外还有助于考核学生的学习是否能够达到教师的要求，然后将这些具体的实时数据进行信息存档。

（三）学生模块

学生可利用学生模块的优势，在顶岗实习或者是就业时，可对模块中的工作计划、工作日志等加以利用，从而提升自己的工作效率。

三、系统构建的注意事项

在开发搭建系统的过程中，要注意容易出现问题的环节，下面进行详细的说明：

（1）针对顶岗实习以及就业的质量监控层面，在系统运行过程中会实施多种监控方式，准备详细的实习和就业情况报告，并设置提醒模块，教师必须及时答复。在此过程中，如果学生的汇报没能得到教师的及时回复，教师账号的信用就会因此而受到影响。这种方式更加有助于促进教师负责人对学生实习与就业进行督促。

（2）在学生的实习与就业的单位分配管理方面，企业可以直接通过系统导入相关的电子表格，然后根据系统中学生的表现以及企业的需求进行合理分配。

第五节　学生心理健康管理系统

随着科学技术的进步，信息时代已悄然到来，人们要想获得知识与信息可以通过多种途径实现。如今，人们的心理健康问题成为当前人们必须重视的关键问题之一，尤其是大学生的心理健康问题，更要引起学校、家长及社会的重视。也正因为如此，人们开始纷纷寻找解决大学生心理问题的有效手段，学生心理健康管理系统正是在这样的需求背景下诞生的，该系统以大数据技术为依据，能够对大学生的心理健康信息进行管理，从而尽早发现和预防学生的心理问题，寻找解决学生心理问题的有效方法。另外，该系统还具有分析与统计的功能，试图找出学生出现心理问题的原因。

一、系统开发的意义

一名学生的大学时期就是其从青年到成年的过程，在这一时期，学生会在各种心理变化中实现自我以及实现自我创造。对现代大学生来说，他们更加注重对于现实的体验与判断，并且基于此形成自我价值取向。可是，虽然现代的大学生能够获得的信息要远远多于过去的大学生，但是他们的实际生活空间可能比以往大学生更加狭窄，所获得的生活经验更加有限，这一情况的出现与当前信息技术的高速发展不无关系。通过计算机网络，学生可以环游世界，结交朋友，与世界各地的人交流。另外，由于大学生过多地关注自我，因此难以用更广阔的视野去看待现实社会，大学生往往会从自身需求出发进行知识的汲取，并基于自身需求形成多种价值观。

据研究调查发现，大学生进行的心理问题咨询有80%以上和人际关系有关。大学生在人际关系中并不能通过相互沟通和冲突来确认彼此关系的本质，相反，他们尽量不伤害对方，也不会让对方伤害自己。如今的大学生，都在不"侵犯"彼此空间的规则下探索自己的生活方式和价值观。

对于心理健康问题，大学生往往采取消极的态度来对待。其原因在于大学生对心理健康问题的重视程度不足、自尊心比较强以及不信任他人等。假如一个人的心理健康长期存在问题，就很有可能患上严重的心理疾病，这对于他的整个人生都会造成严重的不良影响。

大学生面对传统的心理咨询方式可能会比较拘谨，无法详细地将自己的问题描述给心理医生听，这就会导致心理医生的检测出现偏差，而在网络发达的今天，通过网络来解决这一问题就再好不过了。

二、学生心理健康管理系统的设计

（一）系统设计目标及系统模式

在高校学生管理中，大学生心理健康管理信息系统可以对学生的管理发挥非常重要的作用，教师及学生的管理者可以通过该系统更加及时、全面地了解学生的心理健康情况，并方便进行统筹管理。所以，该系统的主要功能就是可以基于学生用户的反应数据，分析出潜在的心理问题，并提出有效建议。另外，该系统还能基于不同层次的用户为其提供相应的功能，如对于学生用户，就会为其提供简单的心理咨询服务，系统会统计和分析数据库中的全部数据，再将统计和分析的结果提供给用户作为决策依据。所以，系统要达到以下四个要求：

第一，设计出合理友好的界面，界面是用户对系统最直观的认识，合理友好的操作界面有助于用户舒适地使用系统。

第二，实现用户的注册及管理，同时维护系统的心理健康问题，这是本系统的主要功能之一。

第三，实现数据库中数据的统计分析功能，为用户提供及时直观的数据模型，方便用户管理。

第四，系统模式一般有 B/S 和 C/S 两种，根据系统的主要用途和设计目的，系统应能支持多主机联合接入功能，不受地域限制。同时，如果需要专家指导，咨询时需要提供一定的透明度。

该系统工作的流程如图 5-7 所示。

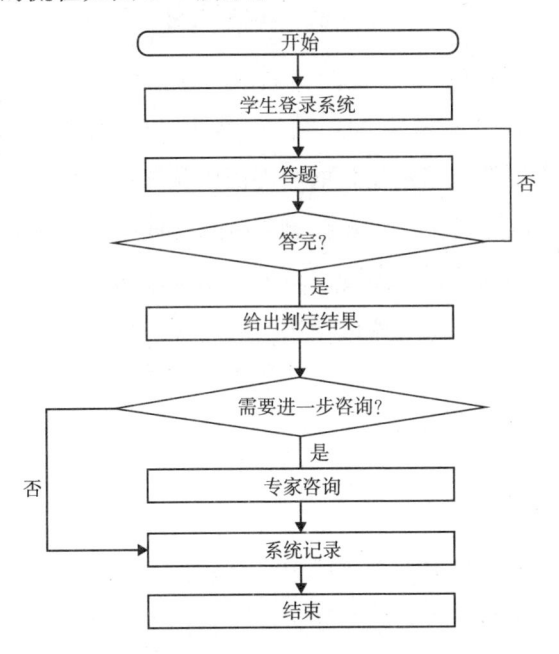

图5-7 学生心理健康管理系统流程图

（二）系统的分析和设计

1.数据库结构的分析和设计

这一系统是在数据库的基础上建立的，所以数据库结构的好坏对于系统建立的成败具有重要影响。通过分析系统各个实体之间的关系，我们能够得到系统的 E-R 图，如图 5-8 所示。

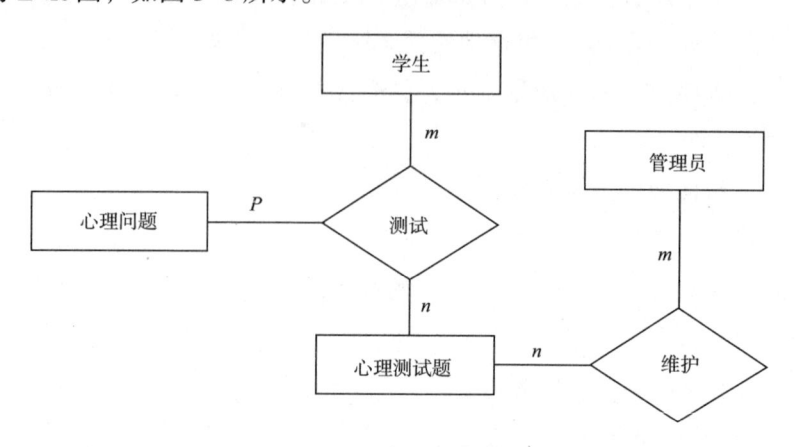

图5-8　系统E-R图

系统 E-R 图中的用户和心理健康测试问题是系统的主要对象，系统中主要包括心理健康题目、答案、选项等，它也是与心理健康关系最密切的主题。系统通过心理健康答题卡了解用户的心理健康状况，心理健康答题卡中的基本信息包括用户名、问题答案、过往信息等。与此同时，系统除要提供一定的功能外，还要提供专家在线咨询服务。可见，系统的用户类型是多种多样的，因此，系统的用户表具有非常重要的作用，通过对用户表的维护，可以使不同类型的用户实行自己的特殊权利，如统计分析功能。

在大学生心理健康系统中，心理测验数据是主要数据，每个大学生可能存在的心理问题都应该反映在学生的回答数据中，因此，心理测验题对于数据存储来说是非常重要的内容。在该系统中，不仅仅只有一道心理测试题，并且这些心理测试题还可以被多次重复使用。另外，这些题目的题型及内容也可以根据心理专家的要求进行合理地调整，从而能够获得有用的测试结果。系统中还要有心理问题等科目，从而和用户的反应信息结合起来，针对学生的心理问题给出一个综合评价，评价方法有人工智能法以及阈值法。

作为管理信息系统，系统必须在管理决策之前提供适当的特殊统计分析数据模型。系统对数据库中的数据进行统计分析，主要是对系统中存储的学生答题记录进行统计分析。系统对学生答题记录的管理主要是围绕每个学生的答题数据表进行的，该表要记录的内容主要包括学号、姓名、问题、本次的答案和结论等。学生每回答一个问题，系统自动提供学生回答状态的汇总，也就是结果，而对于该系统的管理员，如辅导员老师等可以根据每个关键问题取得所有学生的答题情况并对之汇总处理，得到相应直观的数据模型，如直方图、饼图等。如此一来，用户便可根据统计分析后的数据进行适当的管理操作。

从 E-R 图中可以看出，除上述机构外，系统中还应该包括心理咨询专家等机构，这些机构旨在丰富系统的功能，实现问题早发现、早解决的目的，增加系统的使用可能性。

2.系统功能的分析和设计

根据系统的设计目的以及实际需求，按系统功能可以将系统分为试题信息管理模块、用户信息管理模块、学生测试模块、统计分析模块、专家诊断模块以及系统维护模块。图 5-9 是系统的功能结构图。

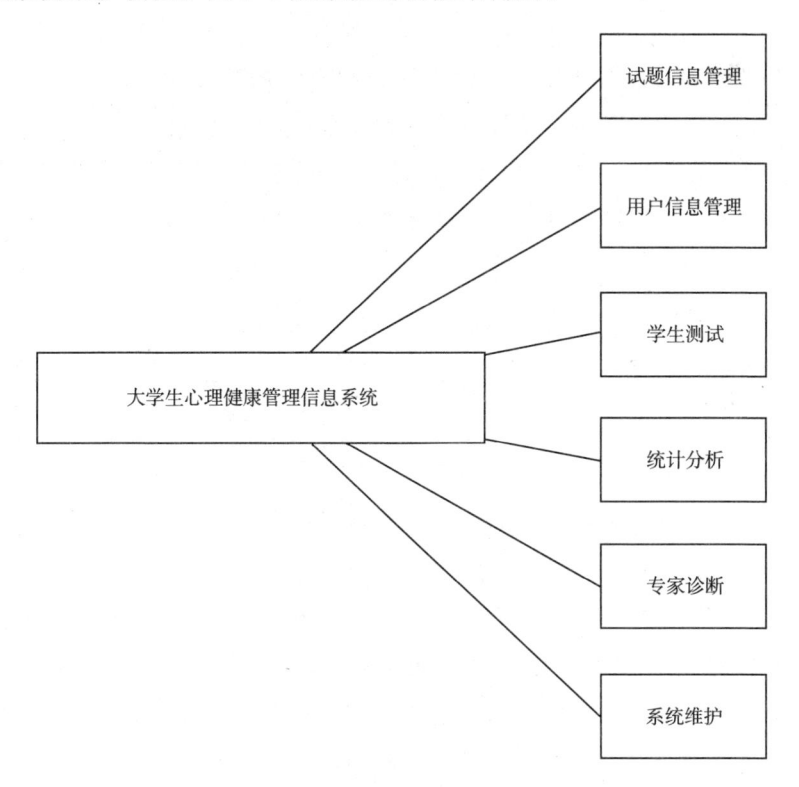

图5-9 学生心理健康管理系统功能结构图

试题信息管理模块：该模块主要负责管理与维护心理试题，系统除可以对这些试题进行简单的增删改查外，还应具备实现不同测试目标和动态调整试题放置的能力。

用户信息管理模块：该模块管理本系统中的用户数据，由于本系统中的用户较多，因此用户的类型也较多。该模块除维护各类用户数据之外，还负责管理系统中的各类用户，如专家权限、试题管理员权限、顾问、督导权限等。

学生测试模块：该模块是系统的要点之一，学生进入系统后，可以根据自己的学号和密码选择心理测验题进行心理测验，系统对学生的答案进行汇总并作答。同时，系统存储学生的反应数据，以供日后统计分析和管理。除了答疑解惑的功能，学生还可以在系统上咨询自己感兴趣的心理问题，咨询方式分为简单的文献索取和专家咨询。

统计分析模块：该模块是系统应用管理的重点。模块的所有功能都是围绕学生的答题记录来实现的。学生通过本系统的心理测验后，系统会自动记录学生的答题数据。作为系统的统计分析部分，系统应该能够根据不同的需求为用户提供统计查询功能。例如，系统对学生比较感兴趣的问题进行系统的子统计分析，反馈给学生；辅导员和老师可能会根据需要了解个别或一般学生的心理健康状况，并获得直方图或饼图等直观数据等。心理学家可以利用系统的统计分析功能，分析不同学生群体心理健康状况的差异，得到更准确可靠的数据。

专家诊断模块：系统还应具备专家诊断模块，为学生和教师提供帮助。专家诊断分为人工诊断和人工智能诊断两种。人工诊断是指由心理专家负责对师生进行一对一或一对多（自建聊天室）的为广大师生进行心理咨询。人工智能诊断是指用户可以通过一定的人工智能程序进行非人工在线专家会诊，实现该功能的方法包括神经网络诊断方法等。

系统维护模块：该模块主要负责系统的运维和维护。系统维护模块是整个系统的保障，其作用在于维护系统的正常运行和稳定性，以及确保系统数据的安全性和完整性。系统维护模块包括多个子模块，如系统监控、备份和恢复、升级和维护、日志管理等。系统监控功能是系统维护模块的核心，通过实时监控系统的运行状态和性能指标，管理员可以及时发现和解决系统问题，保证系统的稳定性和可靠性。备份和恢复功能是防范系统数据丢失和破坏的重要手段，管理员可以通过备份和恢复操作，保证系统数据的安全性和完整性。升级和维护功能可以帮助管理员对系统进行升级和维护，从而提高系统的功能和性能。日志管理功能则可以帮助管理员对系统的日志进行管理和分析，从而及时发现和解决系统问题，提高系统的运行效率和稳定性。

第六节　学生体育卫生管理系统

一、系统的特点

第一，目标性强。学校体育卫生综合管理系统针对学校体育卫生工作的两大目标，以及体育多项管理内容进行综合管理，实现资源共享、数据通用、网络传输、综合分析等。

第二，普适性强。考虑到各级教育行政部门和各级各类学校体育健康事务综合管理的需要，系统的对接界面不仅可以实现本系统不同版本之间的数据与文件的转换，还可以非常灵活地与其他教师联动，方便各种管理程序数据的导入和导出，以及统计结果和报表的上报。

第三，操作性强。充分考虑用户计算机使用水平的差异，实现了界面友好，中文提示，对用户面的每一步操作都有帮助提示，并提供在线帮助，及时解决用户遇到的各种问题。

第四，选择性强。为适应不同学校不同的教学任务、考试任务和评价标准的实际情况，本系统设计为根据需要灵活调整考试任务的分配和分数的分配，进行主客观评价，根据部分学校学生的特殊情况，灵活实现自然班与特教班的转换、计分、统计、报表等工作。该系统还允许用户从智能测试设备的外部文件中选择数据或者手动输入各种数据信息。

第五，适应性强。唯一标示学生、学校、地区的个体和群体数据，提供图文分析报告，方便解决学生重修、留级、病休、提前毕业等各种具体问题。

第六，实用性强。根据各级教育行政部门和不同学校的特殊情况设计管理版、学院版和用户选择，每个版本的功能各不相同，不仅降低了层次教育之中用户的经济成本，又能够充分满足用户的多样化需求。

二、管理系统的结构和功能

（一）结构

管理系统首次在体育卫生管理软件中采用层次化、模块化和组件化的设计，层次化是把整个系层分成应用层和展示层等四个层次，以便于系统的维护与管理。模块化是根据管理对象相对独立的具体情况，独立又相互联系的模块。组件化是把模块中各种数据分割成不同的组件，以便实现资源共享、数据通用，供用户根据需要设定管理内容。

（二）功能

系统的功能包括综合管理、统计分析、测试设置、数据管理和系统管理五大功能。

1.综合管理功能

该系统首次实现多领域目标综合管理，实现学生基本信息与体育健康管理多个管理目标的共享、部分考试数据共享、系统管理覆盖多个领域实现学校体育与健康方面的一站式管理，解决了多个管理项目之间不一致的问题，能够实现对学校、班级和个别学生的管理。

2.统计分析功能

系统可以对不同级别的群体和个人的各种考试数据进行统计分析，包括考试总分、考试中各项目的分值和分数、均值的标准差、段数、百分比，其统计结果可以以表格、直方图、折线图等多种形式显示。系统还可以对各种试验数据进行实时分析，分析方法包括趋势分析、分布分析等。分析形式包括表格、直方图、折线图、饼图等。分析的维度包括地域、年龄、民族、性别等，同时在具体维度分析时，可以对数据进行研究，它是针对该维度的不同粒度或者按照其他维度完成的。

3.测试设置

系统可根据用户的不同需求，实现测试任务的可选设置，参数内容包括体育考核任务、身体健康标准测试任务、体检测试、功能测试等。系统可以创建新任务，并针对每种元素类型，查看元素、修改元素、删除元素功能，设置项目的自选，便于各学校根据具体情况选择不同的管理目标。系统还可以通过运行评价参数实现评价结果的自动化，用户只需输入原件即可。测试成绩和系统可以自动按照用户设定的要求评估结果，系统自动默认手动输入分数和IC功能输入分数一起，可以进行手动输入和IC功能测试工具输入数据的混合计算并评分。

4. 数据管理

数据管理功能包括数据初始化、数据备份、数据恢复、数据字典导入、数据字典导出、IC卡数据导入、数据报表等。

5. 系统管理

系统管理的主要功能包括用户管理和日志管理，用户管理界面右侧功能操作区的功能包括新建用户信息、修改用户信息、修改用户密码和删除用户信息。日志管理的功能界面右侧功能操作区的各项功能包括查看日志、备份日志、恢复日志、删除日志等。

第七节　学生综合素质评价系统

一、教育大数据与学生综合素质评价

2018年4月，教育部启动《教育信息化2.0行动计划》，提出激发信息技术革命性影响的八项重要举措，开启教育信息化2.0时代。《教育信息化2.0行动计划》提出，积极开展基于各类智能设备和网络的智慧教育创新研究与示范，推进基于人工智能、大数据、物联网等新技术的教育。随着《教育信息化2.0行动计划》的深入推进，大数据技术有望助力综合素质评价攻克现实挑战。大数据到底藏在哪里？基于大数据的综合质量评价服务于谁？笔者将围绕这两个问题进行探讨。

（一）综合素质评价的数据来源

一般所谓的教育大数据可以是分散在不同地点的资源，如图书馆，也可以是教培、教务部门特有的大数据，包括学籍管理系统、班级档案系统等，这些往往以纸质为主。随风而逝的教育学行为大数据和结果大数据量很大且不容易捕捉，有很多背景化的东西，它并没有被记载下来，因此常会被误认为它不存在，这些大量的结果和行为数据是需要研究的对象。

目前，人们对大数据和结果大数据的收集和学习行为还非常有限。例如，如果一个学生毕业后完成了九年的义务教育，一张小卡片上会包含他或她的信息，包括个人和父母的基本信息、老师和学校的信息、各科考试成绩、身高体重等信息，最多再加上一些大多数图书馆和体育馆使用记录，医疗信息，保险信息等，大多数学生在毕业时都会有这些信息。这些都不是教育大数据，教育大数据包含的数据来源有如下四个。

1. 课堂教学过程性数据

荷兰知名行为观察软件公司研究发现，在一节40分钟的普通课堂上，运动、姿势、动作、表情、情绪、社交和人际交往等方面的各种信息5~6GB，其中可以分类、分析、标注的可分析、可测量数据50~60MB，这是传统方式中要积累五万年所达到的数据。在录音室里，当一个学生站起来的时候，摄像头对准他，站起来回答问题的时候就开始采集数据。现在，新摄像头可以记录学生在课堂上的表现，在40分钟的课程中，可以跟踪每个学生在课堂上的每一个细节，包括微表情、眼球运动，甚至大脑活动、深层的情绪变化、心理反应、人际交往等，直到可以追踪到它们。

2. 学期过程性数据和结果性数据

教育大数据为科学分析学生成长过程提供了契机。通常在学期结束时，学生只能得到一份各科的考试成绩和老师点评，在大数据支持下，更多有价值的信息可以通过可视化的图表呈现出来。例如，一个学生在考试中得了78分，这只是一个数字。这个数字可以帮助我们判断一个学生的排名，可以进入哪些学校，但是我们看不到数字后面的成绩。例如，学位、努力程度、家庭背景、学习态度、智力水平等诸多方面都与这78分密切相关，经过数据收集和分析，这些数据具有重要的教育价值。

3.线上学习的过程性数据和结果性数据

数据实验、DIS数据、社交圈关键词搜索数据、购买数据、各种教育平台的教学数据，包括各种教育项目和教育培训平台，都隐藏着有价值的信息，值得进一步研究。江苏省教育信息化研究中心开发了一个数据，一个学生一个教育系统的数据，其中，结构化数据约1.68PB，非结构化数据超过35EB。大量的课堂实验数据、教学实务数据、课程信息数据往往没有被挖掘出来，或者没有在教育大数据统筹的范围内。

4.数据信息的采集

大数据就像上帝的眼睛，可以在人们无意识的状态下收集信息，数据更加客观真实。当人们意识到自己正在被注视或观察时，会刻意改变自己的某些行为或语言表达方式，这种现象称为"霍桑效应"❶。传统的学生综合素质评价数据采集方法一般以学生自评、互评、教师评价为主，受多方面因素的影响，难以保证数据的客观性和真实性。正如人们常说的那样，"人在做，天在看"。大数据可以说是网络世界的"天眼"，实时记录和监控学生的在线学习和行为轨迹，而且这些数据是真实的、未经处理的。

（二）基于教育大数据的综合素质评价

评估本质上是收集学生学习行为和学习成果的表现数据，并根据一定的标准进行价值判断的过程。现在的学生是伴随移动互联网成长起来的，是数字时代的原住民，他们的教育、生活、娱乐、社交等活动都深深打上了数字化、网络化的烙印，他们的学习不再局限于课堂，随着他们的成长，处处都在学习中进步，课堂上单纯的课堂考核显然无法涵盖他们的一生。因此，该群体的考核活动从考核内容到考核形式都应与时俱进。

开展综合素质评价的两个关键问题是学生发展状况数据的收集和数据的分析与评价。

（1）要收集学生各科成绩、学生身体素质、学生学习行为和实践经验、学生课堂表现、学生综合素质考核各项指标的表现等信息。

（2）需要对收集到的海量数据进行挖掘和分析，以提取有价值的相关信

---

❶ 刘青春：《信息时代高校学生管理模式的转变及创新》，沈阳，辽宁大学出版社，2021年。

息。在此基础上，实施综合质量评估措施。

长期以来，由于技术限制和操作难度大，学生的学习行为、数据的采集和数字化是非常困难的，当然在此基础上实现分析和可视化表达也很困难，教育数据分析是有限的对测试数据的综合排名系统，正是因为技术的限制，质量评估的理念很难落地。

当前，信息技术的飞速发展为上述两个问题提供了很好的解决方案。首先，各种在线教育平台、教育项目和 app 应用层出不穷，基本可以覆盖学生的所有学习活动，全面收集学生的学习行为和结果数据。例如，在线评分系统和作业系统可以收集学生每天的作业和考试成绩，课堂学习系统可以记录学生的课堂表现数据，各种运动手环可以检测学生的运动数据。另外，采集学生各方面的数据无疑是一项庞大的工程，必然会产生海量数据，要对海量数据进行全面的质量评估活动，就必须要有海量数据处理技术。大数据技术正是解决这一问题的一把利剑。大数据技术是对海量数据进行分析提取的技术，利用大数据分析技术，对学生的兴趣爱好、知识点获取、学生在全组层面的位置等进行分析，甚至可以预测未来学生的表现。

随着信息技术的发展，收集和存储学生的各种数据已经不再是技术问题。近年来，各种大数据分析和管理技术（如 Hadoop、Spark 等）不断涌现，为学生存储、分析和管理海量数据提供了良好的解决方案，并为基于教育评估创造机会。未来，学生的学习行为和结果数据将在更大范围、更多来源收集，如学习经历和结果表现、社交朋友圈、地理位置数据、搜索关键词、购物商品目录、爱好表现、兴趣趋势、情绪心理等，包括结构化和非结构化数据，学生的兴趣、爱好、学习经历、能力、资历等，其实就相当于是一张数码照片，可以捕捉学生的整个形象，并可以创建数字画像，这在教育评价学领域会产生深刻的变革。

总之，信息技术的发展为学生综合素质测评的开展提供了良好的技术支撑，为基于大数据的学生测评提供了广阔的想象空间。

二、大数据背景下学生综合素质评价的意义

随着大数据技术的不断完善，教育数据无处藏身，被源源不断地记录和

收集。然而，如何利用这些数据，什么样的数据才具有教育价值，仍然是亟待解决的难题。大数据就像一只"看不见的眼睛"，可以进行全面的质量评估，它在学生、教师和家长不知情的情况下收集客观数据。它可以从外部到内部、从白天到黑夜、从行为到结果"看到一切"。从本质上讲，它可以做很多人类做不到的事情，看到人类看不到的内容，存储人类做不到的超级信息，进行人类做不到的计算，实现人工智能，并得出人工所无法得出的评估结果。基于大数据的综合素质测评对教育部门、学校、学生、家长乃至教育机构都具有重要意义。

（一）学生成长的个性化与自适应

1. 学生个性化成长

每个人的成长过程都是一条不可复制的道路，如果将一个人的思想重新植入另一个人的身体，他们的行为会不会高度一致呢？答案是否定的。每个人都是在特定的基因表达和时空环境下的互动，学生的个体成长是无法复制的。教育不应该是学生发现不对劲再教，而是在他们的成长过程中提供最优的帮助。

大数据驱动的学习分析可以支持大规模的个性化学习。个性化学习是一种高质量的教育，但由于成本较高，很多学校无法支持这一过程，因此成为个性化学习的有益应用，这是成本决定的。一对一教学是最好的，也许不是，但要做到最好，可能需要在微观文化背景下进行。但是在什么情况下对学生最好，在什么情况下需要得到独特的服务呢？在这方面，过去的教育是非常有限的，因为没有大数据的支持，现在技术是可以的。不同的人需要不同的支持或方式来实现不同的目标，在什么情况下、什么时间、以什么方式、以何种方式提供独特的帮助。

过去无法照顾到个人，所以经常说一个班有好几个学生不及格，老师都当作是理所当然的、问心无愧地说这是正常的，因为我的学生不能说百分之百成功。数据支持个性化学习，尤其是在产品设计方面，基于大数据的自适应，学习技术不仅可以通过双回路的反馈对教学重新设计，还可以根据个人学习能力和喜好个性化推送学习内容任务，从而引领教育进入高度个性化时代。

2.学生自适应学习

大数据技术是一个最近研究的热点，自适应学习是整合了现代技术以及教育学、心理学的综合应用，教育大数据可以促进教育公平。在大城市中往往集中着非常优秀的教师，而西部地区、边远地区和农村地区的优秀教师严重短缺，难以支持和调动优秀教师到农村和边疆地区。大数据可能是一个更好的解决方案，大数据赋能的自适应学习可以为此提供一定的支持。

（二）教育行政部门的教育治理

教育管理基于科学数据而非经验。实施大数据驱动教育管理已成为教育行政部门的共识。大数据支撑教育管理现代化，如上海义务教育注册制，在政府教育资源配置、宏观调控、科学决策、办学绩效评价等方面都需要大数据的支持。其他机关事业单位使用教育经费的边际收益，包括推广先进的教育理念，都离不开教育大数据。大数据可以帮助政府提高决策的准确性和科学性。

（三）学校的办学改进

大数据可以提高学校服务的相关性，帮助学校大规模实现个性化学习。

第一，发现学习规律。关于学习规律，我们理所当然地认为应该是怎样怎样的，但也未必。例如，肺活量和数学成绩的关系，很多人认为喜欢运动的孩子肺活量更大，喜欢运动的人头脑简单、四肢发达，其实完全不是这样。经过大数据分析，我们会发现肺活量对成绩的影响很大，尤其是数学科目，肺活量大的学生比其他学生更擅长数学。这些也许会颠覆一般人的常识，但这些为我们教育工作者改进教学、寻找教育的规律提供了支撑。还有班级座位和年级的相关性分析，你可能认为座位和年级的相关性是不确定的，但是现在你可以通过大数据找到平均相关性。

第二，促进师生信息双反馈，服务教与学。教育大数据可以改善教与学，在传统的教学过程中，不断进行各种测试并记录学生数据，但这些数据往往是片面地通过学生的问题表现来理解。但在实践中，更需要双向反馈，比如可以利用大数据技术，对学生学习过程中的数据进行收集和分析，实现双向反馈，不仅可以纠正学生意见，还可以从教学和学生行为数据中分析出错误的原因，而且可以将教学效果反馈给教师,双向改进教与学。

第三,提前预警与成效评估。目前教育存在两个主要问题:一个是公平均衡,另一个是个性化。个性化方面的不足是影响我国整体教育质量的一个巨大的"瓶颈"。为了提高学生的考试成绩,很多学校通过大数据筛选学生,对相关学生进行预警,从而帮助学生顺利通过考试。此外,还有其他的行为干预,过去预警往往是事后才想到的,当学生犯错时,就进行惩罚或纠正实际上是不人道的,最好的方法是防患于未然,早期预警。

此外,大数据还可以评估学校整体的教学动态和教学效果。通过对教学进行分类和总结,我们可以首先了解哪些学生是所谓的学霸、哪些学生学习不好,从而可以监控教师的行为并提供反馈。对于某一个知识点掌握得好与不好,这些在教育中是一种常态化的应用;还有未来对每一个学生做一个数字画像,当老师给学生写评语时,把每一条评语进行大数据分析可以发现,一个学校的评语基本可以概括为四五种模型——要么这个人爱学习爱劳动成绩好,要么这个人爱劳动成绩不好,总之你会发现,教师基于几个关键词进行重组,所以写出来的评语几乎都是千人一面、非常单调。但是每个人都不一样,怎么区分呢?我们需要大数据给每个学生做数字画像,除了学科成绩的数字画像,还要看到其他方面的成长,包括运动、情商、社交、情绪表达等。数字画像对于一个人的生涯设计,包括因材施教和高校的持续培养,以及就业,都有重要的价值,这些在大数据出现之前很难实现。

三、学生综合素质评价智慧化应用

学生教育和生活中的所有行为都是数据,所有数据都可以采集,可将学生客观数据的采集范围扩大到包括课堂内外、正式学习环境和非正式学习环境、线下学习和在线学习等,这些数据可以形成系统完整的教育大数据,为学生提供全面的多方位数据和素质数据,对学生综合素质进行多维度、全方位的考察,形成基于大数据的学生个体和群体综合素质数字画像。评价结果不仅服务于高校招生,也服务于学生的职业生涯规划、因材施教、中学管理和政府教育区域管理,充分履行客观数据的价值,有效地强化认知和知识。多维度测评学生的素质能力,调动学生、教师、中学、高校、政府等各方综合素质测评成果，充分发挥测评导向作用，促进学生全面发展和健康成长。

基于大数据的综合素质评价需要一套完整的综合素质评价模型。数据挖掘的一般过程是数据采集、目标数据、数据预处理、数据挖掘、结果呈现、反馈应用，如图5-10所示。在一幅图像中，数据采集往往是主要环节，通常需要花费大量时间进行采集和预处理；数据采集完成后，可根据实际需要确定目标数据，再进行数据预处理，形成大数据，根据行业特定的规则构建存储和挖掘方法，进行数据挖掘，建立数据模型，呈现挖掘结果。

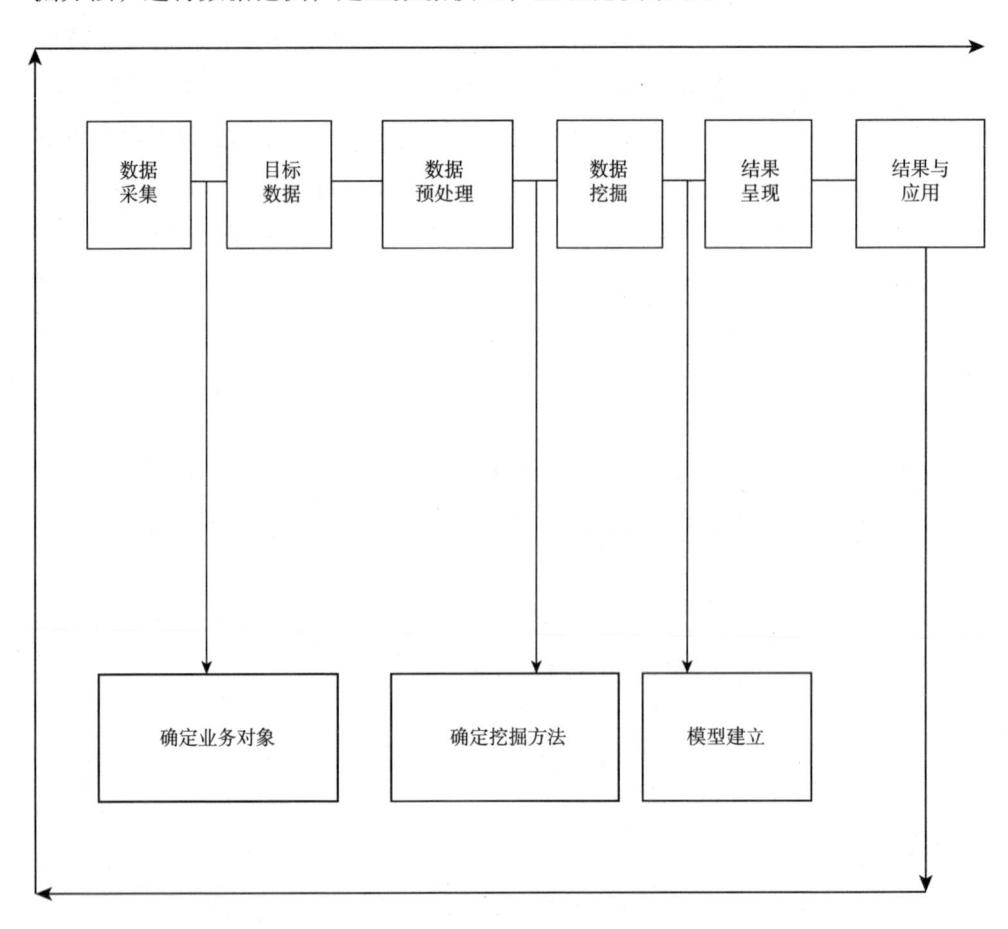

图5-10 数据挖掘一般步骤

根据数据挖掘流程，构建基于大数据的"多源多维综合素质评价模型"，其结构如图5-11所示。

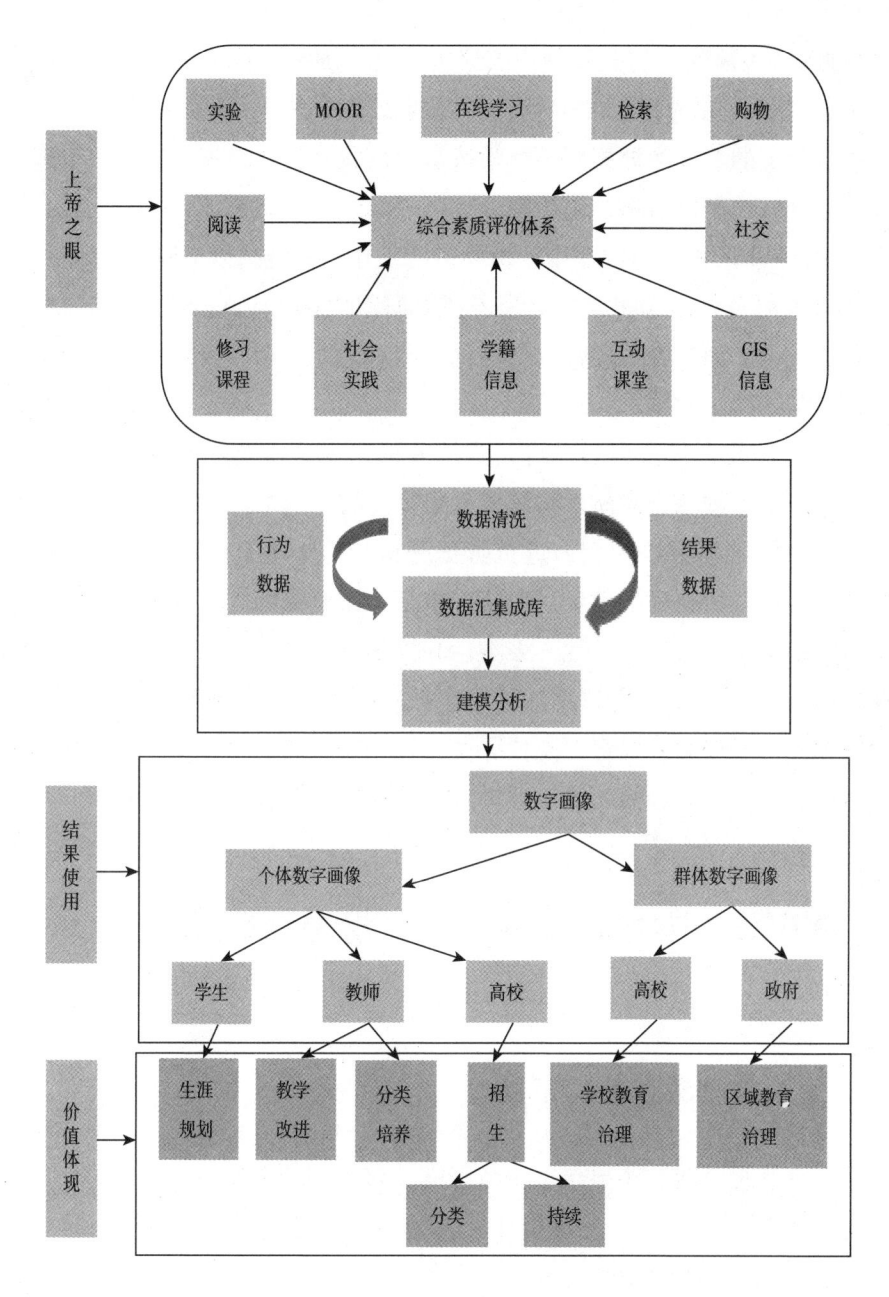

第五章 智慧高校学生管理平台的系统

图5-11 多源多维综合素质评价模型图

图 5-11 是一个基于大数据的综合质量评估模型，其中数据采集侧重于多源的自然采集，包括结构化和非结构化数据，并试图在不引入结构缺陷的情况下获取大量数据。这些数据收集起来之后，会进行清洗和处理，进行模型分析

和数据挖掘,"大数论"的关联分析、聚类分析、因果分析等。通过它可以找到模式和相关性,并为每个学生呈现客观的数字肖像,还为群体实施数字画像,服务于学生的职业生涯规划、办学改进、高校分类选择等,这是一个理想的综合质量评估模型的潜在价值。

根据图 5-11 所示,多源多维评价模型的工作机制包括以下四点:

第一,采用多种形式和方法记录表现数据,映射学生综合素质发展状况,数据记录是一个全面综合的过程,结构化并侧重于综合和非侵入性的自然状态收集,包括非结构化数据。

第二,在形成大量数据后,将其清洗并标记为不需要的,根据一定的元数据标准,将学生的综合素质评估纳入大数据系统。

第三,根据数据分析模型,进行数据分析,为学生个体和群体制作数字画像,进行客观分析。通过学生、学校、教师、政府等的数字画像,了解学生综合素质的发展状况及其相关性、聚类性和因果性。

第四,及时利用基于大数据的综合素质测评结果,实现个人职业生涯规划、学习提升、学校服务提升、院校分类选择、政府数据化管理的综合素质测评、学习成长功能发展诊断功能、分类选择功能、管理服务改进功能等。

第八节 学生安全教育及日常考勤管理系统

一、学生安全教育管理系统

安全教育管理系统,主要包括服务器端、移动终端两大部分。

服务器端包括平台服务管理模块、高校系统管理模块、高校安全教育门户网站模块、高校心理咨询管理模块,如图 5-12 所示。平台服务管理模块为平台运行商提供平台运行管理;高校系统管理模块为高校提供内部管理服务;高校安全教育门户网站模块为师生提供安全教育知识;高校心理咨询管理模块提供心理咨询服务。移动终端为学生端提供校园安全教育服务、为管理员端调度安保人员执行安保处理动作。与现有技术相比,该系统能够实现提升师生安全和学生的积极性，以及提高校园保卫人员处置事件的便捷性与准确性的目的。

```
系统管理单元
客户管理单元
模板管理单元 ─┐
发布管理单元   ├─ 平台服务管理模块 ─┐
活动管理单元   │                      │
流程管理单元 ─┘                      │        ┌─ 系统管理单元
                                      安全     │  发布管理单元
                                      教育 ─── 高校系统管理模块 ─┤
                                      管理     │  活动管理单元
                                      系统     │  安全服务单元
                                      服务     
                                      器端     
排班管理单元 ─┐                       │        ┌─ 机构设置单元
预约管理单元   │                      │        │  通知公告单元
在线咨询单元 ─ 高校心理咨询管理模块 ─┤        │  安保新闻单元
档案管理单元   │                              ├─ 高校安全教育门户网站模块 ─┤  安全教育单元
预警处置单元   │                              │  安全服务单元
信息发布单元 ─┘                              │  政策法规单元
                                              └─ 下载中心单元
```

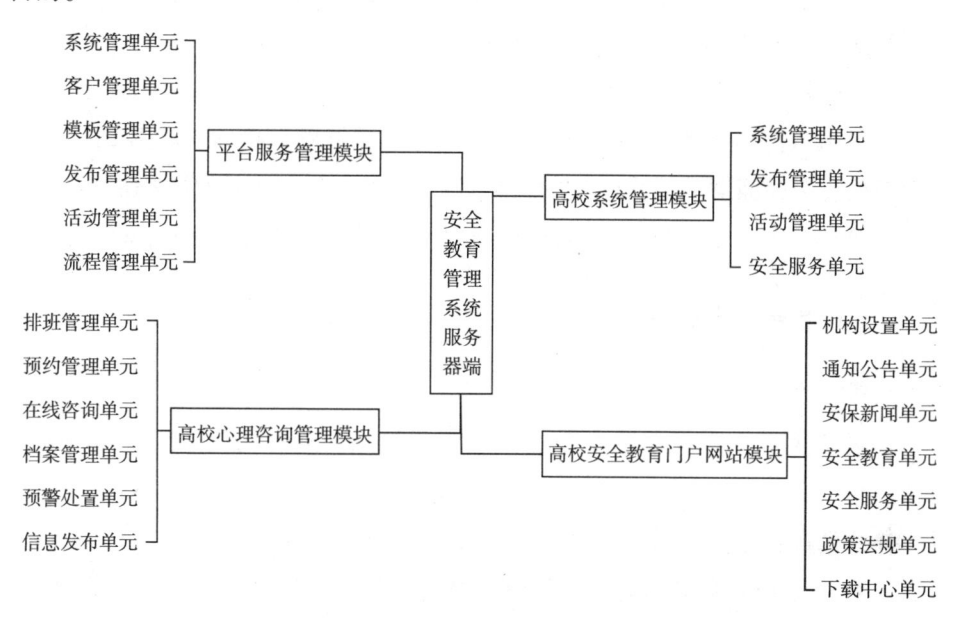

图5-12 安全教育管理系统服务器端

二、学生日常考勤管理系统

（一）学生考勤管理系统背景分析

如今高校的信息化水平正在不断提升，对网络的有效利用对提升工作效率具有重要意义。目前，各个高校都开始引入学生成绩查询系统、BBS、教务管理系统等，这为教师的工作与学生的学习都带来了很大的便利。所以，学生日常考勤系统的应用，对于学校学风建设、教学秩序的维护以及学习环境的营造具有重要作用。

目前在高校的学生考勤管理方面，一般是由教师在课上进行点名统计，如果有学生请假时间比较久，学生则要向辅导员、校领导提出请假申请才能生效。这样的考勤管理方法有以下五个不足之处：

第一，学生请假不方便。

第二，学生请假对教师来说是不透明的。

第三，学生对自己整个学期的上课出勤情况没有整体的统计信息。

第四，班主任不容易检查整个学期班级学生的出勤情况。

第五，院系负责人和校领导不容易掌握学生的出勤情况。

如果引入好的考勤管理系统，以上问题就能够顺利解决，学生的日常考勤管理系统主要面对的是大学生的在线毕业问题以及学生的日常考勤。该系统包括教师、学生、校领导、院系领导、辅导员及系统管理者六种类型的用户。

（二）用户需求分析

1. 学生用户需求

描述学生对本系统的主要需求：在线请假以及查看在校期间所有的上课出勤信息。

在线请假：学生在请假过程中可以随时查询详细的请假进度。

查看考勤信息要求：学生可以在学期内查看所有学期的详细考勤信息，如查看整个学期的"大学英语"课程缺勤人数等。

其他要求：查看自己所属院系、班级、专业、年级、学号、姓名、性别等基本信息，并更改个人用户密码。

2. 任课老师用户需求

教师对考勤管理系统的主要需求：对学生上课出勤信息进行管理与查看。

管理学生考勤：随着时间的变化，自动列出未在网上发布的学生考勤信息，系统根据学生请假制度自动确定学生的最终考勤结果。

查看学生出勤数据：查看学生在整个学期教授的课程的出勤状态。

其他要求：查看本班学生基本信息、个人用户密码。

3. 班主任用户需求

班主任对考勤系统的主要需求：查看学生的上课考勤情况，对学生在线申请的请假信息进行审批。

学生请假审批：学生在线提出请假申请以后，班主任就会收到待审批的信息，然后班主任会根据实际情况进行审批。

查看学生出勤信息要求：对班里学生在整个学期中的出勤信息进行查看。

其他要求：修改用户密码、查看学生基本资料等。

4. 院系领导用户需求

班主任对系统的主要需求：对本院系学生的请假申请进行审批，如果有学生请假时长超过三天，就要对学生上课的出勤情况进行查看。

请假审批：如果学生请假的时间超过三天，班主任在审批完毕后，系统就会将信息提交给系主任进行审批。

查看本系学生考勤数据：输入查询条件后，系统根据查询条件列出相关班级学生的考勤数据。

其他要求：查看本院系的基本信息、修改个人用户密码等。

5. 学校领导用户需求

描述学校领导对系统的主要需求：查看学校所有学生的出勤信息。

查看考勤信息：输入查询条件后，系统会根据查询条件列出该校学生的相关班级考勤信息。

其他需求：查看有关全校的基本信息、修改个人用户密码等。

6. 系统管理员用户需求

描述系统管理员有系统的最高权限，负责系统所需的所有数据的动态同步更新和存储，根据系统针对各个用户的设计，主要功能需求有：①学校各院系、专业、班级的增、删、改等情况；②管理每学期各班的课表，指定班主任和辅导老师；③管理系统的所有用户；④管理全校的课表安排；⑤管理系统中的请假和考勤信息。

7. 功能需求

描述根据不同用户的需求描述，系统应具备三大功能：请假系统、考勤管理系统和后台管理系统。

（1）请假系统功能：通过班主任、系主任对学生信息进行确认，除特殊情况外，最长请假时间不得超过1个月。

（2）考勤管理功能：班主任可以利用考勤管理系统将学生的考勤信息公开，请假申请只能由教师进行审批，考勤管理系统包括两个方面：一是请假系统；二是课表。不过，课表并不是固定的，每个学年都会有新的课表，教师的人事变动也会引发学生的变动。

（3）后台的管理系统要能够做到基于系统需求，对系统内数据进行实时更新。

8.系统功能划分

根据系统用户需求，按系统功能划分为请假系统、考勤系统、后台管理三大功能模块，涵盖六类用户：学生、任课教师、班主任、院系领导、学校领导、系统管理员。

（1）请假系统模块。该模块的功能是进行在线请假以及对在线请假情况进行管理，该模块主要涉及三类用户，即学生、班主任以及院系的领导。通过该模块，学生不仅可以在线请假，还能对之前的请假情况进行查看；班主任也能查看学生的请假情况的信息记录，还要对学生提出的请假申请进行审批；院系领导负责对长时间的请假申请进行审批。

（2）考勤系统模块。该模块的功能是实现、查看和管理学生出勤数据统计，涉及六类所有用户。学生可以在线查看所有学年的出勤记录；教师可在线管理学生考勤信息；班主任、院系领导、学校领导可以查看不同范围的学生出勤数据。

（3）后台管理模块。该模块的功能是对所有系统数据进行同步更新和保存，只涉及系统管理员用户。系统管理员动态管理学生信息、课程表和学年安排等信息，这些信息对整个系统的实施至关重要。

第九节　学生参与管理的管理系统

一、高校管理中的学生权利实现——学生参与

在制定的各项法律法规及规章制度中，都要对学生事务管理的范围加以明确，要注重保护学生的合法权利。然而实际情况却是高校管理的权力很少能够和学生的权利实现互动，高校的管理权力往往是很难动摇的，即便是涉及学生切身利益的事务，也是以高校的态度为主，学生并没有什么话语权，学生的权利也形同虚设。

学生参与的大学管理是大学内部管理模式的创新与实践，是实现学生权利的最佳途径。学生参与治理在制度化的基础上，可以确认学生在高校的主体地位，使他们能够积极主动地参与与其利益实际相关的学校治理，并能够追求自己的利益。同时，高校制定的各项规章制度要通过学生的参与得到更好的贯彻执行，形成"学院尊重学生、学生支持学院"的局面，逐渐消除高校与学生的紧张关系。

要认识到，高校不应该只有权力，学生不应该只受学校的管理和教育，学生应该充分享有参与权、发言权和决策权；允许学生参与任何允许学生参与的活动；同时，要观察学生干部和代表的选拔、监督、罢免，到计划、组织、实施、监督的全过程，整个过程要保证学生的有效参与，以提高他们的参与度。这样，不仅可以大大增强学生的自治能力，还能促进学生充分使用自己的建议权、监督权和知情权，从而增强自身的管理技能，提高自身的思想意识。

要让学生广泛参与高校治理，努力实现全覆盖。除了定期参与学生学务管理外，参与的范围还应扩大到参与关系，包括直接或间接反映学生的日常生活、人格的自由发展等利益的各种事务的管理权利的保护，并努力实现权力对权力的平衡。

就我国高校学生参与管理的实际操作而言，学生参与范围较窄，主要涉及两个方面的管理：一是教学管理规划；二是学校生活服务，而在学校的发展、组织的发展方面，学生还没有真正参与进去。当然，即便是学生真的参与到了学校生活服务层面中，高校也往往无法真正鼓励学生参与。例如，我国各高校在教学管理规划方面都实施了学生自主选课、辅修选课、教师评价等制度，实施这些制度是学生参与性的体现，能够有效促进学生顺利完成自己的学业。同时也有助于提升高校的教育水平和科研水平以及对教育与科研的管理水平。在学校生活方面，要拓宽学生的参与面，小到食堂里一斤土豆的采购价格，大到对学生宿舍楼的管理。

二、大学生参与高校管理体系的建立

（一）以利益相关为标准的建立

1. 与学生密切相关的管理活动

这一管理活动往往将学生当作活动的主体，和学生的学习、工作与校园生活有着紧密的联系，这样的管理活动会从很大程度上影响学生的合法权益，主要包括以下六个方面的内容：

（1）学生管理。这是与学生关系最密切的管理活动，主要集中在和学生的学习相关的各种校园活动，如学生学籍档案、学生的就业、学生的奖惩等事务的管理，所涉及的内容是非常广泛的。实施这些管理活动，会对学生的基本权利产生直接影响，严重的话还会使学生的合法权益受到侵犯，这也是实践中争议最大的部分。

（2）对教学资源的管理。《中华人民共和国教育法》明确规定，学生享有教育教学工具、设备、图书资料等权利。教育资源的使用、购买和管理直接影响学生基本权利的实现，是与学生利益密切相关的管理活动。

（3）校园安全管理。学校设备的购置、安保措施的实行等都在校园安全管理范围内，保证校园环境的安全性，才能为学生的财产权、人身权提供有力保障。

（4）部分教学管理活动。学生选课制度、教师教学效果评价等教学管理活动是关系到学生切身利益的管理活动，会为学生的学习生活带来直接影响。

（5）后勤保障管理。学生住宿、饮食、基本生活条件等后勤保障管理主要是根据学生在校的基本生活情况，是学生日常与学校接触最多的部分，同时也是学生最关心的部分。学校后勤管理部门仅凭观念上的"以学生为本"，是不能设计出最符合学生需要的服务体制的，"没有谁比自己更了解自己"，在这方面，学生最有发言权。

（6）规章制度管理。与学生利益密切相关的法律法规、学校政策和规章制度的制定，包括制定上述管理活动的规章制度。制度的形成是开展管理活动的开始，所有的管理活动都要按章办事，所以要切实保护学生的权益，就要从规章制度的制定做起。

2.与学生不相关的管理活动

严格来说,学校的管理活动都和学生脱离不了关系,为了使界限更加清晰,也存在一些管理活动和学生没有太大关系,如以专业知识与技能为主的管理活动,当然,这并不代表它不重要。

(1)科学研究。学术问题研究是高等教育的核心任务之一,不受作为大学一员的学生的影响或支配。学术自由原则要求从事学术研究的科学家可以根据自己的理解和知识自由选择研究的方向和内容,不受任何人的干涉和支配,与学生的接触很少。

(2)其他管理活动。除科学研究外,学校管理层还有很多,如学校的外事活动管理、纪律监察、日常办公管理等就与学生关系甚微。

(二)以参与能力为标准的建立

参与能力是指学生在参与学校管理活动中所必需的主观条件,不同群体在学校管理活动中所表现出来的能力是不同的。一般来说,能力越大,管理活动执行得越好。由于学生处于成长期,他们的经验、技能和知识都比较有限,在不同的管理活动中表现出来的能力强弱也不尽相同。根据学生对管理活动掌控能力的不同,将高校的管理活动分为以下三类:

1.完全有能力参与的管理活动

它指的是学生可以凭借自己的知识、技能、经验等主观条件在管理活动中作出正确判断。学生可以在这样的管理活动中充分发挥自身优势,拥有和其他主体相同的管理权限,甚至可以在没有其他管理主体的情况下独立完成。由于学生还处于成长期,各方面还不够成熟,能够充分参与管理的活动非常有限,主要包括以下三点:

(1)对学生组织的管理包括多个方面的内容,如对班级的管理、学生会的管理、社团的管理等。对学生自己的组织,学生具有其发展方向、管理制度与办法制定的权利,学生可以凭借自己的能力打造合适的学生自我管理、自我服务以及自我教育的平台。

(2)在学校教学资源管理方面,对学生生活设施管理是其中的重要组成部分,主要包括对辅助学生的学习和丰富学生的业余生活的各项设施的管理。

目前，我国高校学生活动设施的管理主要由学校掌握，学生参与度低，学生对学生活动设施使用不满的现象普遍存在。学生活动设施服务于学生的教育和休闲活动，设备的使用方法较简单，对学生进行简单的培训以后，学生基本就能够掌握其操作方法。另外，学生对同为学生的需求是最了解的，因此对于活动设施的使用，学生有能力参与到其管理活动中。

（3）宿舍管理。宿舍是学生在学校的重要活动场所，宿舍管理质量会直接影响学生的生活质量，学生身为宿舍的主人对自己想要一个怎样的生活环境是非常清楚的，同时，学生也知道应该怎样营造自己想要的生活环境。另外，学生以一种平等的地位参与到宿舍管理中，更容易使学生接受宿舍管理理念，从而有效提升宿舍管理的效果。

2.完全无能力参与的管理活动

指学生的经验、学识、能力等主观条件不能达到管理活动最低层次的要求，不能产生实质影响的管理活动。主要是指依赖专业技术完成的管理活动。

（1）学术活动。学术研究主要对先进知识进行研究，学生对于先进知识的掌握是有限的，很难有机会在学术管理方面发挥自己的作用。

（2）教学活动。教学管理主要是对课程设计、教学方法和手段等进行制定，要求教师要具备专业的知识与技能，在这部分活动中，学生没有参与的能力。如果赋予学生和教师相同的教学管理的权利，就很可能出现学习难度降低等影响学生能力提升的问题，进而对学校的教学水平造成影响。

3.有部分能力参与的管理活动

这部分活动内容涉及的范围比较广，除完全有能力不能全部参与的管理活动外，校内其他管理活动均有能力部分参与。在这些活动中，学生的主观条件能够满足管理活动的部分需要，并对管理活动产生实质性的影响。

第十节　管理机构和管理队伍的管理系统

本节内容以师资队伍的建设管理为例，分析高校管理机构和管理队伍的管理系统。

第五章　智慧高校学生管理平台的系统

一、系统架构的设计

师资建设管理系统的结构设计可以采用结构模型，系统在一定程度上分为三层：表现层、业务逻辑层和数据库层。现有的服务器很难实现所有的功能，因此数据库服务器可以进一步降低整体服务器的负载，进一步提高执行效率。

管理系统采用基于 Browser/Web/Data Base 的三层架构，浏览器提供查看方式，Web 层向用户发送请求，处理业务事务，数据库层实现应用程序之间的交互软件与数据库系统。对于基于 B/S 架构的应用，对终端设备的软硬件环境没有太多的限制，用户在使用终端设备发送和接收请求时，可以添加、存储和接收请求，并实时管理调查数据。

表现层的本质是应用软件用户终端设备的浏览器，它在控制系统和系统用户之间架起了一座沟通的桥梁。为了对现有客户端，即 Internet Explorer 等 Web 浏览器实现完美的浏览器模型，有必要加强工作方法的提供，以提高内容解析度。当系统的用户界面信息发生变化时，可以在服务器端升级应用软件，而不影响客户端的功能和性能。

业务逻辑层是系统数据处理的最高层，它建立在数据访问层之上，对表示层的功能进行抽象，为其提供服务并执行处理任务，内容有很多层次，包括相应的软件、数据处理过程、访问关系数据库以及后续的服务器请求等。然后需要对发送的 HTTP 请求进行适当的分析和转换，实现逻辑处理流程的改进，促进处理流程和通信能力的改进，另外可以通过数据模型的改进来推动服务器升级，然后将相关结果以 XML 或 HTML 的形式发送到客户端浏览器。

数据层主要实现业务处理和数据库，用于进行关系数据的传递和查询，以及在数据库中进行关系函数的插入、修改和删除，通过数据层，可以在数据库管理软件和 Web 应用之间建立数据交互和存储。

基于 Web 的教职工楼管理系统采用浏览器 /Web/ 数据库三层架构，浏览器提供浏览方式，Web 查询和处理，数据库实现系统相关信息的存储。在该管理系统中，用户可以通过提供客户端浏览器，对搜索数据进行添加、存储、过滤、管理等管理。

二、系统功能结构的设计

（一）系统管理模块设计

教职工系统管理包括平台配置、组织类别等，这些是所有系统功能的参数，管理员在使用系统前，必须提前启用相关数据。系统管理员登录系统后，可以输入师资类型、设置、配置设置分数等。教员类型和设置一旦有了相应的教员信息，就不能删除只能更改。系统管理模块主要负责管理师资设置的基础数据。在界面中直接添加记录的方法比较简单，但是一次只能处理一条记录，显然不适用于录入大量数据。然而，在使用系统的过程中，用户往往希望通过从外部 dbf、Excel 等文件中获取多条记录的操作方法，将已有的数据一次性直接导入已有的系统中。

系统管理主要包括四类：用户类、角色类、角色模板类和系统权限管理类。在该模块中进行角色创建、模板设计、权限分配等操作，基础学生类和相关专业教师类直接调用系统管理中已有的类别。在角色模板类中添加模板，设置角色权限，查看角色权限。学生类和教师类继承用户类，学生类包含自己的属性和操作，教师类包含特殊的属性和操作方法。只有管理员类在系统权限管理中才有相应的操作方法。管理员可以配置系统角色并创建角色模板。在创建角色模板时，他们可以为每个角色模板设置适当的权限，每个角色模板可以分配多个系统操作权限。

（二）教师档案信息管理模块设计

教职工档案是教职工信息管理系统中的重要用户角色，所有教职工信息均直接从学院人事管理系统中获取，保证了教职工信息的准确性。为了建立系统间良好的数据交互，在人事管理系统中保留了获取教师基本信息的业务接口，在教授管理系统中，通过访问开放的教职工接口获取教职工信息和工作人员。因此，要访问该模块，需要验证访问人员的身份。

教师档案管理模块设计比较简单，主要由教师类、教师档案类和管理员类组成，实现了教师对档案的查看和管理员对教师档案的管理。

(三) 教师招聘管理模块设计

外籍员工在规定的提交简历期限内，通过教师团队建设管理平台填写相关年度教师招聘信息，包括填写申请表和上传证明材料原件扫描件。外部工作者只能查看和管理。本人在填写申请信息时未审核的申请信息，经教务处审核通过后，申请人不得更改或删除该信息。上报申请数据时，外部工作人员先下载单个数据上报模块，根据不同类型填写数据，然后批量上传或逐条添加申请数据。教师招聘及申报管理模块主要负责对每位教师填写的申请资料和简历进行统一管理，为学院外聘教师资源库的创建奠定基础。

在教师招聘管理模块中，主要由教师类、管理员类、求职者类以及教师招聘类组成。在该模块中，学院主要进行求职者数据管理，包括编辑简历、上传简历及证明材料、发布招聘信息、收集招聘信息和建立求职者候选人数据库。教师招聘管理模块涉及的用户对象比较复杂，包括求职者、分院负责招聘的教师、教务处负责教师信息的管理员，但操作相对简单。

(四) 教师培训管理模块设计

教师培训管理模块主要是教师培训统计，教务处率先发布培训计划，教师可以根据计划提出申请，教务部审核通过后，方可参加培训并提交培训结束后的培训报告，报教务处审核，教务处对培训评价结果负责。参加培训的教师如因自身原因未能通过考核将受到处罚，通过考核的教师可按校规发给有偿培训材料。因此，教师培训管理工作为教务处考核教师培训质量提供了重要依据，也为学院青年教师队伍的形成提供了参考依据。

在教师培训管理模块中，班级由教师类、管理员类、师资培训类以及培训记录类组成。本模块主要进行学院对教师培训数据的管理，包括教师培训计划的编制、培训数据的发布、教师培训数据的收集、培训教师数据库的创建、培训注册、培训结业、培训评价。教师培训管理模块涉及的用户对象相对复杂，培训教师、分院负责培训的教师和教务处负责教师信息的管理员通过培训类和培训记录类共同完成对教师培训业务的操作，在设计时把该模块所有的操作都归入教师培训类和培训记录类中。

（五）师德师风考核模块设计

师德师风评价是系主任对教师在教学期间具体活动的评价。然后把信息交往教务处，这些信息可以成为对教师的师德师风进行审查的重要依据，是教师绩效考评数据库的组成部分。教师师德的考评成员主要由学生、同科目的教师以及校管理人员组成。主要会根据教师在整个学期的教学情况来了解教师师德发展的实际情况，这一考核会成为评价教师绩效的重要依据。

师德师风管理模块设计较为简单，主要由专业教师类和教师活动类组成，实现教师师德师风分值计算及入库等操作。

（六）教师绩效考核模块设计

为建立教学能力、科研能力、实践能力、服务企业与社会能力等项目作为教师绩效考核的重要内容，把教师互评、学生测评、督导评价等多评价结合起来作为教师能力质量考核的重要指标，实行专、兼职教师同样的绩效考核和同样的绩效奖励。考核设置主要就是对多种形式及类别的考核指标、考核末班、考核流程等进行详细设置，然后系统就会根据这些设置参数进行考核。考核管理由相关人员在系统新建并发布考核，随时查看考核结果，并对考核结果进行汇总。绩效考核测评用于各考核对象的自评，上级接收和参与对下属的考核，反馈并公布考核的结果，在系统中可以任意设定考核分值与指标，等到考核结束以后，就会自动生成教师的考核信息。

在教师绩效管理模块中，班级由教师班、管理者班、师德班、绩效评价班组成。本模块主要是为了进行教师年度绩效评价数据的学院管理，包括教师的教学评价、教师的自评、教师教学质量等成绩的统计，进行教师年度绩效汇总、排序等操作。在教师绩效管理模块中，会涉及较为特别的用户对象，评价教师和教务处负责教师信息的管理员可以通过教师绩效评价类完成年度教师绩效评价业务活动。该模块的所有操作都包含在教师绩效评价课堂的设计中。

第六章 智慧高校学生管理的评价机制

第一节 评价系统的功能

一、导向功能

评估具有引导学校办学方向的作用。在高等教育评估中，评估的内容和标准都会使高校改变工作的方向和侧重点。在某种程度上，评估具有指挥棒的作用。在高等教育评估中，主体往往对客体具有很强的制约作用。特别是在我国，高等教育评估都是由国家及其教育管理部门组织的，即评估的主体就是管理者自己，这种制约作用就变得更为显著。导向功能有利于实现国家对高等教育的宏观指导和调控，但也容易限制高校优势的发挥、办学特色的形成和办学水平的提高。所以，导向功能不全然是正效应，运用得不好，也会产生负效应。

二、鉴定、区分与激励功能

通过教育评估，可以确定客体(如高等学校)是否合格，进而区分其优劣。在此基础上，对办得好的，给予重点扶持和奖励；对办得不好的、不合格的要整顿甚至停办。这就是高等教育评估的鉴定、区分与激励功能。这两种功能是分别通过鉴定性评估和水平性评估来实现的。例如，对新建高校或新升格的高校所进行的合格评估，就具有鉴定的功能；"211工程"项目评估就具有激励功能。一般说来，高等教育评估的鉴定、区分与激励功能不是截然分开的，而有一定的联系。一次评估工作可能既有鉴定、区分的功能，也有激励的功能。例如，高等学校的国家文科、理科基地评估就兼具鉴定、区分和激励功能。

三、诊断功能

在评估中，通过对高等学校教育工作的原始资料、数据的收集和分析，可以获得有关评估客体教育工作的大量信息，既可以清楚地认识评估客体办学中的优势，又可以看到问题与劣势，并找出产生问题的原因，及时加以解决。这就是高等教育评估的诊断功能。高等教育评估是按照一定的指标体系和严格的程序，科学地、全面地进行的，故它对问题诊断的科学性、客观性和准确性，是其他手段（如各种工作检查等）所无法比拟和取代的。

四、决策、监督功能

一般而言，评估本身不是决策，也不是监督，但从另一个意义上讲，评估获得的信息和结论将为高等教育决策提供依据，监督着高等教育在一定时间内达到应有水准，因而直接或间接地发挥着决策、监督功能。

五、交流功能

高等教育评估要有知识界、教育界和用人单位三方面的人士参加。其中教育界主要是有关院校的同行专家，知识界、用人部门属于社会各界人士。通过评估，就可以加强高等学校之间及高等学校与社会各界之间的横向联系和交流。一方面，使高校同行间相互交流，取长补短，提高办学水平和效益；另一方面，促进高校与社会的交流和它们之间的双向参与，使高校主动适应社会发展的需要，同时也使社会各界特别是用人部门了解、支持和参与高校的教育工作，推动高校教育事业的发展。这就是高等教育评估的交流功能。通过这一功能，使原来封闭的高等学校变成了对社会开放的系统，促进高等教育事业更快、更好地向前发展。

第二节 思想道德评价模块

一、思想道德素质评价机制的结构

思想道德素质评价机制是一个整体体系，主要由评价主体、评价客体和评价介体三部分组成。

（一）评价主体

评价主体指掌握了一定评价技能与理论，能评价学生道德思想素质的"人"，它可以是学生本人，也可以是学校的任课教师、学生管理员或者辅导员等。学生辅导员、学生管理员以及学生班干部作为学校中开展学生思想政治工作的主要人员，掌握着对学生道德思想素质进行评价的技能与知识，这是专业评价人员必须具备的。只有让思想政治工作者全面、科学地认识学生道德思想素质发展的规律与特点，才能使评价工作有效开展。

在学生成长的过程中，其道德思想素质的发展方向主要取决于社会对其思想品德作出的要求，从这一点上看，学生思想政治工作者承担着社会监督者的角色，他们对社会要求的理解对评价的结果与质量将产生直接影响。为了发挥好社会监督者的职责，他们必须要时刻了解社会要求的更新变化，并结合学生的实际特点，对学生作出科学评价。作为思想品德评价的主体，学生可以通过互评、自评等方式完成思想道德素质评价，这同样是学校思想道德素质评价的一部分，也是必要的帮手和重要的补充。学生的自我评价能有效调动学生的主观能动性，使得出的思想道德判断结果与实际情况更加贴近。与此同时，在进行自我评价时，适当反思能帮助学生自我教育，帮助学生更完全地认识自己，实现自我提升。学生互评的评价视角具有多元化特点，由于学生之间相互了解，且比思想政治工作者的了解更到位，可以产生更真实、客观的评价结果。最重要的是，学生在评估时，更容易得到一致的评估结果，从而保障了评估的有效性。

（二）评价客体

评价客体与评价主体相对应，在大学生道德思想素质评价工作中，是评价活动的实施者，它将指标设定为群体或大学生个体的思想道德水平与行为，它的主要特点如下：

第一，能动性。学生是具备独立思考能力的个体。他们不会完全按照社会对思想道德品质的要求形成自己，他们会在教育过程中表达自己的要求，评价自己的愿望，并渴望尊重自己的发展要求，这需要在评估过程中考虑被评估设施的发展要求。

第二，层次性。学生的思想品德水平不仅在不同班级的学生之间存在差异，在同一班级学习的不同层次的学生之间也存在差异，评价时需要注意评价对象的这种差异主题，评估过程和学生在不同层次和阶段应该有不同的评估。

第三，可变性。随着教育和生活的变化，学生的思想道德素质也在发生变化，这就是思想品德教育的意义所在。在评价学生思想道德素质时，要遵循学生思想道德素质变化规律，从根本上转变评价标准。然而，在我国现实思想道德素质测评实践中，对测评对象的关怀不够，很少考虑到测评对象的实际特点和发展要求。

（三）评价介体

评价介体就是在评价过程中，评价主体所运用的评价方法和评价依据。评价主体通过评价介体对评价客体做出评价的过程就是评价，评价介体是评价过程中不可缺少的一部分。

社会基于大学生成长发展的特点与实际需要，对大学生提出了道德思想素质发展要求，评价标准就是以这一点为依据，为评价目标的确定做出的规范。在开展评价活动时，评价指标用于衡量大学生的品德智力发展情况，力图使评价对象了解未来发展的要求，逐步向标准靠拢，直到达到预期的学习目标。

在评价过程中使用的工具与方法统称为评价方法。就目前对大学生进行的道德思想素质评价实践而言，学生在整个过程中完全处于被动状态，其自身的特点与实际发展要求被忽视，这就很容易使学生对这种统一的评价标准与结果产生认同感并接受，评价因此成为评价主体单方面的意愿，无法得出客观的评价结果。所以，我们在开展评价活动时，应以了解和尊重学生道德素质与治理发展的实际水平为前提，关注不同学生个体间的差异，为不同层次水平的学生制定不同的评价标准和方式，使每个学生都能得到平等的对待。只有这样，才能获得客观、全面的评价结果，从而帮助学生有效地提升自我，不断提高学生的思想道德素质，实现教育目标。可见，评价效果会直接受到评价介体科学性的影响。

二、大数据时代高校思想道德素质评价的特征

在大数据时代，很多数据在过去无法被量化，只能作为被处理的数据，不具备实际意义，大数据的出现颠覆了这一现象，人们感知与分析世界的思维方式因大数据改变，高校思想道德素质评价也因大数据的到来形成了新的特色。

（一）主体多元化

在传统高校中，思想道德素质评价通常以思想道德教育者为教育主体。其教育结构以单向传播为主，依赖教师。在教学过程中，高校师生间"教"与"学"的直线关系受到大数据平等性思维的巨大冲击，师生间的地位与关系从根本上出现了变化，教育主客体之间的边界感不再像往日一样明显，教育主体越来越多元化，师生地位趋于平等。在思想道德评价中，各教育主体之间不再保持自上而下的线性关系，而是逐渐形成了多点互动、自下而上的关系网络。

（二）方式多样化

对传统高校教育而言，思想道德教育多以广播、书报为载体，教师常通过讲座、课堂教学等方式组织进行，受教育者无法通过这种教育方式对高校思

想道德教育产生深入的理解，高校在思想道德方面的教育目的很难实现。而在大数据时代，高校可以借助广泛应用的新媒体技术，从多个方面获取信息，高校思想道德教育不仅突破了教育模式的局限，还能突破时间与空间的限制，大大提高了教育的有效性和教育目的实现的可能性。

因此，高校应重视大数据时代的数据技术与手机、互联网等新媒体技术在思想道德教育工作和教育评价工作中的作用，这些技术可以将思想道德教育的内容凝聚到精简化的视频、图片、音频、文本等多元载体上，对大学生进行道德思想教育，也可以通过微信、微博、论坛、博客等多元传播途径实现道德思想教育信息的即时传播。

（三）过程交互性

大数据时代，任何人都可以成为信息的传播者，也可以作为信息的受众。在信息传递的过程中，传递双方都享有同等的主动权与控制权，各个主体有不同代号，它们平等存在、平等交流。思想道德教育工作者和高校在校生都享有平等的发言权，可以自愿、自由地进行对话，这种对话不是封闭的，也不是控制的或开放的，更不是劝说的，而应该是互动的，这种交流方式是对传统以教师为中心的课堂教学方式的一种颠覆，教育主客体间以往惯用的互动模式被改变，教学从单向互动变成了双向互动。

（四）空间无边界性

在大数据时代背景下，高校可将技术发展为依托，借助互联网的跨界性，实现对"无边界"教育评价机制的顺利构建。这是一种协同开放的教育评价机制，通过多种方式获取更多资源，是高校思想品德教育的综合性、无界性平台。在大数据场景下，教育评价活动挣脱了空间与时间的限制，师生间也不再只有课堂这一个学习场所，学生通过移动终端可以便捷享受碎片化的学习体验，还可以利用移动终端进行信息的即时交流传输。在大数据时代中，学生有更多受教育机会，通过互联网可以寻找到内容更丰富、形式更多样、空间更广阔、时间更自由的教育模式。受云计算与大数据的催化影响，教育评价空间发展成一个综合性的、流动的领域。

三、大数据对高校思想道德教育评价的影响

思想道德教育评价指基于某种评价标准，在定量与定向相结合的方式、方法的辅助下，从过程与结果两个方面，客观地评价思想道德教育的价值。思想道德教育评价是高校在当代新形势下开展有目的的思想道德教育的出发点和依据，是检验思想道德教育有效性的重要工具。思想道德教育评价因大数据时代的不断发展形成了新的发展思路。

（一）大数据推动高校思想道德教育评价范式的变革

传统高校思想道德教育评价范式以对数据研究的定性分析为主要基础，无法与大数据时代的客观要求相适应。大数据时代，信息系统终端与互联网中残留的大量行为数据，为研究行为特征、吸取思想道德教育规律提供了客观依据。在互联网虚拟世界的作用下，"个性"与"自我"这两个概念不断放大，无论评价者还是被评价者，都能顺利获得应有的用户体验，问题得以有效反映。因此，大数据时代高校思想道德教育评价范式应从定性分析向定量分析作出适当转变，对定量研究予以更多的重视，充分利用数据研究结果，让评价落地，使结果更加客观、精准、长效、动态。

（二）大数据扩大了思想道德教育评价范围

大数据时代，思想道德教育考核主体发生巨大变化，呈现出"多主体"并存的态势，思想道德教育评价也不再是传统观念中思想道德教育工作者的"独角戏"。评价服务、评价管理以及师生间的互相评价都反映出教育工作者与学生之间具有相互制约、相互影响的关系，并强调不仅学生可以作为教育评价对象，学校、教师、课程等教育重要组成部分也可以作为教育评价对象。大数据技术理念与数据存储技术促进了综合评价模型的构建，其评价对象可以是学校评价、学生评价、课程设置评价、教师评价、区域教育发展评价等。

（三）大数据使思想道德教育评价更加精细化

传统的高校思想道德教育评价形式主要为抽样调查或访谈学生代表，通过了解和分析部分学生的言行对广大学生群体的思想状况作出推测与评价，这种

评价方式得出的结论难以对大学生的思想状态作出准确的描述。进入大数据时代后，互联网平台可以留下学生更加真实的声音，学生在网络世界中活动的足迹数据均能够以可视化方式呈现出来，使用抽查方式无法得到的信息则会以这种形式更清晰地呈现出来。互联网的使用为观测和了解大学生的思想观念与行为动态创造了便利的条件，能帮助思想道德教育工作者准确地找出最佳切入点实施思想品德教育，以针对性的教育对大学生的行为与思想作出正确的引导。

（四）大数据奠定了思想道德教育评价科学化的基础

思想道德教育评价的建立以客观判断思想政治工作的价值所在为基础。一直以来，德育科学评价始终要面对如何通过师生互动、生生互动、作业、教学等方面获取客观事实的这一问题，而在大数据时代下，这个问题便可以轻松解决。基于互联网和移动互联网的各种计算机和移动终端提供了关注和了解思想道德教育活动中每个教育评估对象的微观指标的机会，记录学生们的思想、决策和行为的各个方面层次。评价者可以对获取的海量数据进行处理与分析，从中提炼出学生兴趣爱好、学习特点以及行为习惯等方面的信息，并以数据反映的特征为依据作出进一步分析，为科学评价思想品德教育奠定坚实的基础。

四、大数据时代高校思想道德教育评价的变革之道

（一）构建大数据思维：大数据时代思想道德教育评价的逻辑起点

作为时代新宠的大数据，在网络与人类社会长期融合、协调共处的过程中，不断推动传统教育理念进行变革与创新。大数据时代的思想道德教育评价就是要运用全媒体思维、大数据思维、互联网思维、市场思维及相关战略思维等，基于原有传统的教育评价理念作出创新性超越。为了让大数据时代的数据"说话"，高校思想道德教育工作者应积极树立并不断强化大数据意识，对收集、整理、分析、存储大量多维数据予以高度重视，加强数据信息教育，提高数据库的有效性与真实性。同时，还应利用大数据找出学生思想道德教育的生成规律，实施有针对性的思想道德教育，使大学生思想道德教育评价质量有效提高。

（二）建立大数据平台：大数据时代思想道德教育评价的着力点

让网络思想道德教育提升和转化为思想道德教育网络，以把握大学生思想行为的规律与特点，为思想道德教育评价工作的有效开展奠定良好的基础，是大数据的主要意义。为此，高校应建立大数据信息平台，收集学生的思想行为信息，为思想品德教育评价工作开创畅通的渠道。大数据信息平台的构建首先要强化硬件架构，在服务层、平台层、数据层和应用层的基础上建立教育大数据中心，建成教育大数据集成平台。通过该平台向学校教师与学生提供开放的网络论坛、思想道德教育专题、日常管理服务及社交媒体等方面的大量信息。其次要打造出一支跨专业、跨部门的大数据实施团队，为此，学校可以根据其对不同项目组（包括数据的采集组、分析组及应用组）不同的创建需求，构建"数据平台—职能部门—教师或顾问—项目组数据分析—可视化呈现—教育评价引导对策"的"思想道德教育链"。

（三）提高大数据融合度：大数据时代高校思想道德教育评价的核心

大数据时代思想道德教育评价与传统思想道德教育评价的主要区别在于实现了思想道德教育与互联网技术的深度融合，产生了思想道德教育数据。

（1）以学生不同的价值偏好与知识维度为依据，实现对个别学生或学生群体进行大数据分析，并将分析结果可视化呈现出来，以问题为导向描绘出"学生画像。"

（2）应对学生的人格、能力、生活、心理、知识五个维度予以关注，捕捉学生的数据信息，并作出多维、即时可视化呈现处理，以此从日常管理与思想道德教育两个方面实现对学生的"精准画像"。

（3）利用大数据建立搜集和筛选网络舆情的机制，为校内师生之间的网络表达提供畅通的渠道，建立归因机制——分析网络舆情的机制。

（4）应在大数据应用机理的基础上，结合大数据应用监测对舆情的分析，围绕浓兴趣、好做法、贴近生活特点、实时反馈几个要点开发新产品，促进教育与生活、学习的无声融合，加强教育管理方面对学生潜移默化的作用力量，注重教育效果。

(四)以评促用：大数据时代高校思想道德教育评价的落脚点

1. 加强舆论舆情引导，牢牢把握网络意识形态领导权

在信息传播方面，以学生在网络空间中的行为与思想表现为内容进行大数据分析，对学生的兴趣偏好、思想特征及多维需求梳理清楚，将课程建设功能充分发挥出来，加强对学生的社会主义核心价值观教育。还可以借助大数据分析对学生进行趋势预测与舆情特点分析，提前作出合理的思想引领计划与策略，最大限度地发挥思想道德教育评价的针对性和实效性，使高校的思想引领、主动性和对话性得到充分发挥。

2. 以建立学生发展档案为主旨，考量思想道德教育实效性

高校开展思想道德评价研究工作以学生大数据平台为工具和设施基础。一方面，在面对海量学生数据时，高校可通过对其进行再分析和应用，围绕学生的个性化发展创建三维档案，对学生个性化特点及其成长需求深入了解，理解并尊重不同学生的成长差异，对学生实施教育评价应做到因人而异，使学生持续在社会的关注视野里，健康成长并实现自身价值；另一方面，高校应充分运用大数据平台对数据的分析、统计和调查等功能，对学生群体所表现出来的特征作出客观研判，跟踪学生的成长发展，深入了解学生的行为习惯与兴趣爱好，并以此为基础对学生群体的思想倾向与价值取向作出合理的分析与总结，而学校在进行思想品德教育决策时，则应以学生群体的发展规律为重要参考依据。

3. 发挥大数据优势，开展个性化教育

高校思想道德教育工作者应深度挖掘数据之间所具有的关联性，对教育对象的工作、生活、思想、研究等方面的状况作出预测和了解，从而为其提供个性化、有针对性的教育。例如，高校思想道德教育工作者可以利用学校网络中心后台系统，对学生上网行为进行监测，对其产生的各种痕迹信息数据进行采集和计算，以此预测学生的上网生活方式是否健康，并结合数据分析的学生上网习惯，为其制订合理科学的上网生活计划。也可以通过学校的"一卡通"系统，利用大数据平台对学生的日常"校园活动"进行实时跟踪，及时了解学生的生活、学习与受教育情况，给予学生全方位的关心，并向其提供有针对性、及时的帮助，基于此顺利开展个性化的思想道德教育评价。

第三节 学习评价模块

信息技术加强了教育教学过程,将传统的教育评估机制转向基于数据的准确学习评估。精准数据驱动的学习评估是对学习过程中多模态数据的持续获取、整合和分析,以发现问题,提供对信息流和教学活动进展的观察、解释和反馈。在教育领域,一种辅助课堂教学干预的评价方法包括四个关键组成部分:多空间数据融合、分析结果可视化、多场景数据采集、精准分析模型构建。在学习评估工作的开展上,多空间数据融合可以为其提供统一的数据标准,分析结果可视化可以为其提供应用与反馈服务,多场景数据采集可以为其提供量化支持与庞大的数据支撑,精准分析模型构建可以为其提供基于数据驱动的分析、学习、评价方法。目前,基于数据的精准学习评估研究可以从构建匹配多空间数据特征的综合质量评估框架、完善过程数据收集和共享机制、打通情感核心技术,以及研制数据驱动的学习评价平台等方面入手。

一、数据驱动的精准化学习评价方法

在进行学习评估时,改善教的目标和学的目标对其准确性与及时性提出了更高标准。为了能在新教育语境下得出精准的评价效果,深入分析现有教育评价的基础技术与理论,以数据驱动为基础构建精准教育评价新模式十分有必要。

首先,学习评估要对学生的学习动机进行评估;其次,无论学生利用在线云学习空间学习,还是在传统实体空间中学习,都要通过认知和情感的变化来体现,因此两者都是学习评估中需要考虑的重要指标;最后,云学习空间中传统行为指标的存在过于普遍,在云空间与物理空间共同构成的学习空间中,学生的学习成果会在很大程度上受到其社会互动等社会因素的影响。在学习评价中,分析社会因素是其重要内容之一。因此,可以构建内、外双重因素共同驱动的精准学习评估框架,即从"动机、认识、情感和社会"四个方面综合评估和分析学生,如图6-1所示。

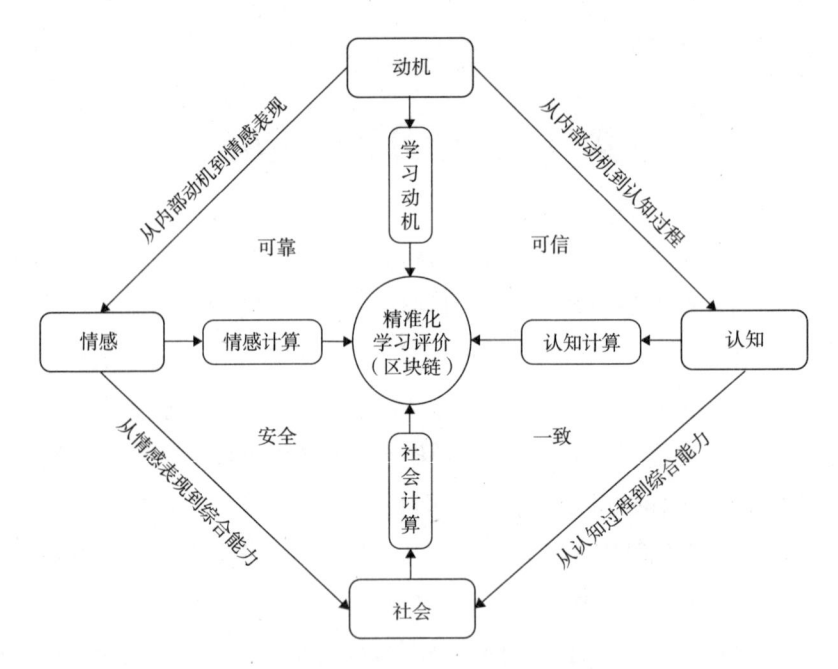

图6-1 数据驱动的精准化学习评价框架

结合图6-1可以发现，以数据驱动为基础构建的精准化学习评价框架，将区块链技术作为其运行的技术基础，还运用了多种新兴技术，如云计算、情境感知、人工智能与学习分析等，能在多维时空尺度中对学习过程中产生的海量、多元数据进行全面采集，并对数据进行深入、系统、全面的挖掘和统计分析，在学生层面，能从内在动机到认知发展，产生情感表现，再到形成社会交互能力，对学生真实的学习状况做出及时、精准、多维度的评估。而作为其核心的区块链技术，在此过程中可保护和安全存储学生的隐私数据，做到了在保证评价结果可靠、有效的同时，不仅为信息安全提供了保障，还为促进学生全面发展提供了支持。

（一）学习动机与精准化学习评价

学习动机对学生的学习有促进、支持和维持的作用，可以使学生为完成一定学业目标产生动力而行动。教师观察学生的面部表情、寻找归因、学生的自我知觉等是判断和评价传统学习动机的主要方法与途径，其中教师观察的方法容易受到视觉范围与经验的限制，而寻找归因与自我知觉则会在较大程度上受到主观意识的影响，可能会导致评价结果出现偏差。随着科学技术不断进步,学习动机评价工作的开展因智能感知设备与技术的发展获得了极大便捷。例如,Psaltis 等利用眼动仪可以在学生参与课堂学习的过程中采集其眼动数据,将之量化并作出聚类分析,以此对学生在学习过程中的注意力焦点作出判断,了解学生的专注度情况。Li 等通过神经网络分析从学生课堂学习过程中采集到的学习轨迹与学习图像数据,判断学生对学习的参与程度。Chan 等借助学习技术对产生于学生学习中的多模态数据进行分析,并量化评价学生的课堂专注度、学业投入情况及学生的情感态度等,对学生的学习动机作出具体分析。

(二)认知计算与精准化学习评价

在大数据时代,以数据驱动为支撑建立的精准化学习评价模型要求通过"让数据发声"的方式,从多个层次与维度对学生作出精准评价,将学习评价的激励、诊断、反馈、调节等作用充分发挥出来。以安德森提出的认知目标分类为依据,可按照由低到高的顺序将学生的认知划分成六个层次,即"记忆、理解、应用、分析、评价和创造"。在数据驱动的支持下,精准化学习评价模型不但要时刻关注学生对知识的掌握水平,而且要对高层次的认知技能增强关注;不仅要对学习者的具体行为表现进行跟踪观察,还要在其构建认知心理的过程中给予恰当的指导和帮助。热值诊断模型是一种融合了统计学与认知心理学的认知计算模型,能以学生的认知心理过程为原型建模,深入了解学生对认知技能的掌握情况。然而,传统认知诊断模型只能对单次测评做出诊断,且不保证结果的准确性。动态认知诊断评价方法基于学生认知加工过程建模,能诊断评价高阶认知能力,可结合学生在遗忘和学习等方面的认知规律,对学生的认知状态变化进行动态跟踪,能及时反馈学生的学习表现并及时做出干预。将精准化学习评价与认知计算相结合,有助于提高学习评价的科学性、全面性和动态性,能为学生形成和提升高阶思维能力提供可靠帮助。

(三)情感计算与精准化学习评价

情感能对人的认知行为和过程造成影响,因此,在学习评价中,情感评价也是不可缺少的部分。问卷法、访谈法、观察法是传统情感评价的主要方法,传统评价方式主要使用了总结评价的方式,缺点主要有费力费时、脱离课堂情境、有较强的主观性等特点。对学生的学习进行情感评价时,视频捕捉与分析技术、人工智能技术可以提供可靠的技术支撑。情感计算作为研究和发展人工智能的一个重要方向，其内容主要有情感建模、情感识别与情感反应。将精准化学习评价与情感计算相结合，可以捕捉和采集产生于学生学习过程中的多元数据，并整合多模态数据，能够对学生的变化趋势与情感状态作出实时评价。

相比于音频技术，视频技术的持续性捕捉能力更强，更具实时性，能在学生学习的同时实时捕捉其坐姿、表情、身体姿态等，并以图像数据的形式记录和传输，将之与血压、脑电波等模态数据相结合，利用神经网络等技术对学生在学习过程中的动态图像作出分类和建模，能够帮助教育工作者更好地追踪、了解和判断学生的情绪变化。为了实现多模态数据的整合和情感评价，需要构建相应的情感识别模型，对学生学习时的情绪态度进行自动分析，以此可以对学生面对学习时的态度、意志与学生学习时的投入程度做出推断。

现阶段已开展的研究项目主要有：通过视频分析技术采集并评价学生在传统课堂学习中的姿势与面部表情，通过静态图像识别学生的情绪，对学生学习时的情绪变化等作出判断。有的研究结合了脑电波的多模态数据集合与视频中的表情图片，构建多模态融合的深度学习模型，对学生学习时的参与程度做出判断；或者利用图像识别技术，识别视频中人物的面部特征与表情特征，围绕学生在学习方面的态度、兴趣、价值观、信念、动机与意志等，对班级与个人的情感做出评价。

（四）社会计算与精准化学习评价

对话是思维的根本，结合社会建构这一语境，可赋予对话一定的意义和思想。社会互动是组成教育过程的关键部分，而在学习中，互动是学生发展认知技能和获取知识必不可少的条件。在社会活动中，信息技术以社会计算的形式被广泛应用。以基于计算技术的社会活动为出发点，社会计算就是运用当代先进的信息技术进行高效的交流。以学生社交特性为基础创造的学生群体评价方法，能对学生群体练习的活跃度与紧密程度作出分析，以了解群体特征，再根据对群体内部联结度的测量结果，对群体内部情感与知识传递的有效性作出分析，还能通过量化群体权力，分析学生在群体中的位置。结合精准化学习评价与社会计算，分析群体层次结构，有助于对群体内部的凝聚力高度形成进一步了解；对不同学生群体的互动深度与互动内容作出对比，可以发现不同学生群体应用的互动模式的差异。

（五）学习者数据的可信存储及隐私保护方法

研究数据的可信存储方法能为评价的可靠性与真实性提供基础保障。在区块链技术的支持下，构建学生的学习行为链，将学生学习过程中产生的数据记录下来，为精准化学习评价提供可靠的数据支持；同时，为了向多主体评价信息提供可靠保障，可以对（以区块链技术为支持的）学生评价必须要有的隐私保护技术与数据安全技术进行研究，这些都是参与学生评价的主体所关注的重要问题。服务于区块链的各种信息安全手段，如同态加密、安全多方计算以及访问控制等越来越受到评价者、研究者的青睐。在"区块链+教育场景"中，要保证参与计算的每一方都能在不将任何有用的信息提供给验证者的前提下，使验证者不对某个论断的正确性产生怀疑，由此能有效避免第三方介入后导致的数据安全问题，如信息被窥视甚至窃取，可以对数据的隐私性与安全性提供进一步保护，实现在任何隐私信息完全不透露的情况下，维持信息的一致性。

二、数据驱动的精准化学习评价机制

以数据驱动为支撑的精准化学习评价是一种具有高能效的评价方法，它能采集、记录、处理、加工多时段、多空间、多过程、多场景的数据，在平台间累加数据的流转，达到"1+1>2"的能效。以数据驱动为支撑的精准化学习评价由四部分要素组成：提供量化手段支撑与数据来源的多场景数据采集，提供统一数据标准的多空间数据融合，提供数据驱动的评价方法与学习分析方法的精准分析模型，提供反馈服务及应用服务的分析结果可视化表达。

（一）多场景数据采集

学习空间为学习活动的开展提供了环境基础，还为教育数据的产生、迭代流转与应用提供了重要场所。在信息技术的推动下，学习空间从传统以单一实体形式的教室为主的学习空间逐渐向网络空间与物理空间高度融合式学习空间变迁。无论学生在哪种学习空间中学习，都会有教育场景数据产生。与单维学习空间相比，融合式学习空间有更多元的场景，既包括教室、图书馆、阅览室等物理环境，又包括学生思维意识可以介入的认知情境与角色所处的社会环境。

由于包括图书馆、学校等在内的一些传统教学场景不具备足够高的智能化与数字化水平，采集教学场景中的学习数据，只能依靠用户以报告和人工观察等手段实现，这些手段无法采集到足够全面的数据，且主观性较强。借助当今时代兴起的物联网技术、可穿戴技术、人工智能技术等，可以全面采集传统教学场景中的多元化数据。利用视频监控、数据感知技术、二维码、音频监控、无线网网络设施、穿戴设备、智能移动终端等，可对学生的生理数据、管理数据、行为数据、学习数据等进行随时感知与实时测量，并做好存储记录。

（二）多空间数据融合

在评价中，教育数据被获取后，不会同时进行分析处理，而是需要结合评价对象与目标，选择不同时长、不同时间节点、不同维度、不同场景、不同频次的数据再作综合分析，因此可能会有数值缺失、数据不统一以及噪声干扰等问题出现在采集的数据中。为了将采集的数据处理转化成半结构化、结构化或非结构化的数据，便于计算机直接识别，为后续数据建模工作做准备，应规范处理所获得的数据，其中数据集成、数据变换、数据清理、数据规约是这一过程中的关键步骤。

需要注意的是，部分数据可以被建模与分析两项工作通用，如评价学习投入度时，可以对学生观看视频过程中中断视频与回答问题的频次进行采集，也可以将学生的坐姿与面部表情作为依据分析学生的学习兴趣。

（三）精准分析模型构建

在精准化学习评价过程中，分析建模这一步骤至关重要。从实质上看，分析建模首先要依据不同的评价目标，构建与之相适应的评价指标体系；然后对该体系中的评价维度执行数据化表征，对多源数据进行采集；最后在自然语言处理、机器学习、计算机视觉、深度学习、数据挖掘等技术的基础上，以采集到的规范化数据为依据进行建模，并获得最终的分析结果。从类型上看，分析建模主要有三个类型，即学习者画像、预警模型、预测模型。学习者画像指利用采集到的基础信息、学习资源、学业数据等各类实时数据，借助自然语言处理、文本挖掘等技术方法的帮助,描述学习者的个性特征与学习特点,将学生的学习情况以可视化形式呈现给教学利益相关者。预测模型以学生在学习过程中不断变化的生理、心理及学业方面的数据为基础,利用语义关联及相关性分析的方法,对学生的学习状态进行诊断,并对学生学习状况在未来的变化趋势作出预测。预警模式基于预测模式建立,是预测后面的阶段,能根据预测结果作出及时的预警。预警模式的构建主要可以采用 K-means 算法、关联规则等方法。

(四)分析结果可视化

计算机构建的分析模型一般比较抽象,难以理解。如果利用计算机强大的运算分析功能对模型进行自动分析,根据结果向教师或学生提供教学资源,这一过程中则无须向教师与学生展示可视化分析结果。然而,在教育过程中,教师的引导教育作用是不能被取代的。无论怎样进行学习空间的融合,所采集、处理、分析的学习数据和最终结果都必须以服务教师为指向。因此,对建模进行精准分析后,应充分发挥计算机内部功能,将分析结果以易于人们理解的图像、图形的形式呈现出来,即对分析结果作出可视化处理。"数据驱动教学"以可视化分析工具为设计核心。

目前较为常用的学习仪表盘,被定义为"为了支撑和改进学习和表现,对学习分析结果进行可视化和直观显示的学习分析工具"。它能将学生的学习信息直观表现出来,如学生的学习进度、学习平台登录次数、对知识点的了解情况及掌握程度等。另一个较常见的可视化工具为知识图谱,可用来显示、绘制和分析学术研究主体或学科主体之间的关联,能够揭示科学知识的结构关系与发展进程。此外,社会网络也能做到可视化学生群体互相交流与沟通的路径,能分析并以可视化形式标示出学生中的边缘人物、意见领袖等。

三、发展展望与政策建议

现阶段,我国以数据驱动为支撑的学习评价研究仍处于起步阶段。随着信息技术与教育的深入融合,学习评价研究将在大数据的支持下呈快速发展趋势。相信在不久的未来,依靠技术的支持与政策的指引,我国将在以数据驱动为支撑的精准化学习评价的探索上大有可为。

(一) 构建符合多空间数据特征的综合素质评价框架

在智能教育时代，人们使用智能感知技术可以有效采集全过程、多场景、多空间的学习数据，推动全面采集整个学习过程的各项数据成为现实。从数据空间来看，我们可以借助智能感知设备，采集教室、阅览室等物理空间中的课堂教学交互数据，也可以采集学生利用网络进行的线上学习数据。学习数据的采集场景可以覆盖社交、课程、生活、作业等多个方面，每个场景都有其与其他场景不同的评价标准。这些学习数据常以文本、语音、视频、图片的形式存在，具有多模态特性，亟须通用的评价框架与归一化标准。因此，为精准化学习评价尽快构建与全数据、多空间特点相适应的综合评价指标体系与评价框架，并将之应用在不同模态与场景中，采集学习评价数据，以支持后续大数据的精准分析工作。

(二) 完善过程性数据的采集与共享机制

学生综合素质评价工作的开展要求对学生在德、智、体、美、劳多维教育过程中的数据进行全面采集，而这些数据具有涉及维度多、来源场景多元化、模态多元化的特点，因此，推动国家、学校、区域、班级等多级不断完善其数据采集与资源共享机制，是保证以数据驱动为支撑的精准化学习评价顺利实施的重要前提。感知设备与人工智能技术的快速发展为采集过程性数据的不断完善提供了强大的技术支撑。研究者可以利用各类传感器对学生的行为数据进行实时采集记录，同时运用资料分析、观察以及沟通访谈等方法，可以对学生在学习方面的过程数据与结果数据进行多层次、多维度的采集。例如，通过手环等穿戴型传感器设备，研究者可以对学生的生理、心理、行动、位置等数据信息进行实时感知和采集；使用摄像机、监控摄像等设备可以对学生在课堂学习过程中产生的行为数据进行自动采集，并以问卷调查、个人档案等方法对学生综合发展数据做好记录；对学生实时诊断性测评与阶段性测评可以实现对学生学业数据的采集；等等。与此同时，研究者还应注意对从真实的情景化行为、任务及成果等方面采集和共享异构、语义不连贯、多源、多模态的海量数据的过程不断完善。创建和完善不同教育机构之间的资源与数据共享机制能为学习评价大数据的全面性与完整性提供保障。

(三)突破学习评价中情感、认知、动机和社交评价方面的关键技术

统计与填报是现阶段实施学生综合素质评价的主要方式,所得评价结果的真实性与效度屡受质疑。传统评价模型将学生对知识的掌握情况作为侧重点,对学生的社会交往能力、情感态度、学习方法以及知识在更高层次的迁移能力持续忽略。这一结果一方面因轻过程、重结果的评价理念而产生,另一方面与受到评价技术的制约有很大关系。为了保证学习评价的精准化,必须突破认知、社交评价、动机、情感方面的关键技术,利用图像识别、自然语言处理等统计建模的方法与深度学习技术,对从语音、视频、文字、图像中采集的涉及注意力、情感及认知等方面的多模态数据进行分析处理,以此了解学生的学习状况、知识掌握情况、交流互动情况以及情感活动情况等,实现多维度、精准、全面地对学生的综合素质作出评价与反馈。

(四)研制数据驱动的学习评价平台,加快学习评价在教育教学中的应用

以数据驱动为支撑的学习评价平台需要在数据挖掘、数据仓库、云计算等技术的相互配合下发挥作用,实现大规模分布式、低成本存储、更加节能环保、用户体验及时响应的新一代数据中心,即在利用大数据对用户需求进行有效处理的同时,实现系统能耗最小化、资源利用率最大化的目标。为此,以数据驱动为支撑的学习评价平台应为实现教育大数据的海量存储、深入挖掘与分析、融合汇集以及开发和运行教育应用提供基础保障。

在这一原理的基础上搭建集学习、教学和管理的全生态应用平台,构建数据中心被不同业务系统共享的数据聚合型平台。为满足分析需求,基于数据的规范化完成特色型分析模型的构建,向教师、家长、管理者、合作学校提供智能服务。学校需要利用学习评价平台收集产生于校内外、线上与线下、课内外、物理学习空间与网络学习空间的各种数据,并通过数据的流转迭代,将学生的实时学习情况以可视化形式呈现到学校、家长、教师等利益相关者面前,以便精准实施教育辅助与干预。教师应不断提高自身的数据素养与信息化教学能力,分析不同时段不同学生产生的数据,在相关数据的支持下实施精准化教

学与互动活动；学生家长应以客观的视角看待对学生学习方面的数据，努力提升育儿与教育方面的专业素养，向学生提供适当的个性化辅助。与此同时，学校教育工作者及管理者也应尽可能提高自身信息化领导力，做到能根据全校数据与年级数据作出精准决策与科学归因，促使学校教学效能有效提升，教学资源均衡配置。

第四节　文体活动评价模块

一、高校艺术类大学生文体活动的建设

（一）发挥专业优势凸显活动特色

学习艺术专业的大学生大多身怀特长，对文体活动的关注偏重于对学术活动，为平衡其对两类活动的态度，在组织艺术类大学生开展文体活动的同时，相关院系应将专业优势充分发挥出来，遵循理论与实践相结合的原则，创造专业知识与文体活动相结合的品牌活动，以与艺术生个性格点相符的活动方式，使艺术类大学生的校园生活得以丰富的同时，对知识的掌握更加全面、扎实，达到在"玩中学、学中玩"的教育效果。以深圳职业技术学院艺术设计学院为例，该学院每年都会召开校级服装发布会，为服装与服饰设计专业的优秀毕业作品提供展示平台，还邀请服装行业协会中知名的企业家参与。一方面，该学院通过组织开展这样的活动鼓励毕业生积极创作服装，进行形象设计，在毕业时通过优秀的毕业作品为学习生涯画上圆满的句号；另一方面，学院低年级的相关工作人员也可以通过参与这类大型文艺活动，提升自身的计划能力与组织协调能力。

学校及其相关院系不仅要充分利用专业优势打造品牌活动，还可以向传统活动中融入专业特色，这种方法也能有效推动艺术类大学生文体活动的开展建设。艺术类学生往往专注于自身艺术素养的提升，对自身的政治意识培养有所忽视，对此，学校应积极开展爱国主义类活动与具有民族特色的各种传统活动，

以提高学生对传统观念与民族文化的认同感。在组织开展此类活动时，学校应将艺术生参与活动的积极性充分调动出来，使其以自身专业本领丰富活动、融入活动，提高学生的公民意识，激发学生的集体荣誉感。以表演艺术类专业学生为例，学校可在端午节、中秋节、国庆节等重大节日结合当下具有浓厚传统文化特色或爱国主义特色的热门影视类节目，组织学生参与相关话剧类或歌舞类节目表演的活动。这类活动与艺术生凡事求"新"的心理相符，不仅有助于学生巩固和灵活应用所学专业知识，锻炼其组织、参与活动和协作配合的能力，还能帮助学生深刻感受文化，对传统文化与爱国观念产生更强烈的认同感。

（二）多途径鼓励艺术类大学生积极参与活动

学校应尽可能提高活动对艺术类大学生的整体吸引力，鼓励其积极参与活动中的各个文体项目。在活动设计上，学校应充分了解不同年级、不同学生的个性特点和兴趣喜好等，以此为依据设计出趣味性更高、互动性更强的活动，吸引不同年级、层次的学生积极参与。与此同时，学校还应做好学生工作者的后盾，为其提供可靠支持，赋予其强烈的责任感与使命感，提高其参与活动的积极性。为了吸引更多学生积极参与活动，学校可以在活动过程中适当增设派发趣味小礼品的环节，吸引更多感兴趣的学生参与其中。

除了从整体上提高活动的吸引力，还需要在活动前的准备期、活动开始时做好全过程的互动式宣传，可通过海报、智慧校园平台消息通知、校园广播、进班宣讲等形式进行宣传，也可以利用学生常用的网络平台，如微博、微信、抖音、QQ等，向学生发布相关信息，引起学生的注意。整个宣传过程中，学校应充分利用大学生群体关注度较高的正面话题，使学生对活动产生较强烈的参与兴趣。

（三）加强指导老师的引导和健全学生干部的培养

学生与辅导员之间进行良性互动对学生参与课外活动具有良好的促进作用，对学生全面发展具有积极意义。艺术类大学生普遍对文体类活动有很高的参与热情，虽然具有较强的创新能力，但缺乏组织活动的经验和大局观。学校开展文体活动时，辅导员作为指导老师必须参与整个活动，一方面，为学生组织活动提供指导，帮助学生解决可能出现在协调活动方面的问题；另一方面，必须对活动的意识形态严格把关，杜绝一切在活动中可能出现的安全隐患。当文体活动涉及的专业知识较为深奥时，辅导教师还应邀请对应专业的教师，从理论与技术实践两个方面提供专业的指导，充分调动学生学习和实践专业知识，组织好活动的激情与热情。

作为校园文化的主体之一，从大学生群体中培养和选拔出一批优秀的学生干部，有利于更好地团结学生群体，鼓励学生积极参与各项课外活动，实现学生全面发展。为了更好地开展文体活动，高校应从以下两个阶段着手培养学生干部：第一阶段，将大一学年的学生作为一般参赛人员或普通工作人员参与历练；第二阶段，在工作中表现出色的大一学生，到了大二学年后作为主要参赛带队人员或主要工作人员，参与到活动的组织计划与协调开展中。在学生群体中，学生干部起着模范带头作用，因此在选拔学生时，务必要求学生的品行公正、学习态度端正且具有高素质和真才实干。选拔过程也必须做到公开、公平和公正，全程接受指导老师的监督，对部分学生拉帮结派的行为应严厉杜绝。应执行学生干部任期制度，任期结束后，指导老师应以严谨、科学的考核办法，给予考核合格的学生相关荣誉，并对学生做出实质性的鼓励，以提高学生的自我认同感与身为学生干部的荣誉感，从而激励更多学生为成为学生干部而积极进取。

二、高校文体活动评价机制的构建原则

（一）应当坚持正确的价值导向

在价值导向方面，高校必须围绕"先进文化"原则开展对文体活动的考核与评价工作。由于高校兼具繁荣文化与人才培养的双重历史使命，因此必须坚持以端正的价值导向对高校文体活动的建设工作进行严格考核，必须站在高校文体活动建设角度审视校内的文化建设。校园文化不仅是影响学校文化氛围的主流文化，还是一种社会内亚文化，因而具有多元化特征。在建设校园文化并对其进行考核评价时，必须以坚持正确的价值导向和政治方向为基础，并结合大学生的思想特征深入了解其心理需求，有针对性的予以满足，促进先进校园文化与大学精神的促进与融合，为高校校园文化在新时期的建设赋予丰富的新内涵。

（二）应当促进人的自由全面发展

高校教学管理工作以立德树人为核心任务，因此校园文化的建设、考核与评价工作也应以人为中心，坚持以人为本的原则，不断促进学生全面发展和推动校园多方事业全方位建设。为此，高校校园文化建设工作应围绕精神、行为、物质、制度等多方面进行考核评价，而非单纯地以某个维度为出发点进行衡量，为校园文化建设过程中，各部门的协调发展提供稳定保障。

（三）应当努力提高文化品位

高校文体活动品位指的是学校在立德树人、教书育人方面的含金量与校园文化在精神、物质、制度和行为等方面表现出的层次高低。对高校校园文化建设工作进行考核与评价时，应坚持高层次、高格调、高品位标准，使学校人才培养工作始终以社会主义发展方向为指导，以继承和弘扬中华民族优秀文化传统为内涵、以借鉴人类社会一切优秀成果为助力，为我国社会主义现代化事业的建设与发展不断培养高素质人才，为顺利建设社会主义精神文明提供动力。以此为出发点，高校在开展校园文化建设工作及对该工作进行考核与评价时，应坚持以人为本的原则，注重把握基础文明，充分发挥校园文化建设工作的文化性与思想性，促进考核制度不断完善，打造高品位、高层次的校园文化。

（四）应当努力突出个性特色

在高校开展校园文化建设的过程中，想要充分展现本校的文化魅力，推动与之相关的各项事业的不断建设和持续发展，就必须要建设个性鲜明的校园文化。高校在围绕校园文化建设工作开展相应的考核评价活动时，应以持续发展学校文化软实力、彰显本校办学特色、打造优质教育品牌等为核心内容。个性鲜明的高校校园文化的建设工作本身具有较强的复杂性和系统性特点，需要从高校校园文化的精神、制度、物质、行为等多个方面着手，不断对高校校园文化建设工作的个性特点与文化特色做出不懈探索。因此，在围绕高校校园文化开展考核评价工作时，应充分展现其个性特点，实现学校文化特色与地域行业特征以及时代特征的有机统一。

三、高校学生文体活动的评价体系

（一）高校校园文化建设考核评价指标体系

考核评价指标体系通常包含五个考量维度，每个维度又能划分成十个方面，每个方面具有 10 分的分值，整体考核划分为 A、B、C、D 四个等级。以下是不同维度的具体情况。一级维度由行为、物质、精神及制度四个层面的建设工作与校园文化建设的组织领导等组成。行为层面建设工作包含文明习惯、自律自觉两方面，物质层面建设工作包括人文与物质两大环境，精神层面建设工作涉及认同度的维持与团队精神建设，制度层面建设包括人性化治理与依法治理两个方面；校园文化建设工作的组织领导则包括建设工作的各项保障与领导的责任两方面。

（二）高校校园文化建设考核评价项目

高校校园文化建设考核评价的分值、内容、目标如表 6-1 所示，高校校园文化建设考核评价项目表。

表6-1　高校校园文化建设考核评价项目表

考核评价维度	分值	主要考核内容
领导责任维度	10 分	成立考核评价校园文化建设工作的领导小组，妥善应对和处理建设过程中出现的各类问题；有明确的职责划分，相互之间有良好的交流沟通和密切配合；充分发挥教师在校园文化建设方面的作用，提高校内员工、师生在校园文化建设工作上的参与率
相关保障维度	10 分	为校园文化建设制定详细的方案与具体的评价考核准则；为校园文化建设工作提供可靠的人力支持与物力支持；从各个方面为校园文化建设工作提供有序的监督和指导，实现对该工作的有效检查与高效反馈
物质环境维度	10 分	统一管理校内各单位功能区的文化主题，定期更新校内的宣传展板、宣传栏等，并彰显校园文化特色，引入星级化管理标准提高学校公寓管理工作质量

续表

考核评价维度	分值	主要考核内容
人文环境维度	10分	学校有健全的人文环境建设部分，能正常开展各项人文活动，在文化素质教育工作中能取得突出的成绩与显著的效果，能将学校文化宣传平台的积极作用充分发挥出来
依法管理维度	10分	学校校园文化建设工作是否设有健全的规章制度，能否有效实施，为文化建设工作提供支持；为包括工作评奖评优、财政支出与预算等工作在内的校园文化建设工作程序的合理规范与透明公正提供保障，保障校园文化建设工作的安全性和有序性
个性化管理维度	10分	为校园文化管理工作确立以人为本的理念，注重过程偏重于结果，注重在管理工作中适当开展心理健康教育、思想政治教育等工作，强化对学生的日常德育教育；保持师生之间有和谐的人际关系，提高各单位的凝聚力等
自觉自律维度	10分	考核学生是否遵纪守法，降低违纪现象的发生概率，避免发生群体性事件；保持良好的课堂记录，减少学生迟到、早退、旷课的现象；维持良好的寝室秩序，降低学生在宿舍的违规率
文明习惯维度	10分	通过学生会、校园网、团体等引导学生养成良好的卫生文明与自觉遵守道德规范的习惯；校内是否有优美的环境和良好的班级风气等
团队建设维度	10分	校内文化氛围是否积极健康，团队之间是否团结和谐；提高校内师生参与校园集体活动的积极性，师生是否具备一定的团队归属感；是否建有个性鲜明、突出的校园文化品牌
认同度维度	10分	以问卷调查的形式了解以师生群体为主的校内文化主体对校园文化的认同度

（三）高校校园文化建设考核评价方法

学校可以使用定量与定性结合的考核评价方法，以年度工作为范围，以文化主体为对象实行考察，并将考察结果作为年终评优评奖的重要参考。对于相关系室的工作考核，可在总结回顾上年工作成效的同时，依据考核评价体系以自评或不同系室之间互评的方式，得出最终评分再进行综合审视，最终评分由考评小组计算确定。

第五节 实践实验活动评价模块

一、大学生实验实践活动评价的原则

从本质上看，大学生参与实验实践过程具有以下特点：在学生亲身参与从主题确定到制订计划、开展活动，再到实践总结和答辩的整个实践实验过程，其理论思维与感性体验相互结合，为其带来了强烈的现场参与感，对学生的理论思维形成刺激，使其在自我成长成才、专业学习和社会需求方面获得了较全面的认识。因此，应以开展实践活动后，是否对学生的成长成才产生了积极的促进作用，是否对学校的教学改革产生了推动作用，是否提高了一定程度的社会效益为评价基准。应遵循以下四个原则对大学生的实验实践活动进行全方位评价：

第一，系统性原则。从整体角度上看，大学生实验实践活动是一项系统工程，涉及社会、学校及个人，因此，应采取系统论的方法与观点评价实验实践活动，全面考察对社会实践具有保障作用的各要素，使实践过程的各环节、对大学生实践效果有影响的各因素紧密联合成一个有机整体，以便实施有效控制。

第二，知行统一原则。从目的角度出发，大学生实践是为了达到实践与理论学习有机结合，通过实践检验学习效果，完善知识结构，从而提高学生的创新与应用能力。因此，大学生必须选择与高校专业教育人才培养目标相符的实践选题，结合社会需求与专业学习进行实践。

第三，主体性原则。大学生作为实践活动的主体，在整个社会实践过程中应充分发挥主观能动性，凸显其在活动中的主体性，把握整个实践活动评价的价值导向。应遵循主体性原则对实践过程做出评价，即在校内外导师发挥其作为评价者的主导作用的同时，鼓励学生参与评价，强化学生作为评价对象的主体意识。

第四，可把握性原则。内容丰富、形式多样是大学生实践活动的一大特

点。因此，在评价大学生实践时，应设置明确、具体的评价体系，即有准确的数据、语言等，能反映出可把握性特点。在评价时，评价者应详细、真实、阶段性地考察社会实践，对各阶段的评价材料做出具体分析，对实验实践活动的整个过程做出科学、客观的评价。

二、大学生实验实践活动的评价机制

评价大学生的实验实践活动是一项十分复杂的工作，无论使用哪种单一的评价方式都无法达到公正、客观的评价效果。因此，应综合运用各种评价方法对实验实践活动进行评价。

（1）结合终结性评价与形成性评价两种办法。终结性评价指在实践活动结束后，全面评价学生的整个实践活动的方法。形成性评价指在学生实践过程中，日常性记载学生的实践行为与产生的效果。形成性评价作为实践活动评价的基础和前提，为评价过程提供了大量一手材料，在一定程度上保证了评价的科学性与严肃性。

（2）有机结合静态评价与动态评价的评价方法。这种方法要求学生持静态与动态两种思维开展实践评价。静态评价是一种对实践评价的各项指标与内容作出"1+1"式的处理的评价方法，能为评价对象提供某种资格、资料证明，从而得出评价学生实践活动的最终结论。动态评价是有分析过程的评价，通过比较、分析和评价，可以对学生的行为与思想在实践过程中的发展特征与变化轨迹有所把握。

（3）定量与定性评价相结合的评价方式。为了更好地把握对大学生实践活动的评价结果，可使用定量评价，将考评目标做出量化处理，从中提取出客观的参考资料。需要注意的是，一味片面地追求量化评价，就会造成对其中不确定因素的忽略，导致不能得出客观、全面的评价结果。在教育的影响下，人的行为变化十分复杂，因此应重视在实践评价中的定性分析。

（4）应结合社会评价、学校评价和自我评价。社会实践的指导者包括校内的教师和社会上的导师，他们对学生表现在实践过程中的智慧、信念、能力、理想等都很有发言权。自我评价可以将个体的自我发展意向与为之所作的努力真实反映出来，帮助外界了解学生的自我发展情况，这就是学生自我评价的重要性的体现。"评价最重要的意图不是证明,而是为了改进"。各评价主体都可以通过评价反馈的信息了解教学实践与管理实践的优势和不足。

第六节 创新创业评价模块

评价大学生创新创业促进机制及其效果所得到的结果,对大学生创新创业的成功率有直接影响。构建大学生创新创业机制是我国目前实施"创新驱动发展"战略的重要元素。如何将大学生创新创业潜力充分激发出来,使其少走弯路,快速进入创新创业实践活动中,怎样对大学生创新创业做出更合理、客观的评价,创新创业评价模块对大学生创新创业有怎样的促进效果,等等,都是国家与社会重视的问题。前人常常采用专家评测法对大学生创新创业促进效果评价领域进行研究,评价结果大多为具有描述性结论,或者仅研究了少数数据,如减免税收、补助金额等就得出评价结果,这样的结果并不够全面。

随着大数据技术的诞生与兴起、大数据思维的发展和运用、智能化服务的推广应用等各类技术的发展变革,为大学生创新创业评价工作的顺利开展提供了可靠支持。

一、传统创新创业促进效果评价体系的弊端

大学生创新创业促进效果评价的传统思路是"设置促进目标—促进方案制订—促进措施落实—促进对象反馈—促进效果评价"。该流程基本上是一维和线性的,每两步之间环环相扣,不可跳跃。下一步的进行通常都以"前一步已经完成"为前提,如要收集促进对象的反馈时,通常是促进措施已经落实过后方可进行。例如,要开展促进效果的评价工作,通常是促进对象的信息反馈工作已经全部完成了才可进行。这种处理思路会带来诸多问题,具体有以下四种。

(一)信息来源缺乏及时性和全面性

大数据技术诞生和应用之前,评价工作的开展因信息来源少而受限,只能依赖机器收集的一些不完全信息和人工收集到的浅显数据为评价的依据。同时,大范围运用人工方式,十分影响信息的时效性,很难尽早在工作进行过程中发现和解决问题,上述流程中产生的后续信息也无法实时反馈到前一步。

(二)评价方法缺乏针对性和个性化

传统评价体系使用的大多是预先设计好的评价指标,如减免税收与产出的比率、创新创业团队的产出专利数量与研发投入、政府补助金等。因评价创新创业团队时使用的评价指标通常是相同的,因此缺乏个性化评价指标。

(三)评价过程缺乏动态性和开放性

传统评价指标大多为结果式的。在开展评价工作时,即便使用十分客观的评价方法,有非常充分的信息来源,得到的评价结果仍是暂时性的。评价结果只能反映近期的创新创业促进工作状态,更精准地说,只能反映出评价当次数据采集时的工作状态。

使用传统评价体系无法以动态评价的方式全面分析促进工作的情况,因而无法向创新创业工作提供有价值的建议。

传统评价体系也许可以做到事无巨细地对每个创新创业团队的促进工作进行评价,但无疑需要巨大的人力成本,且无法保证隐私安全。

(四)评价结果缺乏公正性和预见性

由于无法动态监测创新创业过程,不能对创新创业大学生群体的行为做出局部性甚至全局性分析,且缺少与创新创业有关的信息为评价提供有效支持,导致传统评价体系既无法积极预测创新创业促进效果,又不能为保证每次都能得到公正、客观的评价结果。

二、基于大数据技术的大学生创新创业促进效果评价机制

体系设计的基于大数据思维与技术的大学生创新创业促进效果评价机制,

以及各个模块与工作步骤存在的递进与反馈关系如图 6-2 所示。

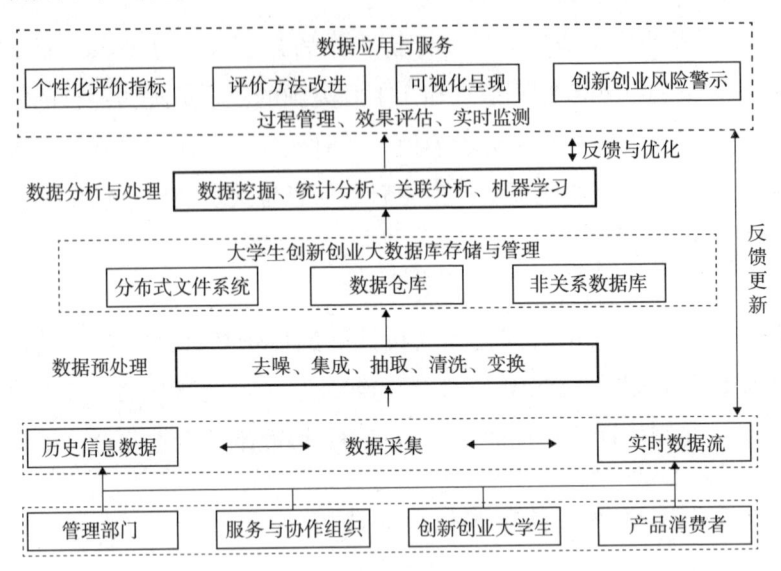

图6-2　基于大数据的大学生创新创业促进效果评价体系结构

（1）采集大学生创新创业投入产出大数据，并完成数据的去噪、集成、清洗、归约、变换、辨析、离散化、抽取等预处理操作，大学生创新创业投入产出大数据的信息来源如图 6-3 所示。

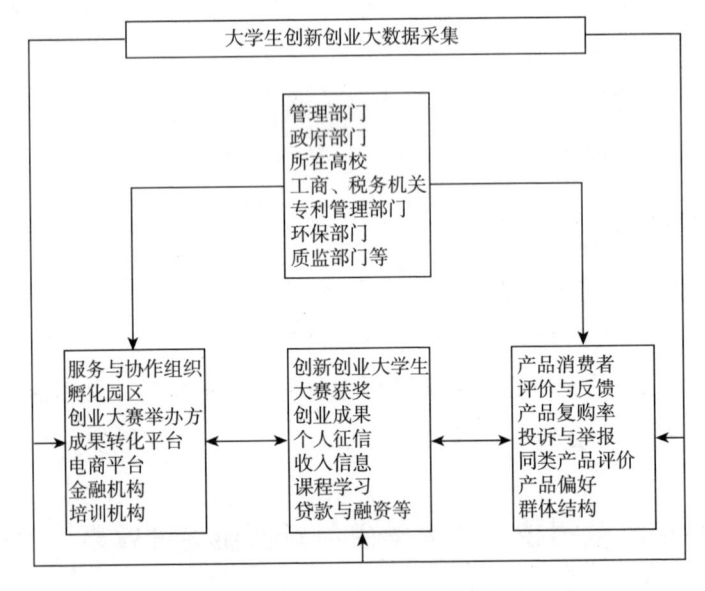

图6-3　大学生创新创业大数据采集源关系结构图

（2）围绕大学生创新创业建立投入产出大数据库，对数据进行高效的管理和有效存储，为后续数据相关的挖掘、应用、服务工作的开展奠定基础。

（3）处理和分析与大学生创新创业密切相关的投入产出大数据，对数据进行统计分析、数据挖掘、关联分析、建模仿真等。

（4）提供与大学生创新创业促进问题密切相关的数据应用，为管理大学生创新创业的促进过程和评价促进效果提供服务。

（一）大学生创新创业大数据的采集与预处理

为了保证大数据信息的多样性与完备性，应尽量将大学生创新创业方面的信息收集起来，这些信息就是大学生创新创业投入产出大数据（以下简称创新创业大数据）。这类数据有广泛的来源，最重要的一点是要保证这些数据的多样性、全面性与完备性，否则会对后续挖掘和分析数据的效果造成直接影响。

创新创业大数据主要有四种来源：一是创新创业服务与协作组织，可提供的信息主要涉及各类创新创业比赛文件、大学生双创培训信息、银行贷款信息、成果转化平台报表、合伙投资人与天使投资人的投入情况、孵化园的统计数据和管理数据等；二是创新创业管理部门，提供的信息主要包括高校的管理条例、工商部门的数据信息、政府部门的各种政策文件、专利部门的创新成果信息、税务部门的税务信息、环保部门的惩罚信息与公示信息、法务部门的关系信息、高校相关课程的开设投入等信息；三是产品消费者群体的信息，主要包含产品的复购率、使用反馈信息、产品评价信息、举报信息、投诉信息、消费偏好等信息；四是开展创新创业工作的大学生的信息，主要包括个人征信、课程学习情况、融资与贷款情况、购物与消费情况、创新创业大赛获奖情况、收入信息等。

对于创新创业大数据所表现出来的杂乱、异构、不完整、非结构化、量大、重复、不一致等特征，必须对其进行清洗、变换、去噪、离散化、规约、集成等预处理。在具体执行过程中，应以人工补充、中心度量填充、舍弃元组、可能值填充、全局常量填充等操作处理创新创业大数据中的缺失值；在以离群点检测、去噪、分箱、数据光滑、线性回归等操作处理离群点与噪声数据；再从物理或逻辑上有机集中格式不同、来源不同、各具性质特点的创新创业大数据，匹配和识别从多个创新创业数据源中剥离的等价实体，消除重复的创新创业数据冗余；减少考虑创新创业标签属性的个数，尽量用较小的数据表示原数据；还要对数据进行属性构造、汇总或聚集、规范化、标签替换等，现有较成熟的工具有 Hadoop、Spark、HBase 等。

（二）大学生创新创业大数据的存储与管理

存储和管理创新创业大数据能有效保障和支撑上述促进效果评估系统的稳定运行，而数据管理和存储质量的好坏则会对整个大数据评估系统的性能产生直接影响。

创新创业大数据在系统中的存储，首先，可以使用分布式存储方式，能很好地应对庞大的数据量，这种方式指使用不同的数据中心或不同的服务器节点分块存储大量的创新创业数据，数据的可靠性通过数据副本保持；其次，可以使用唯一的日志文件提高数据的存取效率和更新速度；再次，当节点出现故障导致系统无法工作时，可以通过文件系统镜像恢复节点工作，这在很大程度上为节点的正常工作提供了可靠保障；最后，应尽可能使用一次写入多次读取、流式访问的模式，为数据的一致性提供保证。另外，为了节约成本，存储的配置应满足机群、廉价机、高容错性、设计简洁通用等要求。目前，典型且较成熟的大数据存储技术主要有 Google 的 GFS 和 Hadoop 的 HDFS。

管理创新创业大数据时，鉴于大数据的半结构化与非结构化特征，因此常使用非关系型数据库。通常采取列式存储的方式，按相同字段分开数据，再单独存储每一列数据。为了节省开支，提升效率，由于不同数据的不同属性特点，根据需求对属性进行动态增减，这样做之后，在查询时只能查到相关的数据列。目前，HBase 这一数据管理技术较为常用。

（三）大学生创新创业大数据的处理与分析

分析方法对信息的价值及筛选结果具有决定性作用，因此方法的选择与运用非常重要。常用的分析方法与理论包括：可直观展示创新创业情形的可视化分析法；大数据分析过程中最核心的数据挖掘算法；通过建立科学模型，引入数据流，预测创新创业信息的预测性分析法；能对多元化的非结构化数据进行系统分析并提炼数据，实现信息的主动提取的语义引擎法。数据挖掘通常不会按照预先设定的主题开展，而是基于现有数据进行计算，挖掘产物即结果，可以满足部分级别较高的数据分析需求，达到预测目的。

可对创新创业大数据之间的关系作出准确判断与分析的方法有很多,其中常用的主要有假设检验、聚类分析、回归分析、相关分析、方差分析、决策树、描述统计等。其中回归分析有多个类型,能通过对创新创业促进的因素与结果的变量做出限制与规定来确定其中存在的因果关系,建立与之对应的回归模型,还能以实测数据为依据进行拟合、求解,从而预测创新创业促进结果。相关分析是一种常用的大数据处理方法,能推断证明两个及多个创新创业的现象或事件之间是否有依存关系,还能对该关系的相关程度做出分析。方差分析指以观测因素的方差为着手点,研究对该因素影响显著的创新创业促进因素。

(四)该评价体系下促进大学生创新创业的大数据服务

通过挖掘、处理和分析数据得到有用的信息,围绕大学生创新创业开展相应的大数据应用与服务,在管理决策方面为高校管理部门、企业组织管理、政府决策部门以及企业孵化机构提供可靠参考,为大学生的创新创业提供科学的行动建议与全面的信息服务。

在大学生创新创业促进工作中,为实时监测、效果评估、过程管理等方面提供数据应用与服务,其应用包括评估促进效果、评估团队管理质量、初创企业个性化评价指标的设计、可视化呈现促进成果、及时发现创新创业过程中的问题、风险警示与效益预测等。利用大数据应用与服务手段,可以对创新创业大数据的分析与处理结果进行检验、引导和积极反馈。

利用创新创业大数据,挖掘促进因素与促进效果的关联性,可以帮助我们科学决策和实现在一定程度上对大学生创新创业促进工作进行预测,这正是在创新创业促进工作方面与创新管理领域利用大数据技术开展实际应用的核心问题。

第七节 师生互评模块

一、师生互评的特点

人或事物与其他的人或事物不同的独有特征就是"特点"。师生互评的特点指的是师生互评与其他评价不同的独有特征。

(一) 互评运行进入新常态

在师生互评方面，互评运行常态化是一大特点。互评运行常态化指为了实现预设的目标任务，在师生共同生活与学校日常教学过程中组织开展的常态化评价。基于常态化运行机制背景，学校教育教学的新常规、师生互评的新常态逐渐发展为班主任对学生思想发展水平的评价、教师对学生科学文化水平的评价。

学生对教师评价发展成为新常态的过程是曲折的。一些教师和教育研究者认为，学生的评价会使教师感到不适，在教学方面产生疑虑，从而打击教师教学的自信心与积极性。与此同时，学生的评价可能指出教师的不足与缺点，从而引起学校的误解，也是教师担心的主要问题之一。为了消除教师的顾虑，学校可在校方领导不干预、不将评价结果与教师的绩效、职称以及其他任何考核结果挂钩的前提下，减轻教师的心理顾虑，开展师生互评活动。需要注意的是，学校领导应以一定的要求把握评价动态，如教师在评价学生时，不仅要关注学生的课堂表现和学习成绩，还要在学生的品德行为发展、身心健康成长等方面给予更多关注；而学生在评价教师时，不仅要对教师的教学态度作出评价，还要对教师的教学方式、教学水平等作出理性评价。

只有创造出这样以提升和改进为评价目的的评价环境，才能帮助教师与学生更全面地了解自身的优缺点，找出可能影响教学效果的因素与问题，激发教师开展教学工作和学生学习的积极性和主动性，提高教师工作与学生学习的信心和热情，为教育教学的顺利开展提供保证。也只有创造这样的环境，学生才能将内心的真情实感吐露出来，从而获得有效、真实的评价，达到改进、促进的目的。

(二) 互评结果显示形象生动

每当提到评价，人们都会想到以定量的形式，如等级、数据等表示评价结果。定量评价结果能对评价对象能达到怎样高度的评价标准作出精准的分析与判断，但无法直接指出评价对象优缺点形成的原因，无法为找准努力方向提供科学帮助，而且可能打击等级或分数低的对象的信心，导致其产生自卑、自负心理，还可能使等级或分数高的评价对象自满，盲目自信。月坛中学在开展师生互评活动时，主要使用的是用描述性语言将评价结果生动、形象地显示出来的质性评价结果，不仅能精准地描绘出评价对象的现状，还能对评价对象现状形成的原因作出恰当分析，并为评价对象的发展指出个性化方向。

用生动、形象的语言对学生进行评价，教师可以明确描述学生的学习态度、学习评价、学习目标设计、学习动力和思想品德行为等；也可以分析家长与教师对学生的影响、学习环境对学生的影响等信息，帮助学生制定合适的个性化发展目标，并在最后使用"一段个性化评语"清楚描述评价结果。

学生评价教师时，可以学生学习课程时的体会与心理感受为依据，用描述性语言评价师生关系和教师的教学态度、教学方法与手段、教学效果等，以"建议"或"赞美"的形式将评价结果表述出来。生动、形象的评价结果可以很好地反映师生间的情感融合、相互理解和信任，它能对师生之间向着更高的目标共同发展起到促进作用。

（三）互评策略运用机动灵活

师生互评策略机动灵活指师生互评过程中对互评策略的运用应机动灵活，而非刻板生硬。一方面，师生应结合实际评价需要，对同一项互评内容可灵活使用多种策略完成评价；另一方面，可以使用一项互评策略评价多项互评内容。例如，教师既可以使用动态策略对学生学习能力的动态发展过程作出评价；也可以使用多元化策略评价学生在不同方面、不同学科中体现的学习能力；还可以通过激励化策略，以指明学习目标、肯定学生学习能力优势和提出具体学习要求的方式进行评价，同时激励学生学习。

同样，学生也可以在评价教师时机动灵活地运用评价策略，使用多种策略评价一项互评内容，或者对多项互评内容用一项策略评价。例如，学生可使用一项策略评价教师的教学能力、教学态度、言行仪表、教学手段等；也可以使用多元化策略评价多个学科教师的教育教学工作。

灵活机动地运用互评策略，可以增进师生间的交流和互动，帮助师生彼此有更深入的了解。

二、师生互评运行机制

运行机制即各元素在一个系统中相互作用的功能与过程。从自然科学的角度上看,运行机制指机能与机械的功能、作用过程和相互作用等。站在社会科学的视角上看,运行机制即制度与机构。师生互评运行机制如下。

(一)明确互评任务

学校要求每学期每一位教师要给授课的每一名学生写一段个性化评语、每名学生要给教自己的每一位教师写两句话:一句是赞美,另一句是建议,学校以互评结果为主要依据,每学期分别开展一次教师、学生互评的总结、表彰活动,简称"师生互评121活动"。

(二)规定互评流程

第一步,撰写。学生以班级为单位,教师以教研组为单位将写好的评语、赞美和建议上交到学校。

第二步,整理。收集上来的建议、评语等由学校德育处进行梳理与归纳,之后再由各班信息员将其录入学校电子平台中,并将其按要求保存在相应的班级文件夹中,供校内师生进入校园网查找浏览。

第三步,互动。教师或学生根据学生或教师写的内容进行互动,增强师生的沟通。

第四步,反馈。这些建议、评语等不仅可以保存成电子形式的信息,也可以通过文本形式,向每个学生印发对应的评语。与此同时,学校还会借助寒暑假开展教学研讨会的契机,向全体教师分发相应的评价反馈,供教师保留和借鉴。甚至在每年家长参与的活动中,向家长呈现这部分精彩内容。

(三)构建运行机制路线图

师生互评运行机制路线图,如图6-4所示。

第六章 智慧高校学生管理的评价机制

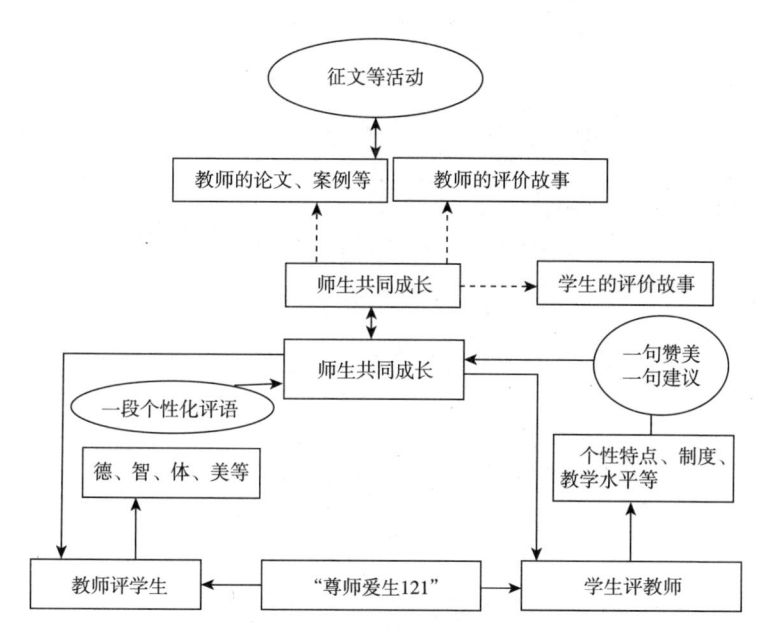

图6-4 师生互评的运行机制路线

第七章 智慧高校学生管理的发展趋势

第一节 立体化思政生态云端系统

立体化思政生态云系统是智慧思政平台的组成部分,从数字智能技术到智能平台,高校思政课信息化已成为改革的必然趋势。智能思想政治平台之所以能够超越既定的相关数字智能技术工具,主要原因在于其以一套全新的系统模式打造出一个全面立体的思想政治教育生态环境,实现信息技术与主流意识形态传播的深度耦合,其总体架构包括以下五个方面。

一、智慧思政平台建设的主线:以"思想云端"促进立德树人

"办好思政课,最根本的是要全面贯彻党的教育方针,解决好培养什么人、怎样培养人、为谁培养人这个根本问题",要"努力培养担当民族复兴大任的时代新人,培养德、智、体、美、劳全面发展的社会主义建设者和接班人"。立德树人是思政课的根本任务与目标指引,也是思政课信息化改革的根本方向。面对新形势,我们要用新媒体、新技术让工作活起来,推动思想政治工作传统优势与信息化高度融合,增强意识形态人际关系,增强时代感和吸引力。打造智慧思政平台正是基于这样的背景,需要将思政课程与信息技术相结合,实现网络信息媒体与主体意识形态传播的结合,满足信息化时代大学生的

成长成才需要。如此，智能思政平台的主要任务便是"整合全球思想政治教育资源，构建数字化服务平台"，通过"构建思想云环境"，打造思想云空间矩阵，整合思想云平台，整合思想云资源，从而实现思想云服务。因此，建设智慧思政平台要贯彻的主要原则是用"思想云"来立德树人，实现思政课的主体任务和兼容性。在信息平台建设方面，在内容资源、教学评价、服务管理等方面，处处贯彻系统模块育人理念。

二、智慧思政平台建设的功能：学生智慧学习与教师云端管理

智慧思政平台作为一个综合性、立体化的环境学习平台，应具备两大功能：一是为高校师生和社会学习者提供优质的思想政治理论知识学习服务；二是面向教育行政部门和高校管理者，提供动态监测与分析等管理服务。

智慧思政平台提供的学习和管理功能与数字智能技术完全不同。在学习服务方面，智慧思政平台带来的是学习环境和学习方式的全新提升。如果说数字智能平台带来的是"学习工厂"，那么智慧思政平台带来的是政治理论知识、思想情感体验、学情评价等立体环境学习的个性化生态"学习村"。人工智能正在为学习者推送个性化学习资源，提供精准的学习支持，充分发挥数据和算法的力量来理解和服务学生。在学习方式上，智慧思政平台带来深度学习和无边界学习，让学生在学习思想政治理论的基础上，构建属于自己的思维框架，有效地走向实践中国特色社会主义的境界。在管理服务方面，智慧思政平台要从官僚组织向柔性组织转变，使管理更加精准化、智能化。数字智能技术平台的管理板块官僚主义分明，看似高效安全，但容易造成模块分割，容易因过多的编程破坏学生和教师的自主创新能力。一个智慧的思政平台，要培养全面发展、个性自由的时代新人，这就需要综合灵活、智能、精准的管理，要从科层机构走向弹性组织，从根本上激发和释放系统活力。

三、智慧思政平台建设的资源：学习资源、虚拟体验、管理数据

信息资源是建设智慧思政平台的基础，要充分利用学习资源、虚拟体验资源和管理信息，实现学生思想政治理论知行全息体验。智慧思政平台的学习

资源要广泛而精细，在内容上涵盖思政课程与课程思政等课程内容，包括党史学习教育、爱国主义教育、品德教育、法治教育、劳动教育等学习专题。在形式上，包括教学样本、多媒体课件、试卷、电子书、媒体资料、教育网站、文献资料等工具。虚拟体验资源是学习资源的升华，是将知识转化为智慧、实现知行合一的重要基础，它采用3D虚拟仿真技术，还原历史场景，创造社会场景、典型人物、事件、世纪，让思政课集理论教学、实验模拟、舞台互动于一体。管理数据是学习评价和平台运营的重要保障，智慧思政平台要做到的是全面、动态、相关的学生学习数据，不局限于学习结果，从而实现全面信息化、半结构化和非结构化数据的存储与综合分析等管理数据，这样的管理数据可为智能教学、科学评价和精准管理提供全面有效的基础。

四、智慧思政平台建设的技术：5G、大数据、人工智能、XR（交叉现实）技术

智慧思政平台主要依托信息技术的迅猛发展，营造一体化的学习环境。

5G移动通信技术和大数据技术是智慧思政平台的主要技术优势，为智慧思政平台提供了网络基础，以高速率、低时延、高密度、高移动性等优势重塑信息平台在空间互联、同步授课、远程控制、云存储上的飞跃发展。

大数据技术为智慧思政平台提供数据挖掘与分析，使教与学全过程的印记得以记录、存储、评估和可视化表征，它以"群体画像"与"个体肖像"融合的方式全面把握教学对象信息，以即时数据与稳态信息结合的方式动态监测教学过程全貌，以因果关系与相关关系共存的方式提高教学评价效度。人工智能技术和XR技术是智能思政平台的主要技术优势。

人工智能技术为智慧思政平台提供三维智能服务。计算智能（能够存储和计算）通过资源推荐、路径规划和智能搜索，为学习者提供相关的学习服务。感知智能（倾听和感知学习者行为、情绪识别和注意力跟踪的能力）提供与机器的全面交互。认知智能（理解和推理的能力）通过问答、个性化作为学生的AI学习助手。

XR技术实现智能思想政治平台的代际虚拟现实，包括AR、MR、VR等，AR提供真实思想政治教育场景的数据标注，MR通过结合虚拟现实提高虚拟体验的存在感和真实感，带来VR完全虚拟的思想政治教育场景的高度沉浸感。

五、智慧思政平台建设的系统：基础支撑系统、智慧环境系统、智慧资源系统、智慧管理系统、智慧服务系统

从体系结构上看，智慧思政平台是一个复杂的集成系统，在系统建设中应落实上述主线、功能、资源和技术，立体思政教育生态云将建立一个完整而强大的系统。基础支撑系统提供统一门户、统一身份识别、统一接口、统一数据中心等基础服务，构成整个智能思政平台的基础。智慧环境系统是智慧思政平台为学生打造的一系列虚拟空间，包括智能云教室、虚拟仿真空间、互动交流空间、学习测试空间和学习资源拓展空间，是一个智慧的思政平台。智慧资源系统和管理系统提供智能环境系统，是智慧思政平台的支柱。智慧资源系统全面采集精准分析、筛选优质思想理论资源，提供更便捷的资源转换和信息分类编目、更充分的归纳策展、更深入的社区互动和更个性化的推送等。智慧管理系统通过平台资源配置、数据整合、数据管理、运行状态监控、教育可视化管控、教育智能决策支持、教育远程监控、教育安全预警等，完成教育质量监控和决策分析，从"人管、电控"向智能管控。智慧服务系统是智慧思政平台运行的保障，主要包括运维云服务和培训云服务，两者分别提供的是全天候的系统运维与系统培训指导，确保系统正常运行，指导智慧思想政治平台运行。

第二节 高效赋能的学生管理工作

培养人才是高校的首要任务，高校除了做好学生的教学工作外，还要加强学生管理工作。作为大学生健康成长的指导者和引导者，面对大量的学生管理任务，内容繁杂而烦琐，传统的管理方式虽然消耗了大量的人力、物力和精力，还会出现信息沟通不畅、数据统计困难、管理效率低下等问题。在数字化时代下，如何通过数字技术实现精准高效的教育，成为高校学生管理面临的新挑战。在这一背景下，学校应该聚焦教育培训与信息化的深度融合，构建能够助力学生管理的信息化办公平台——"智慧学工系统"。经过自有高校的实践验证，面向高校管理人员、辅导员和全体学生，通过信息化管理手段，可以实现学生日常事务的全流程线上管理，能够极大地提高信息统计的便捷性、准确

性、真实性，并且可以在降低人力成本的同时，提升工作效率，能够全方位地实现学生管理工作的系统化、规范化和数据化。

智慧学工系统围绕高校学生管理工作特点，包括学生登录、毕业、通知、申请、活动报名、数据采集、导师工作日志、宿舍查看等功能。同时，智慧学工系统可以为不同权限级别的高校教务处、系书记、导师、学生开立账户。教务处可以管理整个系统的基本信息，系书记管理系内学生，辅导员管理所带班级学生。

此外，在智慧学工系统中，可以根据实际需要设置信息交流组，满足用户通知、申请、活动注册、数据采集、登录等业务功能模块的业务信息需求。智慧学工系统可以结合学生的日常表现和学习与工程系统中学生的基础数据，对在校期间的多维度数据进行监测和分析，形成学生在校期间的大数据。高校可以第一时间了解学生的综合表现，通过学生动态活动数据，及时了解异常学生的预警、监控和及时加强管理。同时，通过智慧学工数据可视化，还可以掌握辅导员工作任务的布置及完成质量，提升辅导员队伍专业化建设。

第三节　多元内聚的数据采集

20 世纪 80 年代，专家系统（expert system）在物理学等学科的应用研究中产生了大量相对成熟的成果，这类系统包括领域知识库和规则推理引擎，通过特殊语法查询语句，它是一个数据检索和智能可以完成回答问题的任务。随着知识图谱和语义网的深入研究和经验，利用分散在各学科领域和教育机构的成果与知识库等数据，形成更大规模、更高质量的多元教育领域知识库和数据仓库已经势在必行。

目前，还没有成熟的教育知识图谱产品，但已有学者在这方面进行了应用研究，这类工作主要基于扩展现有的公共知识库，并将其应用于学习路径的创建和教学途径。有的人使用了基于维基百科建构的知识库，借助知识概念间的语义相似度辅助序列化学习路径的生成；也有人使用了一个名为 CogSkillNet 的 K12 认知技能知识库，为学习路径推荐打下基础，打造 K8 教育在线学习环境。

实验和研究数据只是教育大数据的一小部分，主要数据集是现实中各种系统运行和教学过程采集的实时和过程数据，这些数据采集可以用于教育发展，并创造巨大的潜在价值。目前，流行和普遍的教育大数据采集技术有四种，物联感知类技术、视频录制类技术、图像识别类技术和平台采集类技术。教育大数据采集新技术包括眼动追踪、脑电波采集、机器人体感技术等，常被用于探索和模拟学生的注意力、情绪和认知过程。

整合不同的教育信息是一项挑战。在教育大数据领域，没有统一的数据呈现格式和数据交换标准，限制了教育知识图谱和知识库的整合重组。一方面，基于语义 Web 技术的光本体工程方法成为研究热点，但此类成果多用于语义搜索，难以表达概念之间的抽象关系及其自动生成的质量，不符合教育信息系统的标准和使用要求，一些学者认为他们暂时不适合实际任务；另一方面，传统的重本体工程被用于创建教案等实践教学任务，但其存在理解门槛高、自动化难度大等缺点，学者们仍在努力解决这些问题。

随着数据交换平台的发展，在教育数据存储方面取得了一些具有代表性的成果，如哈佛大学数量社会科学研究所建立的开源平台 Dataverse，该平台制定了数据开放获取的标准性流程，现已被北京大学、复旦大学等国内高校二次开发并运用。

由于在数据采集、处理、流通和存储基础设施方面不存在资源"瓶颈"，并且教育和科研机构在数据分析、扩大地区和国际影响力、科研经费等方面有客观需求，正规学校教育过程中将有越来越多的数据被采集、分析，共享和应用，教育大数据的开放程度也势必会进一步提升，其多元和内聚的趋势也将延续和扩大。

第四节 丰富开放的应用场景

教育大数据技术已经涉及 K12 教育、高等教育、职业教育等诸多领域，其在这些领域的典型应用包括自适应学习信息系统、在线视频课程、考试评估、学业预警等。未来，教育大数据将扩展到更广泛的应用领域，如 CSCL 合作平台、虚拟实验室和科学实验、自适应教育游戏、自适应学习与考试评估、辅助教学、智能答疑、课外活动与智能课堂等，在场景更丰富的同时，教育大数据也将以开放的姿态面向更多受众和更广阔的公共空间。

机器考试系统已趋向成熟，但仍有进一步自动化的空间。教育大数据技术可以优化系统的试卷生成逻辑，如 Wauters 对现有的学习材料和试题难度评估算法进行了评价和对比，Tsinakos 等人基于自然语言处理技术检测了考试环境中试题相互冲突的问题。对主观题或文章的自动评分是考试评分领域的一个新热点，自动评分系统往往与人类专家相同、更稳定，有时甚至会得到与人类专家相同的结果。在教具方面，Tsai 等探索了工科学生阅读和翻译英文文献时常见的错误模式。魏巍[1]等人开发了一款基于神经网络的汉语智能拼音教学 App，通过对多个学生的历史数据建模，自动诊断学生的发音错误，指导学生正确发音。不受时空限制，学习完整的独立发音。

智能问答系统是人工智能领域的一个重要分支，研究涵盖问题理解、对话管理、对话生成和对话评测四个关系，可为智能学习系统提供交互和功能支持。本系统中的教育包括应用大数据技术的知识库和涵盖所有四种关系的语料库，是智能问答系统的支撑技术。Java Tutor 是计算机教育中基于机器学习的智能问答系统的一个例子。通过分析自我效能不同的学生使用 Java Tutor 的结果，有人发现该系统对所有学生都有效。不过，这也可能让学生感到沮丧。由此可见，智能应答系统的进一步人性化和定制化将是一个很大的挑战。

还有人通过学习社交网络分析和路径生成算法开发了一款支持课外活动的手机 App，通过计算和推荐最短路线，使课外活动所需资源的获取变得更加方便。智慧教室是构建学习空间的重要课题，有人提出了一种可感知学生情感的 AI 教室，该教室通过追踪学生的行为、手势、眼球移动等变化，可对学习的全过程进行建模、分析和预测，有助于形成师生高效互动的课堂。

目前，教育大数据技术进入了更广阔的领域，通过结合脑电波传感器、运动传感器、虚拟现实等技术，可以进行企业训练和军事训练，实现训练设备、环境的参数调整和效果评估。为适应不同的应用场景和领域，深入挖掘定量数据关联的因果关系，教育大数据的研究方法也将呈现多元化趋势，对定性

---

[1] 尹新，杨平展：《融合与创新——高校教育信息化探索与实践》，长沙，湖南科学技术出版社，2018。

和定量数据的综合评估将回答教育领域的更多研究问题、游戏和 VR 对学习的影响、教师教育、CSCL 和学习风格等主题。

第五节　蓬勃发展的大数据产业生态

大数据在教育领域的应用总体层次偏浅，应进一步拓展创新应用的广度和深度，产生更多示范案例。大数据在基础教育领域出现了一些创新应用，归纳为五种主要应用模式，包括驱动教育政策科学化、驱动教育评价体系重构、推动区域教育均衡发展、助推学校教育质量提升以及促进师生个性化发展。

教育大数据产业和人才将进一步完善，目前我国高校已经成立了多个针对高校领域开展大数据"产、学、研、用"活动的社会公益组织。这类组织建设的线上开放平台包含人才市场、学科竞赛、数据开放、教育培训等信息和功能。而在商业系统和教育机构的应用方面，教育大数据扮演了十分重要的支撑角色。例如，国内外各大 MOOC 平台（Coursera、MOOC China）和 Blackboard 等主流学习管理系统（LMS）均已采用教育大数据技术提供个性化学习支持。Grammarly 等产品基于文学写作大数据学习和检测模型，对英语写作进行语法检测和评价，帮助撰写学术研究论文和研究报告；美国伯克利大学开发的选课系统已实现对高维课程模型的降维和可视化，可形成支持学生选课的课程图谱。

第六节　高校学生管理的新机遇和挑战

一、教育大数据发展的机遇

（一）分析技术的再突破

一方面，中国在基础教育领域拥有真正的大数据，一年产生的数据量已经达到艾字节级别；另一方面，教育领域的大数据不存在清晰的、固定的分析流程和分析方法，既要综合运用传统的数据分析方法与工具，又要合理采用专门针对大数据处理的新方法与新工具。分析技术的再突破可以显著提升教育大数据的创新应用效能。目前，大数据中成熟的分析方法广泛应用于教育领域，但适合教育领域特点的分析方法研究仍需深化，教育数据及模型的质量仍存在较大的提升空间。在实践中，问题表现为数据特征提取不够细化，数据来源单一、多学科建模小、应用领域和范围小、侧重点过大（更侧重定量和相关分析）。

分析技术的演进方式与所涉及的学科和领域密切相关，本节以教育大数据的典型应用——在线学习系统为例，说明分析技术的发展机遇。

学习路径创建和材料推荐是解决在线学习系统（如 MOOC）中知识丢失的关键方法。目前这类功能是基于三种信息，即学习材料间的语义联系、学习者的水平和学习风格及认知关系，基于以上信息的混合推荐方法取得了很好的效果，但仍有进一步优化和改进的空间。

冷启动问题是在系统上线或用户新注册时，推荐系统中没有足够信息的问题，从学习者开始的推荐和指导无法避免此类问题。为了缓解冷启动问题，现有的在线学习系统通常基于学习材料之间的语义关系提供推荐以收集初始数据，但语义关系不足以描述认知关系和抽象概念关系（如知识理解的先后顺序）。为弥补这一缺点可以改善初始用户体验，常用的方法通常需要进行预测试，以评估学生的知识水平或学习方式。对学习者水平以及对学习风格的量化估计缺乏成熟理论的支撑，对学习材料难度的估计往往基于在线测评系统的算法，这些方法的可靠性仍有待进一步评估。

学习材料之间的认知关系和序列可以通过知识图谱来识别，但是教育知识图谱技术还不成熟，还需要在该领域投入大量精力。现有的教育领域的知识图谱大多是人工标注的，相关应用成果包括土耳其的 K8 认知技能知识库、Cog Skill Net 等。知识图谱的构建出现了自动化方法，相关工作一般依赖公共知识库或知识图谱（如基于 Word Net 或维基百科的知识图谱）来检验认知关系，进而识别要学习的学习材料。最大限度地利用公共资源，结合教育的属性，形成可靠的开源教育知识图谱，是教育大数据的大好机会。然而，基于 Web 语义的知识图谱质量低、实践性弱，解决知识表示和数据开放性问题也是能力上的挑战。

（二）深度挖掘数据改善教育实践

大数据不仅仅是基于一个实验或研究数据，而是在复杂多样的现实世界中收集机器和传感器运行数据，对于后者，可以通过不同的角度和统计方法来发现隐藏的数据模式。

Rachael 等人认为，教育数据挖掘应该探索结合领域数据的建模和聚类技术，例如医疗系统以及如何结合教育和培训过程中的数据，这些数据有可能破坏循证实践。Papamitsiou 等人认为，分析学生行为的过程涉及科学、心理学、教育学和计算机科学的研究，通过分析和跟踪单个或多个操作，算法可以识别特定模式并据此做出教育决策，然而，对学习者行为的理解和解构仍然不够充分。Li 等人在对学生毕业设计大数据分析的研究中指出，经过近两年的教育经验和研究，他们发现大数据分析方法不仅可行，而且可以指导进一步的教学实践，但是在申请过程中仍存在一定的改进空间，如需要更深入地探索分步质量标准，更合理地划分学生的权责，发现学生拖延的现象。通过更好地理解过程和即时性数据在教育学背景下的意义，对数据进行更深入的挖掘，可以改善研究和决策方式，进一步改善教育实践。

人机交互存在屏幕障碍，运营大数据业务时，用户界面和后台自动化分析平台在技术上没有完全融合。大数据应用和模型必须更多地从后端转移到前端，完善支持前端交互的后台功能，通过可视化和透明的决策以及进入教室和其他教育空间来消除用户的怀疑和疏远。目前，很多工作都集中在构建后台平台和屏幕内部内容上，这些平台的工作机制是用户不可见或难以直观感知的。在一份关于人工智能对教育影响的报告中，欧盟政策研究人员指出，AI 不能没有用户界面（没有 UI 就没有人工智能），并主张将交互功能扩展到屏幕外的用户行为、历史数据和其他网络平台，使它更加直接和全面，这个结论也适用于教育大数据；Lai 等人研究了学生和教师的移动学习偏好，发现两者之间的主要区别在于教师对移动学习的偏好，更关注技术层面的问题，学生更关注培训内容的丰富性和实用性。当前，以慕课为代表的信息化平台建设取得进展，支持学生自主学习可以依托平台，更多聚焦前台和人机交互话题，探索更多学生友好的交互模式。

学生自主学习需要更多的支持，教育大数据可以为学生提供相关的分析数据和学习指导。Schumacher 等人通过学习统计面板分析建议学生希望获得学习分析数据,以支持他们设计学习计划、组织自我评估和访问量身定制的推荐材料。目前,教学指导的研究已经从基于学习路径和学习方式的个性化逐渐发展到认知过程和问题解决的个性化,后者的研究主要集中在计算机程序设计中的自动提示领域。随着深度学习加深对问题解决和符号推理的探索,在 STEM 学科问题的解决中可能会有更多的自动化解题路径和解题框架推断方式。

(三) 破解教育教学发展难题

教育大数据通过数据分析技术改进教育实践,解决了传统教育面临的发展不平衡、方法单一、信息不透明、决策粗放、择校盲目、就业盲目六大问题。因此,教育大数据是国家重要的战略资产,是教育领域综合改革的科学力量,是智慧教育发展的基石。

2009 年,Choi 等人的研究表明,如果教师继续以同样的方式进行教学,学习风格的差异仅在初期对学生的学习方法和效率造成影响,但后期渐渐趋向一致,该研究以此得出结论:为了适应各类学生的学习风格,教育机构和教师往往投入大量人力、物力,这些努力有很大部分可能白费,出于效率的考虑,不如让学生主动适应学习环境。大量关于可靠性分析的科研论文和案例报告表明,智能教学系统对学生的学习产生了积极的影响,这些系统大量使用了基于大数据的自适应学习技术。以学习材料推荐和学习路径学习为代表的人工智能技术使教育机构能够提高效率和降低成本以适应不同的学习方式,其影响值得进一步分析。随着智能信息系统和在线视频课堂的日益普及,发展不平衡、方式单一的问题有一定程度的缓解。但是,信息不透明、粗放决策、择校感知和就业盲目等问题仍需解决。其中,择校感性化和就业盲目化是信息不畅和决策困难的体现,信息处理及决策的问题也构成了教育大数据发展的挑战。

二、教育大数据发展的挑战

（一）数据开放和知识表示问题

Daniel 指出，即使有开放数据的愿望，跨机构和跨领域的知识整合仍然很困难。高校数据总量持续增长，但大部分数据分散存储，以非格式化数据格式存储，桌面系统和行政院校难以访问和集成。尽管 Dataverse 等开放数据基础设施的建设和实施，都无法从个人终端动态采集数据，更难以将不同类型的数据整合到分析平台中。为提高数据创新应用的有效性，发展跨数据类型、跨存储终端、跨机构，甚至跨界、跨语言的数据集成能力，打造数据仓库，是教育大数据迫切的基础需求。目前，数据存储库创建中存在的主要问题是：知识的呈现方式还不统一，集成难度大，虽然集成方法的研究仍在继续，但缺陷仍然较为明显，离大规模运用有一定距离；在打通数据壁垒的同时，难以合理及有目的地收集数据。

在知识表示方面，跨语言问题阻碍了多个知识库结果的互操作性，多语言实体匹配技术可以整合不同语言的多个知识库来解决这个问题。知识推理依赖于可应用于知识搜索和发现的知识表示。目前，面向知识发现的推荐技术已经从电子商务的协同过滤推荐系统发展而来，虽然教育领域的协同过滤研究在一定程度上可以适应教育资料访问的序列化特征，但推荐的资料难以适应认知，这个问题可以通过使用自动知识推理来改善。例如，谷歌 Deep Mind 实现了一个初等数学问题的自动推理系统，并发布了一个数学问题求解和训练推理模型结果分析的数据集。教育大数据模型往往是多维的、复杂的，美国伯克利大学开发的选课系统通过对高维课程模型进行降维可视化，实现决策透明化，其课程图谱可显示出不同专业学生的选课偏好。对于知识表示的问题，传统信息检索的建模方法并不适用于教育大数据，解决这个问题需要来自不同领域的智慧。

建设教育数据网是基础教育大数据发展的重点任务，国家、地区和学校教育数据网的建设方式和发展重点各不相同。数据仓库必须从数据网络中收集信息，而数据集成的问题不仅与知识呈现的技术难点有关，还需要行政管理的帮助和法律法规的完善。Daniel 认为，虽然数据整合难度大、成本高，但整合多源数据，形成数据仓库，可以有效释放大数据的价值，提高预测模型的准确性，有计划的数据集成也可以阻止教育决策。在此过程中浪费了额外的时间和资源。Dringus 等人建议，应进一步提高组织的透明度，明确获取教育大数据的具体目的，以筛选应收集和整合的数据，克服无效数据的问题。此外，决策者应通过制定合理的管理规则来保证数据仓库信息的及时性和准确性。

（二）信息安全和隐私保护问题

Eynon 强调，大数据引发了伦理、隐私、知情同意权和保护免受伤害等一系列问题，其中哪些数据应该出于何种目的进行分析和整合成为广泛争论的焦点。大数据时代，海量数据集中存储所带来的信息安全、数据滥用、隐私保护等问题更加突出，几乎涵盖了与大数据相关的所有行业。

Willis 等人认为，限制访问教育数据必须先于数据开放和分析使用。然而，法律法规的颁布往往滞后于技术采用和行业发展，2018 年 5 月，欧盟通用数据保护条例（GDPR）个人数据保护法正式生效，该条例严格禁止信息服务隐藏、默认地收集用户信息，并规定用户对个人数据掌握完全的访问权。同月，中国国家标准《信息安全技术个人信息安全规范》[1]实施，虽然还未达到立法的程度，但却是当时中国个人信息保护体系中最为完备的规范性文件。不难预见，确保数据采集过程的合法合规性，提高算法和模型对稀疏或空数据的适应性，防止反技术恢复和破解匿名或删除的数据，必将成为大型教育系统发展的新热点。

教育大数据引发的质疑，已经延伸到适应性学习本身意义的争论。Couldry 等人在题为"解构信息学的美丽新世界"的文章中指出，自适应学习的积极价值已被过度讨论，但其潜在的负面影响却被忽视了。适应性学习是由大数据驱动的教育，众多研究认为它与信息时代到来之前的方式完全不同，被认为是一种更优越的学习方式。社会缺乏基本的手段来对抗这种数字化的负面影响，这可能会损害基本的公民权利，因此讨论数字化的负面意义可能比自适应学习技术的发展更为重要和紧迫。

---

[1]《信息安全技术个人信息安全规范》（GB/T 35273—2017）此版标准已废止，现执行的为 GB/T 35273—2020 版。

（三）算法偏见和道德伦理问题

教育大数据是从各种教育经历中产生的，主要数据来源是"人"和"物"。每个教育利益相关者既是教育信息的生产者又是消费者。教育的大数据属性意味着它与社会和伦理道德息息相关，其普及化将带来前所未有的道德伦理挑战。

Ifenthaler 等人认为，系统在交互过程中收集的碎片化数据可能无法完全代表学生的概念。Roberts Mahoney 等人对教育中个性化信息的商业化表示担忧，他们认为当前的个性化学习并未将"有利于学生发展"作为目标。相比之下，个性化学习将学生的个体特征变成了数据库所有者和科技巨头的私有财产。在此背景下，学生及其家庭是"消费者"，学生及其数据是"教育产业"的"商品"。商品不能在私人和公共领域都主张自己的权利，因此学生的公民权，在私人和公共领域的意义上，均有被抹杀的危险。在缺乏道德伦理考量的情况下，如果将教育中的个性化技术用于商业市场的自由竞争，其带来的危害将远远大于其带来的便利。

Eynon 认为，大数据会威胁教育公平并以多种方式加剧现有的不公平现象，并提出了两种缓解这一问题的工具：①决策选择的信息要考虑到信息对于目标群体的普适性，不宜过分依赖网络资源，如基于社交网络、搜索引擎和网络的信息期刊，它没有覆盖足够的人；②要注意研究人员的来源背景，如在商业公司工作的研究人员不应接触一些非匿名的个人隐私数据。

除了上述问题，算法偏见最近也成为威胁社会公正的新问题。构成大数据预测模型的原始数据可能会混杂主观因素，在模型训练过程中，这些主观因素会被引入甚至放大，从而使算法产生偏差。通常很难确定偏差的存在并定义纠正偏差的精确标准，而算法偏差非常微妙且具有很强的技术特征。教育大数据具有多学科、多领域、多文化的复杂背景，应将更多精力投入算法偏差的定性和定量分析上。Ifenthaler 等人认为，教育大数据分析可以提供对个人学习历史和信息的洞察，但远未消除偏见，其可理解性和可用性也远非理想。

（四）研究方法和应用模式问题

与其他城市大数据相比，教育大数据的独特性主要体现在三个方面：采集过程更复杂、应用模式更难、更强调因果关系。在这里，我们主要讨论研究方法和应用模型的问题。

Eynon指出，一旦教育大数据预测模型定型，对其后续方法的讨论非常有限。如今，教育领域的大数据分析和挖掘，已经可以识别辍学或放弃在线课程的风险，让学生像在电子商城中选择商品一样作出学习选择，甚至可以推测一些原因，为什么学校和教师不全程教导和监督学生在学校学习的过程。这些数据的可用性和得出这些结论的可能性是前所未有的，但其后续的社会影响却被忽视了，这些都是迫切需要思考、分析和回答的问题。例如，当发现学生可能退学时，教育机构必须提供经济或其他支持，或告知其可能退学并继续缴纳学费；如果所有的教育选择都基于推荐系统，那么学生的兴趣会降低吗？学生在什么情况下可以匿名自主学习？正如Eynon所说，个性化学习对信息系统具有积极的推动和引导作用，但也有研究质疑推荐系统是否可能在损害学生自主学习和独立学习的思维能力。Ashman等人强调，个性化学习是一把双刃剑，其对社会、道德和学生发展的危害尚未得到充分讨论，危害可能会随着此类技术的普及而悄然显现。

Bulgar等人的研究表明，学习环境的个性化、自适应、自动化和响应性等词近年来变得模糊不清，它们的含义不同，不应混淆。现状表明，大量相关研究缺乏扎实的教育理论基础。Bartolome认为，一些研究者并不清楚他们所谓的个性化为什么有用，对谁有用，许多教育技术研究并没有试图呈现一种以教育为目标的教育学理论，而是避免谈论教育学理论。

一方面，个性化技术的应用模式尚不明确；另一方面，学生迫切需要这样的技术来支持学习。Schumacher指出，学生们对教育大数据分析系统的功能抱有很高的期望，包括推荐、数据统计和预测等功能。为了满足这些迫切的需求，研究者在设计信息系统之前应该多听取学生的意见，以提高系统的接受度和实用性。除了个性化技术，在更广泛的研究领域，教育大数据并不是万能的、普适的，否则会得出无意义或错误的结论。目前还没有统一的框架和方法来判断一个教育问题是否适合进行大数据分析，这对大数据在教育中的应用提出了挑战。

仅基于大数据的关联结果并不能揭示因果关系。目前对教育大数据的研究主要集中在相关性的量化研究，无法形成有说服力的指导、推荐和评价机制。通过定量研究发现教育大数据内在因果关系的主要难点在于数据具有多维度、高复杂性、隐藏的混杂因素和偏差变量。Schumacher等人指出，从学习科学的角度看，教育大数据分析的重点应该是理解和支持学习过程，基于学习理论选择相关数据特征也是发现因果关系的有效方法。将定性分析与定量数据相结合来解决这一问题并提高结果的可解释性是教育大数据的主要研究方向。然而，Feufel等人指出，由于担心其准确性，放弃医学教育中的大数据预测模型是不可取的，虽然预测模型不能揭示因果关系，但它们可以提供一些信息，与其因为担心误诊的可能性而否定它们，不如将更多这样的模型和算法引入医学领域，提高它们的准确性，以更好地辅助决策。

参考文献

[1] 杨潇. 高校学生管理工作与法治化研究 [M]. 北京：北京工业大学出版社，2021.

[2] 黎海楠，余封亮. 高校学生管理与和谐校园 [M]. 长春：吉林出版集团股份有限公司，2019.

[3] 蔡熙文. 高校学生管理与实践创新研究 [M]. 北京：北京工业大学出版社，2020.

[4] 李玲. 高校学生管理工作创新研究 [M]. 长春：吉林人民出版社，2020.

[5] 沈佳，许晓静. 基于多视角下的高校学生管理工作探究 [M]. 北京：现代出版社，2022.

[6] 姚丹，孙洪波. 高校教育信息化管理与学生管理工作 [M]. 北京：中国纺织出版社有限公司，2021.

[7] 王炳坤. 高校大学生管理教育与校园文化建设 [M]. 长春：吉林出版集团股份有限公司，2021.

[8] 刘青春. 信息时代高校学生管理模式的转变及创新 [M]. 沈阳：辽宁大学出版社，2021.

[9] 王燕芳. 多元视阈下的高校学生事务管理 [M]. 广州：中山大学出版社，2013.

[10] 殷铭，王剑，王久梅. 大数据时代高校智慧党建体系构建研究 [M]. 长春：吉林出版集团股份有限公司，2022.

[11] 浙江省教育厅. 协同的力量 浙江省高校管理育人理论与实践 [M]. 杭州：浙江工商大学出版社，2021.

[12] 王新峰，盛馨. 信息化思维下的高校学生管理 [M]. 长春：吉林文史出版社，2016.

[13] 王瑛.高校学生管理创新模式研究[M].长春：吉林大学出版社，2016.

[14] 杨大鹏，马亚格，罗茗.高校学生工作管理创新研究[M].北京：北京理工大学出版社，2019.

[15] 杨锐.新时代高校学生事务管理理论与实践[M].长春：吉林人民出版社，2021.

[16] 邓军彪.地方高校大学生管理工作的创新与实践研究[M].汕头：汕头大学出版社，2021.

[17] 王洪东.高校学生事务信息化管理研究[M].昆明：云南科技出版社，2017.

[18] 郝巍.信息化视野下高校学生事务管理研究[M].天津：天津科学技术出版社，2018.

[19] 于俊清，王士贤，吴驰，等.高校信息化建设与管理 管理篇[M].武汉：华中科学技术大学出版社，2021.

[20] 梁丽肖.教育信息化背景下高校管理机制探究[M].吉林人民出版社，2021.

[21] 卢保娣.大数据时代高校教育管理及其信息化建设[M].长春：吉林大学出版社，2021.

[22] 高健磊.新时期高校管理与发展路径探索[M].北京：中国政法大学出版社，2021.

[23] 尹新，杨平展.融合与创——高校教育信息化探索与实践[M].长沙：湖南科学技术出版社，2018.

[24] 朱楠，王硕鹏.基于"互联网＋大数据"的高校就业信息化建设[M].长春：吉林人民出版社，2018.

[25] 李熙.互联网＋时代高校学生管理模式的转变及创新[M].长春：东北师范大学出版社，2017.

[26] 宋丽萍.新媒体环境下高校学生教育管理工作创新研究[M].长春：吉林大学出版社，2020.

[27] 刘润宇.高校学生工作管理平台的设计与实现[D].北京：北京交通大学，2021.

[28] 李昕照.网络社群视域下高校学生管理模式变革研究[D].上海：华东师范大学，2021.

[29] 许沥文.基于校园大数据的学生信息管理平台的设计研究[D].北京：华北电力大学（北京），2021.

[30] 魏芳.智慧校园系统在高校学生体质心理管理中的应用[D].济南：山东建筑大学，2020.

[31] 刘敬. 基于智慧校园的高校学生管理信息化绩效问题研究[D]. 桂林: 桂林电子科技大学, 2019.

[32] 秦长涛. 基于智慧校园体系的高校大数据应用研究[D]. 天津: 河北工业大学, 2019.

[33] 马庆敏. 高校学生教育管理服务微平台使用现状与应对策略研究[D]. 长春: 吉林师范大学, 2018.

[34] 王波义. 信息化管理系统的设计与实现[D]. 天津: 天津大学, 2018.

[35] 武书舟. 基于大数据挖掘的高校学生管理平台的研究与应用[D]. 北京: 华北电力大学(北京), 2018.

[36] 黎炳权. 基于Web和移动应用的高校学生信息管理平台[D]. 上海: 东华大学, 2017.

[37] 蔡颖雯. 高职院校学生管理信息化研究[D]. 厦门: 厦门大学, 2017.

[38] 陈心月. 自媒体对高校学生管理工作的影响及对策研究[D]. 南京: 东南大学, 2018.

[39] 刘畅. 智慧党建在高校学生党员教育管理中的应用研究[J]. 普洱学院学报, 2022, 38(4): 105-107.

[40] 聂志锋. 智慧协同理念下高校学生工作信息化管理策略研究[J]. 吉林农业科技学院学报, 2022, 31(4): 32-35.

[41] 闵亚琪. 智慧校园建设背景下大数据技术在高校学生管理中的应用研究[J]. 无线互联科技, 2021, 18(20): 60-61.

[42] 文章. 依托"智慧党建"平台创新高校学生党员教育管理服务机制研究[J]. 大学, 2021(34): 50-52.

[43] 卢毅. 互联网+背景下高校学生管理信息化平台建设策略[J]. 科学咨询(科技·管理), 2021(9): 41-42.

[44] 李逸. 基于智慧校园建设的高校学生管理工作问题及改善策略研究[J]. 教育教学论坛, 2020(42): 23-24.

[45] 吕宗瑛, 刘微. 高校学生管理从智能化走向智慧化的实践[J]. 学校党建与思想教育, 2020(19): 94-96.

[46] 张德江, 王定科, 王燕, 等. 基于智慧校园的高校学生管理平台构建策略探析: 以兰州交通大学博文学院为例[J]. 大众标准化, 2020(17): 233-235.

[47] 王庭芸. 试析如何运用网络平台推进高校学生档案管理[J]. 黑龙江档案,

2020(2)：42-43.

[48] 茹春平，陈征宇.大数据视域下高校学生管理平台建设探究[J].当代教育实践与教学研究，2020(3)：31-32.

[49] 唐澄澄，祝腾.省级高校智慧校园学生管理系统设计分析——以江苏省为例[J].教育现代化，2019，6(A2)：186-187.

[50] 刘苗.智慧校园背景下的高校学生管理工作探讨[J].知识经济，2019(31)：136，138.

[51] 段成."互联网+"时代背景下高校学生管理信息化平台的构建[J].科技创新导报，2019，16(26)：166-167.

[52] 何丽娜.智慧协同视角下高校学生工作管理信息化策略分析[J].科技创新导报，2019，16(25)：219-220.

[53] 段宜学.互联网+环境下高校学生管理信息化平台的建设实践研究[J].科技创新导报，2019，16(24)：169-170.

[54] 唐丽，陈家剑.探究大数据时代高校学生档案智慧化管理[J].现代营销(信息版)，2019(4)：125-126.

[55] 闫成家，黄成龙，杨会科."互联网+"视阈下高校学生服务与管理平台路径探析[J].科学技术创新，2018(24)：63-64.

[56] 张虎.智慧校园建设视域下的高校学生管理——以河南工学院为例[J].河南机电高等专科学校学报，2018，26(3)：16-18.

[57] 林琳，杨延东."互联网+"背景下服务型高校学生管理平台的建构[J].现代教育科学，2017(8)：30-34.

[58] 沈音乐，章春军，邓晓南，等.大数据环境下高校学生安全管理平台的实践探讨[J].科技视界，2017(21)：28-29.

[59] 陈凤.大数据下的高校学生管理可视化平台研究[J].软件工程，2017，20(6)：48-51.

[60] 魏思文.高校学生管理中新媒体平台的创新应用分析[J].办公室业务，2017(4)：63.